国家出版基金项目
NATIONAL PUBLICATION FOUNDATION

海上丝绸之路研究丛书

王日根 主编

长崎华商：
泰昌号、泰益号贸易史
（1862—1940）

朱德兰 著

厦门大学出版社
XIAMEN UNIVERSITY PRESS
国家一级出版社
全国百佳图书出版单位

图书在版编目(CIP)数据

长崎华商:泰昌号、泰益号贸易史:1862—1940/朱德兰著.—厦门:厦门大学出版社,2016.12

(海上丝绸之路研究丛书)

ISBN 978-7-5615-5929-1

Ⅰ.①长… Ⅱ.①朱… Ⅲ.①对外贸易-贸易史-中国-1862—1940 Ⅳ.①F752.9

中国版本图书馆 CIP 数据核字(2016)第 128954 号

出 版 人	蒋东明
责任编辑	薛鹏志
封面设计	李夏凌
技术编辑	朱 楷

出版发行　厦门大学出版社

社　　址	厦门市软件园二期望海路 39 号
邮政编码	361008
总 编 办	0592-2182177　0592-2181406(传真)
营销中心	0592-2184458　0592-2181365
网　　址	http://www.xmupress.com
邮　　箱	xmup@xmupress.com
印　　刷	厦门集大印刷厂

开本	720mm×1000mm　1/16
印张	20.25
插页	6
字数	350 千字
印数	1～3 000 册
版次	2016 年 12 月第 1 版
印次	2016 年 12 月第 1 次印刷
定价	74.00 元

本书如有印装质量问题请直接寄承印厂调换

厦门大学出版社
微信二维码

厦门大学出版社
微博二维码

—— 泰益号第三代在店号前留影（1959年拍摄，陈东华先生提供）——

—— 长崎和昌号合影（梁长明先生提供）——

泰益号招牌

泰昌号印章（陈东华先生提供）

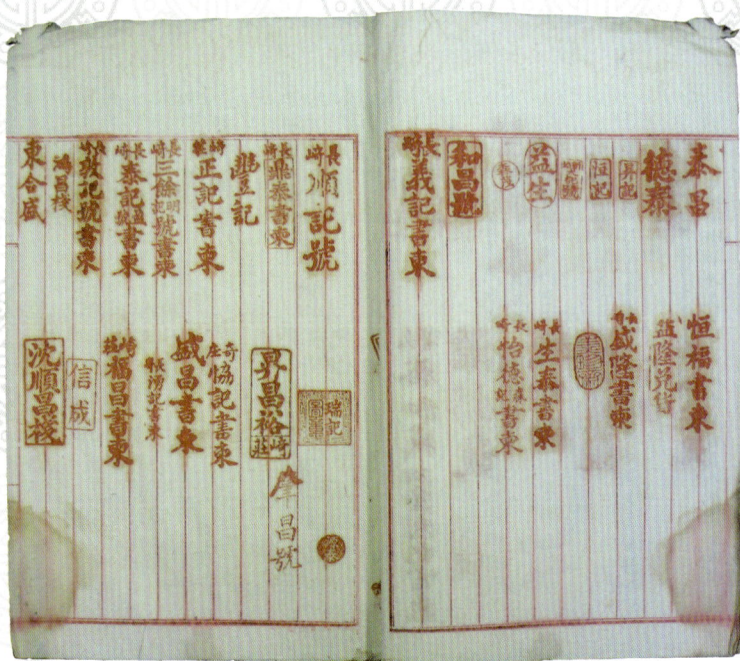

—— 长崎华商印章（陈东华先生提供）——

—— 长崎华商泰昌号商业账簿（长崎历史文化博物馆藏）——

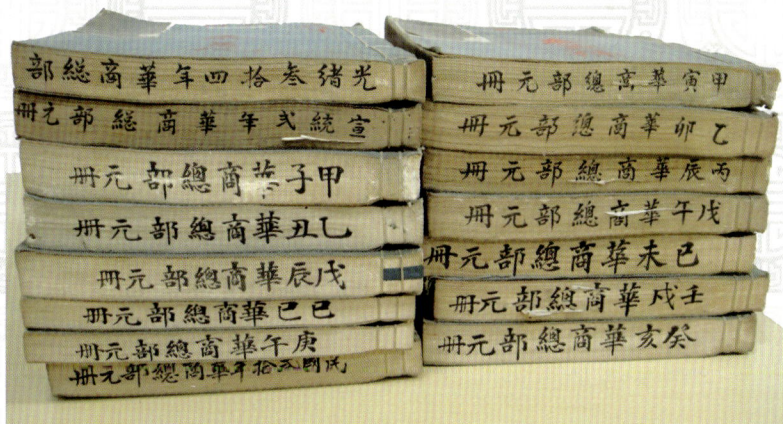

—— 长崎华商泰益号商业账簿（长崎历史文化博物馆藏）——

长崎华商泰益号商业账簿（长崎历史文化博物馆藏）

长崎华商泰益号商业账簿（长崎历史文化博物馆藏）

长崎华商泰益号商业账簿（长崎历史文化博物馆藏）

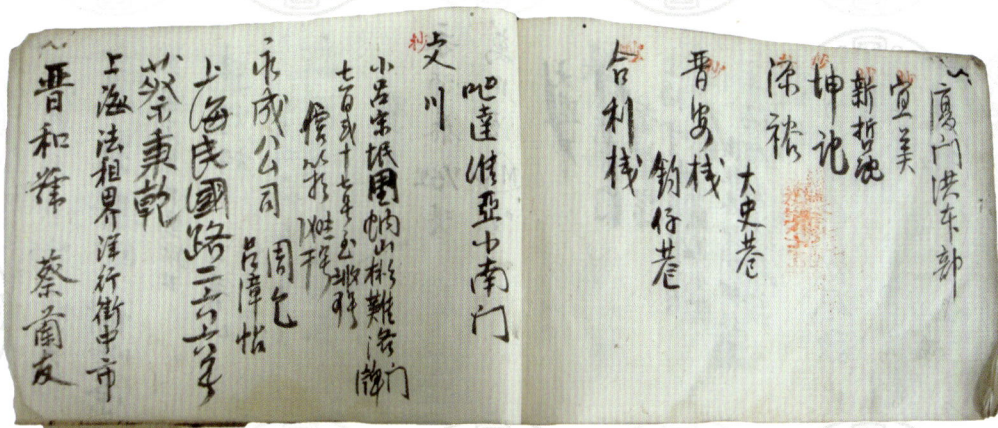

泰益号客户名录（长崎历史文化博物馆藏）

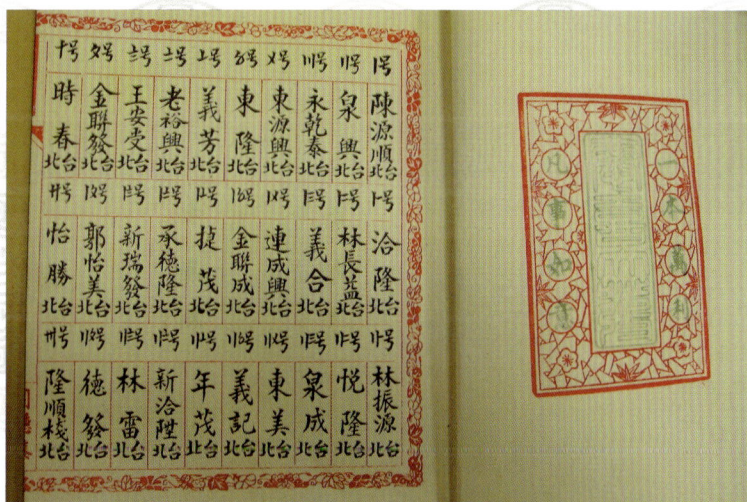

长崎华商泰益号商业账簿（长崎历史文化博物馆藏）

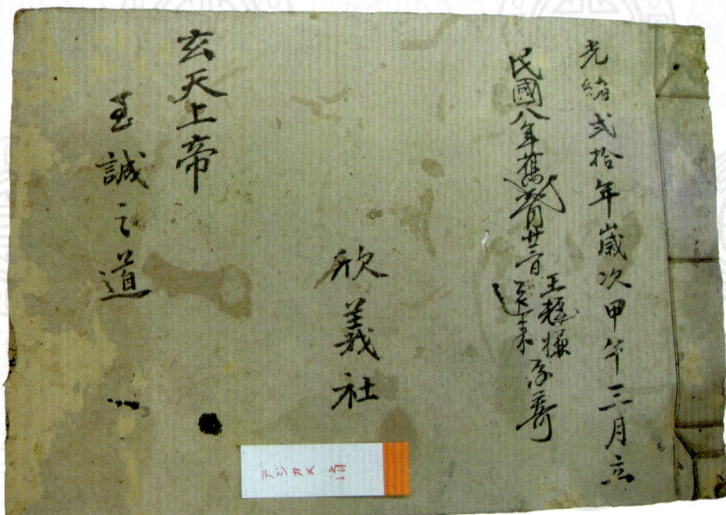

欣义社文书（陈东华先生提供）

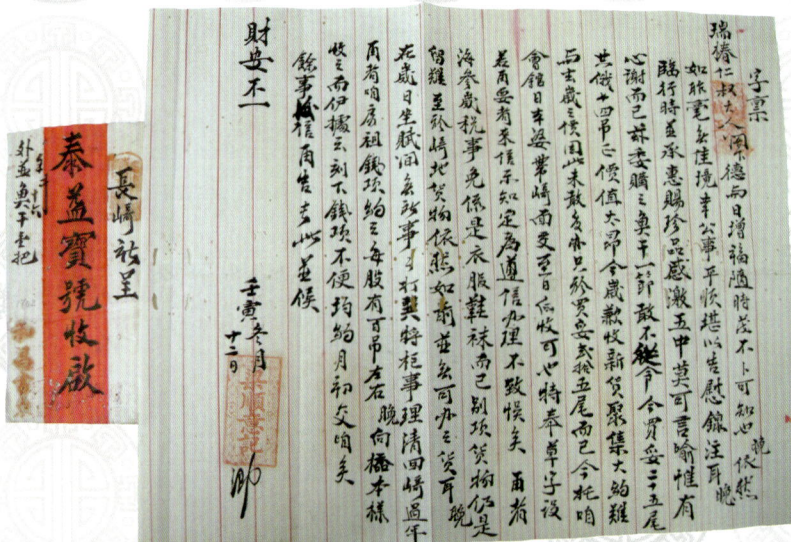

梁顺意信函（陈东华先生提供）

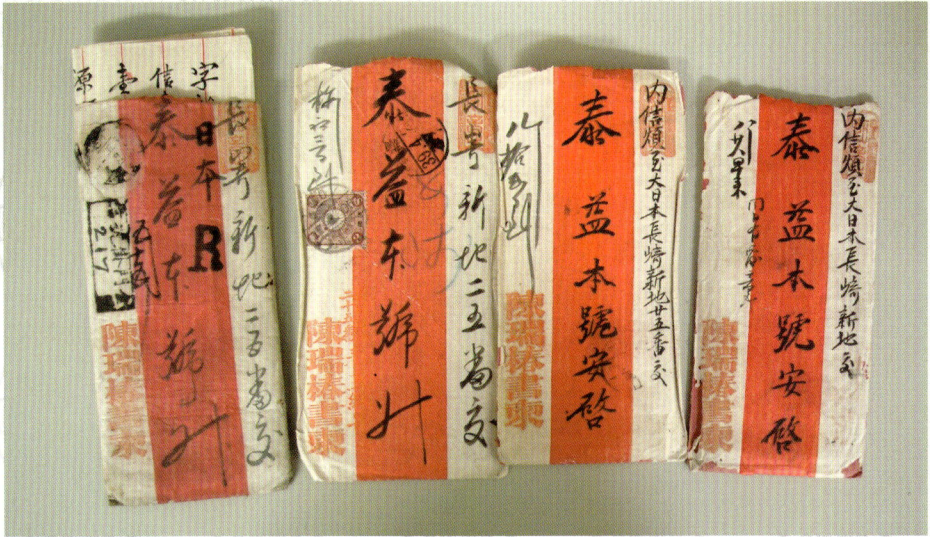

陈瑞椿寄自金门信函（陈东华先生提供）

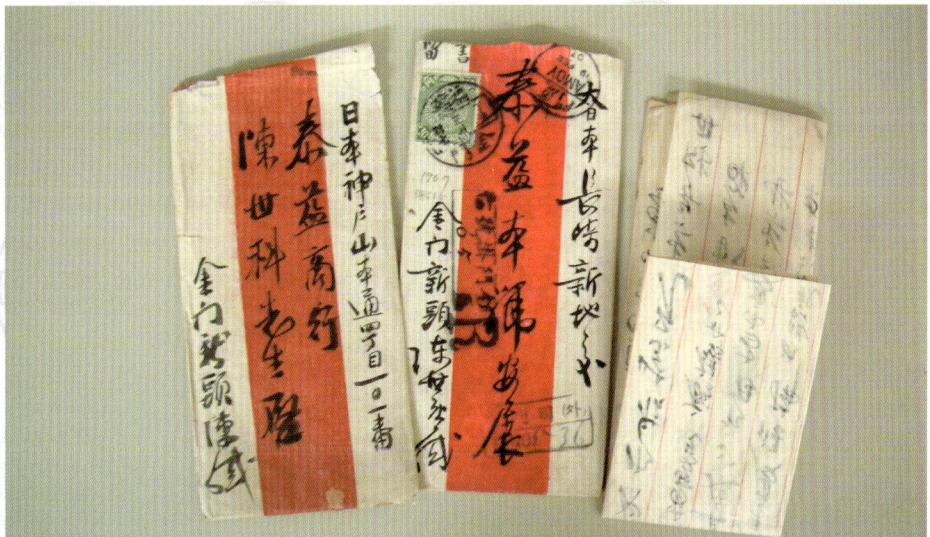

陈世望寄自金门信函（陈东华先生提供）

—— 金门新头乡陈世望故居（笔者拍摄 2007 年）——

—— 金门新头乡陈氏宗祠（笔者拍摄 2007 年）——

海上丝绸之路研究丛书

总　　序

　　海上丝绸之路是自汉代起直至鸦片战争前中国与世界进行政治、经济、文化联络的海上通道，主要包括由中国通往朝鲜半岛及日本列岛的东海航线和由中国通往东南亚及印度洋地区的南海航线。海上丝绸之路涉及港口、造船、航海技术、航线、货品贸易、外贸管理体制、人员往来、民俗信仰等诸多内容，成为以往中外关系史、航运史、华侨史乃至社会史研究的热点领域。

　　当然所谓"热点"，也随时代的变化而呈现出冷热变化。鸦片战争前后，林则徐、姚莹、魏源、徐继畬、梁廷枏、夏燮等已开始思索有关中国与世界的海上关系问题，力图从历史的梳理中寻找走向未来的路。此时，中国开辟的和平、平等的海上丝绸之路何以被西方殖民、霸权的大航海之路所取代？中国是否应该建立起代表官方意志的海军力量，用于捍卫自己的国家利益，保证中国海商贸易的利益？

　　随着20世纪中外海上交通史学科的建立，张星烺、冯承钧、向达等对海上丝绸之路进行了诸多开拓性的研究。泉州后渚港宋代沉船的出土再度掀起了海上丝绸之路的又一股研究热潮，庄为玑、韩振华、吴文良等学者在这方面表现显著。20世纪80年代之后，海上丝绸之路研究，又获得了国家改革开放的政策支持，呈现出"百花齐放，百家争鸣"的活跃局面。学者们对中国古代海外贸易制度演变、私人海上贸易、中国与东南亚海上交通路线、贸易商品和贸易范围等问题进行了更加深入的探讨。

　　进入21世纪，海上丝绸之路建设与研究逐渐明显地被纳入到"海洋强国"战略之中，先是有包括广州、漳州、泉州、福州、宁波、扬州、南京、登州、北海在内的诸多沿海港口的联合申请世界文化遗产项目的启动,继而有海洋考古内容丰富的挖掘成果,接着是建设海洋大国、海洋强国的政策引导,建设21世纪海上丝绸之路成为该领域研究更强劲的动员令。

从海上丝绸之路百年研究史中,我们能清晰地体会到其间反复经历着认同中华文明与认同西方文明的历史转换,亦反复经历着接受中国与孤立中国的话语变迁。

从经济贸易角度看,海上丝绸之路打通了中国与沿线国家之间的物资交流通道,中国的丝绸、陶瓷、茶叶和铜铁器纷纷输出到海外各国,海外各国的珍奇异兽等亦纷纷输入中国。在海上丝绸之路上活跃的人群频有变幻,阿拉伯人、波斯商人是截至南宋为止海上丝绸之路上的主角,时至明代,中国的大商帮如徽商、晋商、闽商、粤商乃至宁波商人、山东商人等等都纷纷走进利厚的海贸领域,他们不仅主导着中外货品的贸易,而且还多次与早先进入东亚海域的西班牙、葡萄牙、荷兰直至日本的海上拓殖势力展开了针锋相对的斗争,或收复台湾,或主导着澳门的早期开发。时至清代,中西海上力量在亚洲海域互有竞争与合作,冲突有时也会特别地激烈。中国的海上贸易力量在西方先进的轮船面前日益失去优势,走向了被动挨打的境地,但民间小股的海商、海盗乃至渔民仍然延续着哪怕是处于地下状态的海洋贸易,推动着世界范围内的物资交流与汇通。从文化交流角度看,货物的流动本身已是文化交流的重要载体,东亚邻国日本对"唐物"充满敬佩与崇拜,走出中世纪的欧洲亦痴迷中国历代的书画及各种工艺,因此,伴随着丝绸、陶瓷等的向外输出,优秀的中华文化亦反复掀起一波又一波的中国热。

在既往的海上丝绸之路研究中,或着眼于国际间的经贸往来,或着眼于港口地名的考辨、航海技术的使用与进步,或着眼于各朝海疆疆域、海洋主权的维护等内容,这些或被纳入中外关系史学科,或被定义为边疆史地研究,缺乏整体系统的全面把握。

重建21世纪海上丝绸之路战略的提出是在建设海洋强国的国策下的具体而微,这标志着中国将重启与海上丝绸之路沿线各国之间业已悠久存在的平等的国与国之间的政治关系、和谐的文化交流与融合互摄关系以及国与国之间友好的民间交往等等,历史的梳理便于唤起人们对共同文化理念的笃信,便于彼此重温既往共同精神纽带之缔结的机理,历史传统可以历经岁月的淘洗而显得清晰,亦势必将主宰人们的心理倾向和处世态度。

因此抓住重建 21 世纪海上丝绸之路的时代契机,认真开展历史上海上丝绸之路的人文思索和挖掘,其学术意义与社会意义都是不可小视的。借着国家"一带一路"策略的东风,海上丝绸之路研究进入了新的再出发阶段。与中国综合国力的迅速提升相比,中国当下的文化建设似未得到足够的重视。我们理应回归到更加理性的层面,思索在海上丝绸之路早期阶段中国话语权的树立,思索海上丝绸之路顿挫时期中国海洋话语权的失落,思索当今建设海上丝绸之路时我们在文化上、历史中可以寻找到的本土资源,形成具有中国风格、中国气派、中国特色的话语体系,弘扬儒家"仁"、"和"、"协同万方"思想,为新时期人类和谐、和平、合作开发利用和开发海洋做出我们自己的理论贡献。

如今,包括广州、漳州、泉州、福州、宁波、扬州、南京、登州、北海在内的九个港口城市联合申请世界文化遗产,这些城市的港口史研究均能被称为申遗的重要佐证。

如今,海洋考古取得了长足的发展,诸多的沉船考古新发现为我们拓展海上丝绸之路的研究提供了丰赡翔实的资料来源。

如今,若干新理论、新方法和新史料的调查、汇集与整理为我们开展专题性的研究提供了更好的平台。

我们有充分的理由相信,海上丝绸之路系列丛书的面世将能够向世人充分展示海上丝绸之路更加丰富的历史面貌,揭示以中国为主导的海上丝绸之路时代贸易的实态、参与人群及其生活方式、海洋贸易及其制度管理状况等,从而使中国海上丝绸之路文化有更进一步的呈现,为新时期海上丝绸之路建设提供一份资鉴。

本套丛书名为"海上丝绸之路研究丛书",计划分"海上丝绸之路出发港研究"、"海洋考古及其研究"、"海上丝绸之路专题研究"三个系列。作者来自美国、日本、韩国、德国、葡萄牙、新加坡、马来西亚和中国等地的资深研究专家及近年来成长起来的学术新锐。我们期待这项工作能够引起更多学者的关注,产生积极的社会反响。

王日根

2015 年 4 月

序　言

杨国桢

　　日本长崎是 16 世纪以来东亚华商贸易网络的重要节点,从大厦门湾沿岸和海岛走出去的闽南商人雄飞海外,无论在海禁时期还是在开海年代,都活跃在长崎海洋商业活动和华侨社会,贡献了巨大的力量,发挥了先锋和主导的作用,在东西洋海域华商活动史、福建商帮移居海外史、中日文化交流史上留下深刻的印记。近代闽南商人在日本长崎创办泰昌(1862—1901)、泰益(1901—1940)两大著名商号的历史,阐释和见证了这个优良传统。尤其弥足珍贵的是,这两家商号的文书共有十万件左右完好地保存下来,为研究这段历史提供绝佳的原始资料,具有很高的史料价值。其中商业账簿、各地客户往来书信、电报、家书,是研究海洋经济特别是东亚华商海洋贸易网络、长崎华商海洋贸易史的重要材料;而附存的八闽会馆、福建会所、福建会馆、福建联合会文书,时中小学堂(华侨小学)文书,福济寺、悟真寺等寺庙文书,则是研究长崎海商社会、华侨社会的有力材料。

　　1983 年,泰益号创办人陈发兴曾孙陈东华先生,将家族保存的两商号文书公开,立即受到日本学界的重视,1984 年宫崎大学市川信爱教授发起组织“长崎华侨研究会”,开启整理泰益号文书工作。我得到这个消息是在 1985 年 6 月,我应邀到大阪大学文学部演讲的时候,当时大阪大学文学部是“长崎华侨研究会”的会员单位,斯波义信教授告诉我正在策划进行的工作,并复印一批泰益号文书目录和文件送给我。我接触到这座海外民间商业文书宝库,心情十分激动,祝愿该项的研究计划早出成果,嘉惠学林。三十年来,泰益号文书研究不断深入,人才辈出,台湾学者朱德兰女史就是其中的佼佼者之一。

　　朱德兰于 1989—1995 年在日本九州大学攻读博士学位,1990 年加入市川信爱教授主持的泰益号国际合作研究计划,负责整理编辑泰益号关系商业书简文献,并以泰益号国际贸易活动为博士论文题目,展开研究。

1992—1995 年编成出版《长崎华商泰益号关系商业书简资料集》70 册，1997年由博士学位论文修改而成的专著《长崎华商贸易史的研究》在东京芙蓉书房出版，颇得时誉。她先后还发表研究泰益号的学术论文 14 篇，颇多创见。

现在奉献给读者的《长崎华商：泰昌号·泰益号贸易史》一书，是她继《长崎华商贸易史的研究》之后利用泰昌号、泰益号文书研究的又一佳作。她利用大量先行学者未曾涉猎的原始史料，从海洋史、区域史、社会史、经济史、文化史的不同角度，开展基础、系统性的研究，力图全方位地展示泰昌号、泰益号商行发展的历程，具有显明的学术特色：一是运用社会经济史的研究方法，收集相关文献和田野调查资料，把经济变动与人的社会活动、文化生活有机结合起来，进行动态的研究；二是运用民间文献特别是账簿、书信为基础材料，反复阅读、辨识，解决泰益号文书因字迹潦草模糊、破损残缺、内容不完整等造成的种种疑难，匡正了以往研究成果中的误读误判，厘清问题并填补既有研究领域的空白。

我与朱德兰女史结识多年，深佩她对学术的执着追求，期待她有更多的学术精品问世，为社会经济史学、海洋史学做贡献。

2016 年 3 月 23 日
于厦门会展南二里公寓

目　录

上编　雄飞海外(1862—1901)

下编 在地扎根（1901—1940）

图表目次

长崎贸易商合影

（梁长明先生提供）

后排左一为福兴号店主黄聪明，左三为和昌号店主梁肇三，左四为泰益号第二代店主陈世望。

导　论

从雄飞海外到在地扎根

一、研究缘起

　　19世纪、20世纪东亚海域在西方资本主义与帝国主义的双重力量撞击下，各大通商口岸的经济制度、社会习俗、华侨网络的形构与扩张，都起了前所未有的剧变。1862年福建沿海商民黄礼镛、萧懋盛、陈达明等人集资前往长崎，合创"泰昌号"，泰昌号通商活动近四十年，1901年在走入长崎历史的同时，陈达明侄儿陈发兴创立了"泰益号"。泰益号为长崎华商之中声誉很高的商号，陈氏家族担任福建商帮组织领导，基于公、私领域的需要，保存了约十万件举世罕见的珍贵文书。

　　泰益号文书主要成于清朝末期至20世纪30年代，作为东亚秩序急变阶段的草根文献，不仅弥补了官方典籍的不足，也见证了福建商人移居长崎在地扎根的历史。

　　1983年陈东华先生（陈发兴曾孙，现任泰益兴产社长、长崎 JAL City Hotel 社长、长崎福建会馆理事长、长崎华侨总会副会长兼事务局长、长崎中国交流史协会专务理事）代表家族公开泰益号文书后，将其中822册账簿捐赠给长崎市立博物馆（今长崎历史文化博物馆）典藏，当时长崎地方新闻作了引人瞩目的报道。

　　泰益号文书分为：(1)商业账簿、各地客户往来书信、电报、电信暗码簿；(2)泰昌号文书；(3)八闽会馆、福建会所、福建会馆、福建联合会文书；(4)长崎时中小学堂(华侨小学)文书、教科书、参考书；(5)福济寺、悟真寺、宗教关系文书；(6)中华民国驻长崎领事馆、中国国民党支部关系文书；(7)地图、章程、印刷品、杂件；(8)平安家书、家书底稿等。这些文书可说是吾人探索泰昌、泰益两大商号商海经验、经商智慧、商帮领导风格、侨务活动、商民社交、文化事业、乡亲移动、侨乡与原乡纽带关系等议题的有力材料。

泰益号文书出土后不久,时任日本宫崎大学的市川信爱教授即召集乡土文史学者成立"长崎华侨研究会",开启整理泰益号文书工作。1989年市川信爱教授转到八幡市九州国际大学(Kyushu International University)任教,组织"九州华侨华人研究会",延续文书编目工作。1989年笔者考进九州大学(Kyushu University)国史学博士班,参加该研究会,当时正在思考博士论文题目的我,得到曹永和(1920—2014)先生、市川信爱教授、中村质教授的鼓励,决定以泰益号国际贸易活动作为我的博士论文题目。

二、研究动机

1984年市川信爱教授甫获得日本文部省科学研究费补助,便联合长崎市立博物馆、长崎文献社、长崎历史文化协会、长崎唐人馆、长崎大学、大阪大学、黄檗宗研究等学者专家,成立"长崎华侨研究会"。研究会为开展泰益号文书整理计划,规定每两个月举行一次研讨会,每年发行四次《长崎华侨会报》,以期推动文书编目及长崎华侨相关议题的研究。当时就读大阪大学博士班的许紫芬参与了账簿整理工作。

市川信爱教授组织研究会的能力很强,学术交流活动也很活跃,迄2002年罹患癌症去世为止,为提交年度研究计划报告,每年都出版结案成果和文书目录。尽管如此,对熟悉文书的学者而言,这些作品的参考价值颇为有限。究其原因,主要是市川信爱教授对泰益号文书不熟,为取得学术资源,收集若干研究论文,添加一些文书编目,是他通过申请计划,年年获得研究补助费的一种策略。

二三十年前,计算机还不发达,市川信爱教授主编的书籍常为结案需要,匆忙付梓,而出现不少错字、漏字、史料误解等问题。在其一系列出版物之中,所占篇幅最大,问题也最多的是泰益号交往客户目录。进一步说,市川信爱教授为使日本读者容易辨识,是按日本字母拼音顺序,将泰益号各地客户姓名予以分类、编目。

1990年笔者加入市川信爱教授主持的泰益号国际合作研究计划,负责台湾与日本地区的商业书简编目工作。笔者向市川信爱教授反应,传统华商受到人力、财力上的限制,一般而言,采取合股经营商号的情形比较普遍。

股东之中也有移居外地,有意见不合另起炉灶,或为扩大营业规模,增添股东等情况。若照教授的编法,把拼音相同、资本关系不同者编入相同的分类号,则不但膨胀了店主人数、商店行号的数量,而且同一商号股东、代笔人(书记),因其姓名拼音不同,被拆在不同分类号,也颇易虚构事实,混淆历史真相。市川信爱教授认为笔者言之有理,采纳了我的意见,全力支持笔者按照华商商业习俗重新编目。

笔者的编目方法是,依据各处商家信息,先按地区进行分类,再按商号笔画排列次序,最后将寄件人姓名、店号商标、营业项目、营业地址、电报代号、电话号码、通信年度、通信数量等,依照写信日期排列页码,每一编码都复印书信内容以供读者查阅。笔者在编辑书信期间,对上海、厦门地区商号书信也做了初步整理工作。

市川信爱教授于1994年与厦门大学戴一峰教授合编了一本《近代旅日华侨与东亚沿海地区交易圈——长崎华商"泰益号"文书研究》(厦门:厦门大学出版社,1994年)。此书收录若干留日学生尚在研究中的论文。同样,在付梓以前,因未让作者修订、校对,而有不少有待厘正之处。如,第99页,市川信爱教授根据"日之出新闻"出版《大典纪念名鉴》记载:"陈国樑(1835—1910)于嘉永年间(1848—1853)来到日本,在长崎新地海岸建立商店,开展贸易,在日中商人中间很有威望。"又征引《金门县志》记述:"长崎之八闽会馆及漳泉会馆,均是吾邑先侨陈发兴于道光年间(1821—1850)创设,任该两馆总理多年。"

然将以上内容和其他史料做一对照,则可发现几点错误:(1)金门碑文记载陈发兴(字瑞椿,号国樑)生于道光二十年(1840),殁于光绪三十四年(1908),市川信爱教授误植了他的生卒年。(2)19世纪四五十年代日本仍在实施闭关锁国,没有对外开港,华人必须持有"长崎信牌"(通商贸易执照)方可入港,陈发兴时为幼童,不可能自由登陆、侨居长崎。(3)就算陈发兴进了长崎港,但也只能入住官方规定的"唐人屋敷"(唐馆)内,绝不允许与日本人混居,加以当时新地还是存放唐船货物的仓库区,绝不可能让华人在该处开设商店。(4)长崎八闽会馆创于同治七年(1868),漳泉会馆更晚。(5)陈发兴在19世纪四五十年代不到十岁,如何赴日设店经商,且创建商帮会馆?此外,第102页,附录二"泰益号陈氏家系简表"记载:"陈国樑祖父陈孝永。"陈孝永应为"陈孝水"之误。又谓:"陈国樑嘉永年来日,1870年杂货商,1874年加入泰昌号。"应更正为"陈国樑1866年来日,加入泰昌号,1869年担任执事(经理),1892 年与萧仰斋并列为店主。"另,"陈世望 1868 年 12 月 6 日出生,1940 年 12 月 6 日去世",这段叙述应修订为"1869 年 12 月 6 日出生,1940 年 6 月 12 日去世"。

　　如上所述,笔者撰写本书的动机是:

　　1.前述研究成果受到泰益号文书(草体中日文书信、账簿)庞杂,不易解读,相关文献收集与田野调查不足的限制,有待商榷处不少。鉴此,笔者认为颇需新辟议题,厘清问题并填补既有研究领域的空白。

　　2.解决泰益号文书疑难,如:

　　(1)使用毛笔以苏州数码标记的账簿,有些字迹潦草、模糊,辨识困难。

　　(2)文书纸质脆弱、破损残缺。

　　(3)内容不完整,有些信件有信函没信封,有些信件有信封没信函,信件之中有的缺页;账簿之中也有年度中断,不连贯的情形。

　　(4)书简寄件人中,有用乳名或字或号,有不称名道姓,只用简称或昵称者,这些不易辨识的信息联络人,对人际网络关系的研究带来障碍。

　　(5)文书使用中日文书写,大部分是用毛笔草写,有时夹杂闽南方言、日本专门词汇,解读十分费时。

　　针对上述疑难,笔者的处理方法是,大量、广泛、反复地阅读史料,研究长崎华商的动机之一,便是想和读者分享我积年累月阅读文书的心得。

　　3.泰益号文书具有时间跨度大、空间分布广、文献系统完整、形式风格独特、史料价值高等五大特点。这些特点相当符合联合国教科文组织所揭示的重视保存"世界文献遗产"的资格。冀望通过本研究向世人宣传泰益号文书的历史价值,以利未来能有机会成功申请"世界文献遗产"。

三、研究回顾

　　泰益号文书特色及贸易活动的相关论述,以长崎市立博物馆馆长杉村邦夫、市川信爱教授为嚆矢,迄今为止,出版图书、论文近百种之中,较具代表性的著作如下(为方便读者阅读起见,笔者翻译以日文撰写的专著、论文名称)。

　　(一)文献介绍及专著中之一章

　　1.市川信爱编:《长崎华商泰益号关系资料》第 1 辑,长崎:长崎华侨研究会,1985 年 3 月。此书收录：

市川信爱、杉村邦夫:《长崎华商泰益号文书研究·序章》;

福宿孝夫:《八闽会馆总簿的解读——长崎华侨社团文书的复刻及解说（一）》;

长崎市立博物馆:《长崎华侨诸团体章程·规约》（史料复印）;

市川信爱:《泰益号关系文书目录》。

2.市川信爱编:《长崎华商泰益号关系文书之研究》第 2 辑,宫崎:宫崎大学教育学部社会经济研究室,1986 年 3 月。此书分为前后两编,收录：

市川信爱:《据书简整理泰益号往来客户一览——长崎华商泰益号文书之研究（续）》;

小沼新、福宿孝夫:《长崎华侨史略年谱》;

山内正博、山内芙美子:《八闽会馆账簿收支一览（一）》;

市川信爱校注,吉田藤一翻译:《长崎华侨商会的两个章程——为究明帮派的结合原理》;

福宿孝夫:《八闽会馆总簿的角色与解说探究》;

黑木国泰:《有关福建会馆总簿（丙申年至庚子年）》;

增田史郎亮:《长崎华侨时中小学校创立前后的日本·中国·长崎（一）》;

福宿孝夫:《续"泰益号"关系资料目录（书简）》;

宫田安:《崇福寺的唐人墓碑》。

3.市川信爱编:《近代华侨社会系谱与展开相关研究（资料编）》,宫崎大学教育学部社会经济研究室,1987 年 3 月。此书分为前后两编,前编收录：

中西启:《长崎华侨及长崎圣堂（上）》;

福宿孝夫、刘序枫:《长崎市稻佐山悟真寺·国际墓地的唐人古碑文及关连资料解说》;

市川信爱:《长崎华商关系诸章程（史料复印）》;

黑木国泰:《有关福建会馆总簿（辛丑年至丙午年）》;

后编收录：

市川信爱:《长崎华商泰益号关系书简目录》;

宫田安:《兴福寺的唐人墓地》。

4.市川信爱编:《近代华侨社会系谱与展开相关研究（分析编）》,宫崎大学教育学部社会经济研究室,1988 年 3 月。此书分为前编、续编,前编

收录:

市川信爱:《关于日本华侨社会的系谱及展开实证性的研究》;

山内正博、山内芙美子:《八闽会馆账簿收支一览(二)》;

日本外务省纪录:《战前中国人关系团体名簿(一)》。

续编包括:

黑木国泰、刘序枫:《悟真寺所藏唐人墓地关系资料》;

福宿孝夫、刘序枫:《长崎市稻佐山悟真寺·唐人墓地关系资料补正与追录》;

市川信爱:《悟真寺所藏广东过去账》;

福宿南嶋:《有关泰益号大商行受信研究——以明治44年(1911年)台南商人贺年书简为例》。

5. 市川信爱编:《续长崎华侨史稿(史·资料编)》年报第4辑,长崎华侨研究会,1988年3月。此书和上列第4号书名不同,但内容相同。

6. 市川信爱编:《在日闽南系华商有关台湾交易的综合性研究》,北九州市:九州国际大学国际商学部,1989年,第113~115页。此书分为基础研究编、应用研究编。基础研究编收录近代在日华侨研究诸问题国际学术研讨会论文,包括:

市川信爱:《研究实绩概要》;

陈荆和:《纪念演讲"东南亚华侨史研究回顾"》;

中村质:《基调演讲"近世长崎华侨社会与贸易"》;

朱德兰:《台湾长崎贸易史——以"华夷变态"为中心》;

刘序枫:《清代前期海外贸易政策与长崎贸易》;

汤熙勇、张炎宪:《日本长崎华商泰益号与台北商界的贸易关系初探》;

许紫芬:《长崎华侨经营史——泰益号与生泰号账簿的分析》;

高桥强:《两大战争期间日本华侨社会的变容》;

松本武彦:《民国成立期的政治情势与日本华侨》;

杜国辉:《日本华侨学校沿革与现状——以横滨中华街为中心》;

市川信爱:《泰益号与泰益洋行——有关陈世科(高山七太郎)》。

应用研究编收录:

林义盘、官文秀编:《公立长崎华侨时中小学校毕业生名簿》;

增田史郎亮:《长崎华侨时中小学校毕业生座谈会报告》;

增田史郎亮:《长崎华侨时中小学校沿革小史》;

华侨与中日文化交流研究会:《有关福建在日华侨·华人对中日文化交流贡献的综合研究》。

7.市川信爱编:《长崎华商泰益号关系书简目录》第6辑,长崎华侨研究会,1990年10月。此书收录:

市川信爱:《有关在日闽南系华商的台海两岸交易综合性的研究》;

斯波义信:《华侨史研究诸问题》;

黑木国泰:《试论长崎福建会馆活动——福建会馆账簿的分析》;

刘序枫:《有关长崎华侨祭祀文书——以泰益号文书为中心》;

许紫芬:《有关长崎华商泰益号经营账簿》;

朱德兰:《关于近代长崎华商泰益号书简》;

市川信爱编:《长崎华商泰益号关系书简目录》。

8.朱德兰编辑长崎华商泰益号关系商业书信资料集,70册如下:

《长崎华商泰益号关系商业书简资料集:台湾地区商号(1899—1939)》,55册,台北:蒋经国国际学术交流基金会补助,1992年(No.RG007-90)。

《长崎华商泰益号关系商业书简资料集:神户地区商号(1890—1959)》,4册,日本文部省科学研究费补助,1993年(No.04044157)。

《长崎华商泰益号关系商业书简资料集:关门地区商号(1906—1938)》,8册,日本文部省科学研究费补助,1993年(No.04044157)。

《长崎华商泰益号关系商业书简资料集:长崎、其他地区商号(1880—1962)》,3册,日本文部省科学研究费补助,1994年(No.0645113)。

9.市川信爱、戴一峰编:《近代旅日华侨与东亚沿海地区交易圈——长崎华商泰益号文书研究》,厦门:厦门大学出版社,1994年。此书一共收录16名作者的文章,包括:

滨下武志:序章"海域贸易网络研究现实意义与课题及研究的展开"中之第一节"研究的现实意义与课题";

市川信爱:序章"海域贸易网络研究现实意义与课题及研究的展开"中之第二节"研究的角度、方法、过程与概况";

市川信爱:第一章"近代日本华侨社会及其经济";

童家洲:第二章"近代日本长崎商港与泰益号"中之第一节"前近代的长崎港与华商";

市川信爱:第二章"近代日本长崎商港与泰益号"中之第二节"近代的长崎港与华商"、第三节"长崎华商泰益号及其兴衰";

市川信爱：第二章"近代日本长崎商港与泰益号"中之第四节"泰益号文书概貌"之一"泰益号文书简介"；

许紫芬：第二章"近代日本长崎商港与泰益号"中之第四节"泰益号文书概貌"之二"账簿的格式、分类和组织"。

朱德兰：第二章"近代日本长崎商港与泰益号"中之第四节"泰益号文书概貌"之三"书简的内容与特点"；

黑木国泰：第三章"近代旅日华商泰益号与东亚沿海交易网络"中之第一节"长崎贸易网络与福建会馆的活动"；

朱德兰：第三章"近代旅日华商泰益号与东亚沿海交易网络"中之第二节"日据时期台湾与长崎的交易网络"；

翁其银：第三章"近代旅日华商泰益号与东亚沿海交易网络"中之第三节"上海、长崎交易网络与泰益号"之一"上海、长崎、台湾之间中药材三角形售路初探"；

邵继勇：第三章"近代旅日华商泰益号与东亚沿海交易网络"中之第三节"上海、长崎交易网络与泰益号"之二"长崎华商泰益号与上海往来商号的贸易关系"；

和田正广：第三章"近代旅日华商泰益号与东亚沿海交易网络"中之第四节"大连、营口与北九州的交易网络"之一"北九州与大陆的贸易"；

和田正广、翁其银：第三章"近代旅日华商泰益号与东亚沿海交易网络"中之第四节"大连、营口与北九州的交易网络"之二"关于旅日华商泰益号与营口的贸易问题"；

廖赤阳：第三章"近代旅日华商泰益号与东亚沿海交易网络"中之第五节"20 世纪上半期以厦门贸易为中心的泰益号贸易网络"；

郑山玉：第四章"近代东亚沿海地区交易圈的研究动向"中之第一节"从谱牒资料看泉州的海外移民及其经贸活动与贡献"；

戴一峰：第四章"近代东亚沿海地区交易圈的研究动向"中之第二节"近代亚洲海域交易圈的研究与旧中国海关"；

童家洲、叶莘、李少维：第四章"近代东亚沿海地区交易圈的研究动向"中之第三节"对旅日福清华侨网络的实证性研究"之一"侨乡福清的实地调查分析"；

蒋垂东：第四章"近代东亚沿海地区交易圈的研究动向"中之第三节"对旅日福清华侨网络的实证性研究"之二"旅日福清华侨的社会文化活动"。

10. 中村哲夫编著：《以华侨商号"泰益号文书"为基础的神户华侨历史研究》，神户：神户学院大学人文学部 2004—2006 年学术研究推进特别经费共同研究经费实施事业研究报告书，2007 年 3 月。此书分为三部，第一部论文编，收录：

中村哲夫：《长崎唐人法的地位》；

中村哲夫：Relationship of Chinese overseas in Japan to modern China：A focus on the Archives of Taiyihao in Nagasaki，Japan；

川口瞳：《行栈业、客栈业的泰昌号》；

寺北智之：《金银比价变动所见长崎华商泰益号的收益构造》；

Aiko Dangjo：《合利书信所见日本出产的汉方药原料》；

土居奈津美：《有关永复顺号邮寄的书信》。

第二部史料编，收录：

《簿书鞅掌》（依据陈德修毛笔抄写本，排印为活字版，但解读内容断句、误植处不少）。

第三部文书目录编，收录：

《泰益号受领书简——厦门寄信》；

《泰益号受领书简——神户寄信》；

《泰益号寄信书简底稿目录》。

(二)专著

1. 山冈由佳(许紫芬)：《长崎华商经营史的研究——近代中国商人的经营与账簿》，京都：ミネルヴァ书房，1995 年。(2015 年于远流图书出版公司出版中译本)

全书分为六章：第一章，幕末日本开港与华商的进出；第二章，厦门商家"泰益号"的经营型态；第三章，福州商家"生泰号"的经营型态；第四章，"泰益号"账簿的实例研究；第五章，"生泰号"账簿的实例研究；第六章，中国式收付簿记法的本质。

此书为许紫芬女士据其博士学位论文修订而成的大作，是第一本利用账簿资料深入探讨泰益号、生泰号两家长崎华商商号经营实况的作品。不过，比较可惜的是，账簿可以解释的问题有限，由于作者只侧重账簿构造的分析，没有参考商业书信，也未到相关地区做田野调查，故很难看出泰益号的营业特色。又，作者在首页图片里，误将一个穿着日本和服的人视为陈思成(陈世望祖父),且将陈思成定位为泰益号初代经营者。其实,《金门新头陈氏族谱》记载,陈思成于1805年出生,1840年病殁,没有史料佐证他到过长崎,何况清代金门人穿着日本衣服拍照也很反常。直接了当地说,陈思成长男陈发兴(字瑞椿,号国樑,1840—1908)1866年渡日,1901年创设泰益号,他是第一代经营者。此外,作者对陈氏家族企业及泰益号员工的叙述也有一些误解。细节方面,参阅朱德兰书评《山冈由佳著〈长崎华商经营史的研究——近代中国商人的经营与账簿〉》,载于日本《社会经济史学》第63卷第5号,1998年1月,第110~113页。

2.朱德兰:《长崎华商贸易史的研究》,东京:芙蓉书房,1997年。

此书是笔者将博士学位论文修改而成的作品,内容分为上下两编,上编探讨创业初期泰益号贸易网络的形成、泰益号店主的家族主义及其商业活动,下编探讨泰益号和其重要客户的贸易扩张活动、泰益号和其重要客户的贸易衰退活动。

此书问世后,"中央研究院"郝延平院士指称:"有宏观,有微观,兼具史识与史料的贡献。"鹈饲政志教授撰写一文推荐此书(日本《历史评论》1998年4月号,第107页)。廖赤阳教授撰写一篇书评(日本《社会经济史学》第64卷第2号,1998年7月,第110~112页)。天津南开大学张东刚教授撰写一篇书评(《中国社会历史评论》第1卷,1999年,第467~468页)。山梨大学松本武彦教授撰写一篇书评(日本《山梨学院企划广报》,1998年9月,第1~4页)。在学界引起广泛的回响,是学术对话较多的著作。

此书另收入工具书词条,分别刊于华侨华人百科全书著作学术卷编辑委员会编:《华侨华人百科全书·著作学术卷》(北京:中国华侨出版社,2001年,第653页)。黑田日出男、加藤友康、保谷彻、加藤阳子编:《日本史文献事典》(东京:弘文堂,2003年,第606页)。

3.廖赤阳:《长崎华商与东亚交易网的形成》,东京:汲古书院,2000年。

全书分为八章:第一章,华侨华人研究与日本;第二章,长崎华侨社会组织;第三章,长崎华商泰益号的经营与贸易;第四章,家族企业的核分裂与商业网的扩张;第五章,长崎陶瓷贸易与华侨商人;第六章,下关门司市场圈与中日商人;第七章,香港—长崎多角贸易;第八章,厦门网络。

此书是廖赤阳先生据其博士学位论文修订而成的作品,是从东亚海域的大视野,探讨长崎华商泰益号贸易网的形成与扩张。惟,论述范围过于广泛,章节架构不够严谨,也缺乏田野调查的视角,叙述有待斟酌之处不少。

如，第 131 页叙述："明治九年（1876 年）泰昌号的合股者有：福建帮的萧仰斋、陈发兴、颜四锦、王元卦，及三江帮的陆芝珊、陆瑞嘉、邵示绥、袁慎音、姚德齐等人。"然而，经笔者调查《长崎华商泰昌号账簿：一本万利》，应可确认 1876 年泰昌号股东：守记（黄礼镛代号）四股、钦记（萧廷钦代号）一股半、陈发兴一股、命记（黄荣性代号）一股、黄如松一股、源记（萧氏家族代号）半股，他们全是福建帮。又如，第 141 页言："泰益号长崎店和神户店为节省经营成本，共同维持下关、台湾、海参崴等支店或调度人事费用。"这段叙述没有举证泰益号的台湾支店、海参崴支店设于何处，何人坐镇营业，就笔者了解，泰益号在台湾、海参崴没有开设支店。

4. 和田正广、翁其银著：《上海鼎记号与长崎泰益号——近代在日华商的上海交易》，福冈：中国书店，2004 年。

全书分为六章，包括：第一章，上海鼎记号寄给长崎泰益号的商务书信特色；第二章，宁波帮鼎记号的网络位置；第三章，鼎记号与泰益号的交易特征；第四章，鼎记号与泰益号姊妹店的交易特征；第五章，19 世纪 20 年代末以后经营不振下的鼎记号；第六章，鼎记号的倒闭与泰益号贸易网的崩坏。

此书主要利用上海鼎记号邮寄长崎泰益号的 1382 封书信，探讨鼎记号与泰益号的贸易特征。不过，遗憾的是，作者没有参考账簿，也没对照泰益、鼎记号相关客户书信，引用文献材料比较狭窄，若干推论缺乏证据支持。如，第 40 页叙述："鼎记号是上海宁波帮中规模较大、历史悠久，与泰益号关系最紧密，位居泰益号贸易网中的代表性商号。"第 83 页指陈："泰益号在上海最大的代理店鼎记号，一面与泰益号维持良好的贸易关系，另一方面，也和泰益号的姊妹店长崎永记号、崇记号有长期的交易关系。"这些内容没有注脚，叙述与事实不符。依据账簿记载，泰益号在上海没有代理店，长和、东昌豫、德大、捷裕、鼎记等号均属泰益号的重要客户，每年贸易额各有长短。长崎方面，泰益号也没有姊妹店。[①]

（三）笔者系列论文

笔者利用自己整理编辑的泰益号关系商业书简文献，针对泰昌号、泰益号进行东亚区域贸易的研究，1991—2014 年共发表 14 篇论文。

---

① 详参本书第八章"客户信息与相互融资"第一节第二项"上海客户信息"。

1. 朱德兰:《日据时期长崎台北贸易:以长崎华商泰益号与三家台商为例》,"中央研究院"中山人文社会科学研究所主编:《中国海洋史论文集》第4辑,台北:"中央研究院"中山人文社会科学研究所,1991年,第215～257页;

2. 朱德兰:《日据时期长崎华商泰益号与基隆批发行之间的贸易》,刊于张彬村、刘石吉主编:《中国海洋史论文集》第5辑,台北:"中央研究院"中山人文社会科学研究所,1993年,第427～465页;

3. 朱德兰:《明治时期长崎华商泰昌号与泰益号贸易网络的形成》,九州国际大学社会文化研究所《纪要》第35号,1994年11月,第19～69页;

4. 朱德兰:《明治时期长崎华商泰昌号和泰益号国际贸易网络之展开》,刊于《人文及社会科学集刊》第7卷第2期,1995年9月,第53～75页;

5. 朱德兰:《近代长崎华商泰益号的历史背景与展开》,九州国际大学社会文化研究所《纪要》第40号,1995年7月,第119～143页;

6. 朱德兰:《近代长崎华商泰益号与上海地区商号之间的贸易》,张炎宪主编:《中国海洋史论文集》第6辑,台北:"中央研究院"中山人文社会科学研究所,1997年,第358～363页;

7. 市川信爱、朱德兰:《战前长崎华商的东亚海域交易网》,九州国际大学社会文化研究所《纪要》第43号,1997年3月,第159～182页;

8. 朱德兰:《日据时期台湾与长崎之间的贸易:以海产品杂货贸易为例》,收于于子桥、赖泽涵主编:《台湾与四邻论文集》,中坜:中央大学历史研究所,1998年10月,第17～30页;

9. 朱德兰:《近代长崎华商泰益号与厦门地区商号之间的贸易》,汤熙勇主编:《中国海洋史论文集》第7辑,台北:"中央研究院"人文社会科学研究所,1999年,第201～231页;

10. 朱德兰:《日据时期台湾的□□□□□□□□□主编:《台湾商业传统论文集》,台北:"中央研究院"□□□□□□□99年,第233～268页;

11. 辛德兰(朱德兰):《长崎华商泰益号与台湾地区商号之贸易活动(1901—1938年)》,朱德兰、刘序枫执编:海洋史研究丛书1《港口城市与贸易网络》,台北:"中央研究院"人文社会科学研究中心,2012年,第291～338页;

12. 辛德兰(朱德兰):《台湾与日本之间米与海产品的交换:长崎华商泰

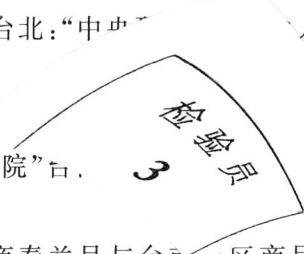

益号的跨越海洋网络（1901—1910）》，朱德兰主编：《第四届国际汉学会议——跨越海洋的交换》，台北："中央研究院"，2013年，第193～244页；

13.朱德兰：《1891年长崎华商泰昌号的商业官司》，《中国社会经济史研究》2013年第4期，第31～37页；

14.朱德兰：《长崎华商生活与活动：以1917年泰益号账簿为例》，袁丁主编：《近代以来亚洲移民与海洋社会》，广州：广东人民出版社，2014年，第1～16页。

值得一提的是，泰益号文书数量庞大，内容丰富，自1983年公开以来，一直受到各地学者的重视。近些年较新的研究议题有：速泰鹏《长崎华商之东南亚贸易网：以长崎华商泰益号的新加坡与菲律宾客户为中心（1914—1934）》（南投：暨南国际大学历史学系硕士学位论文，2002年），此文主要利用53封商人书信，针对泰益号新加坡、马尼拉两处客户的贸易活动，做一概要性的论述。惟，作者掌握相关文献不足，引用原始史料太少，解读书信和苏州数码账簿多有疏误，以致学术贡献有限。另有戴一峰教授的《环中国海的华商商业网络：泰益号个案研究（1901—1939）》（刊于《近代中国与世界——第二届近代中国与世界学术研讨会论文集》第2卷，北京：社会科学文献出版社，2010年，第509～530页），此文参考许多市川信爱教授主持研究计划时期的研究成果。遗憾的是，戴一峰教授不谙市川教授结案报告粗糙，误用了他的统计数字。如第511～512页叙述："1901—1938年间，泰益号总计与4099家商号发生业务往来关系，其覆盖区域包括：日本本土52个贸易点、1321家商号，朝鲜半岛12个贸易点、80家商号，台湾29个贸易点、1939家商号，中国大陆47个贸易点、644家商号，香港82家商号和南洋8个贸易点、33家商号。"然将这些数字对照泰益号账簿，可以发现出入颇大。举例言之，泰益号兴盛期1918年在台贸易点只有9个、来往客户104家，其他地区（东亚）贸易点统计不过13个、交易客户33家。[①]据笔者统计，二战以前，泰益号雇用店员每年约在6～11名之间，分布东亚地区的贸易点总共33处，历年客户多有重复，并非戴教授所言"1901—1938年间，泰益号总计与4099家商号发生业务往来关系"这样惊人的数字（参见表0-0-1、表0-0-2）。

①　《长崎华商泰益号账簿：华商总部》，戊午年(1918)；《长崎华商泰益号账簿：台湾总部》，戊午年(1918)。参见本书第八章附图2-8-5。

四、研究目的与问题意识

诚如上述,泰益号相关议题的研究,量的方面,成果累累,但在质的方面,诸多作品因将长崎华商多元复杂的贸易活动予以概念化、简单化,因此颇需重新修订或做些增补。笔者长年钻研泰昌号、泰益号的目的,除了想要呈现历史事实外,还想通过新议题的研究和学者进行深度的学术对话。

本书拟从海洋史、区域史、文化史、经济史的角度,结合宏观与微观,针对下列问题,进行系统性、实证性的分析,这些问题包括:

1.19 世纪后半叶福建商帮漂洋过海,他们到长崎创立泰昌号,泰昌号在中日贸易活动中如何脱颖而出? 如何建构广阔的通商网? 又为何由盛转衰?

2.长崎华商大致分为三江(江南、浙江、江西)、福建、广东三帮,商帮在己帮内部、己帮与他帮之间、己帮和日商之间发生商业纠纷时,社群组织如何排解纷争? 如何建立商业秩序?

3.福建商帮生活在地理、人文和原乡完全不同的环境,岁时采用什么节日? 如何祭祀清明节、玄天上帝诞、妈祖诞、中元节?

4.1891 年泰昌号执事为何被黄礼铺遗媚控告? 陈瑞椿究竟有无侵占黄礼铺股利? 大清理事府如何审判此一商业官司?

5.泰益号是长崎赫赫有名的大商号,店主日常生活如何? 陈世望返乡探亲,居住金门生活如何? 陈世科移居神户的商业生活又如何?

6.有关人才任用,泰益号成员来自何处? 如何分工? 泰益号员工和其乡亲常在东亚各大港市移动,他们传递什么情报?

7.19 世纪末 20 世纪初台湾米和日本海产品交换活动兴盛,泰益号如何通过这两种商品的远距离移动,建构跨洋贸易网络?

8.泰益号拥有广大的通商网,各地客户提供什么信息情报? 融资渠道如何? 通信网与融资网有何价值链关系?

五、研究方法与史料

本书主要利用历史学研究法,辅以人类学田野踏查法,试图结合历史文献及田野调查文献(各地商号遗址、长崎唐寺古迹、长崎华人集居地及墓地、泰益号原乡金门等地访查记录），以泰昌号、泰益号为主轴，通过多元史料的比对、不同视角的分析，重建两大商号的贸易活动史。本书主要征引文献，依照类别、汇编、刊行年次排列如下。

（一）泰昌号关系文书

《长崎华商泰昌号账簿：在本结簿》，壬戌年（1862）。

《泰昌振记：申置配总》，壬戌年（1862）。

《长崎华商泰昌号账簿：一本万利》，癸亥年（1863）；同，乙亥年（1875）；同，丁亥年（1887）。

《长崎华商泰昌号账簿：堆积金玉》，戊辰年（1868）。

《外事课决议簿：支那从民诸愿届》，明治七年（1874）。

《长崎华商泰昌号账簿：各号总清》，乙亥年—丙戌年（1875—1886）。

《八闽会馆杂文书》，己卯年（1879）；同，光绪十九年（1893）；同，光绪二十年（1894）；同，丁未年（1907）。

《泰昌永记神滨信底》，癸未年—乙酉年（1883—1885）。

《长崎华商泰昌号账簿：各项总登》，乙酉年（1885）；同，己亥年（1899）。

《八闽会馆总簿》，戊子年—庚子年（1888—1900）。

《长崎福建会馆：日清簿》，戊子年—辛卯年（1888—1891）。

《长崎华商泰昌号账簿：各郊总登》，辛卯年（1891）。

《长崎华商泰昌号账簿：各友总登》，辛卯年（1891）；同，庚子年（1900）。

陈德修：《簿书鞁掌》，辛卯年（1891）手抄本。

《长崎华商泰昌号账簿：置配货总》，辛卯年—己亥年（1891—1899）。

《长崎华商泰昌号账簿：申置配总》，辛卯年（1891）。

《长崎福建会所：日清簿》，己亥年—庚戌年（1899—1910）。

《长崎福建会馆总簿》，庚子年—乙巳年（1900—1905）。

《泰锠震记号进码腾清》，庚子年（1900）客户名单。

《泰锠震记电音往来》，庚子年（1900）。

《长崎华商泰昌号杂文书：欣义社玄天上帝至诚之道》，光绪二十年（1894）立，民国八年（1919）存。

（二）泰益号关系文书

《长崎华商泰益号账簿：各郊来货》，壬寅年—庚戌年（1902—1910）。

《长崎华商泰益号账簿:结彩丰盈》,壬寅年—戊午年(1902—1918)。

《长崎华商泰益号账簿:各费总部》,丁未年—甲戌年(1907—1934)。

《八闽会馆杂文书》,丁未年(1907)。

《江南苏州劝办赈捐总局》,光绪三十三年(1907)。

《驻沪江南苏州赈捐局》,光绪三十三年(1907)。

《农工商部为札委事案》,光绪三十四年(1908)。

《颍川陈府丧纪》,光绪三十四年(1908)。

《长崎华商总会文书》,宣统三年(1911)。

《长崎华商泰益号账簿:各郊配货》,庚申年(1920)。

《诸埠字号街名番户抄总录》,庚申年(1920)。

《长崎闽南帮名簿》,1920 年。

《长崎福建联合会》,民国七年(1918)。

《长崎华商泰益号账簿:华商总部》,甲子年—癸酉年(1924—1933)。

《长崎华商泰益号账簿:银行总部》,丙寅年(1926)。

《长崎华商泰益号关系商业书简资料集:台湾地区商号(1899—1939)》,55 册,台北:蒋经国国际学术交流基金会补助,1992 年(No.RG007－90)。

《长崎华商泰益号关系商业书简资料集:神户地区商号(1890—1959)》,4 册,日本文部省科学研究费补助,1993 年(No.04044157)。

《长崎华商泰益号关系商业书简资料集:关门地区商号(1906—1938)》,8 册,日本文部省科学研究费补助,1993 年(No.04044157)。

《金门地区书信》。

《神户地区书信》。

《厦门地区书信》。

《上海地区书信》。

(三)金门族谱

《金门新头陈氏族谱》,1985 年陈东荣先生提供。

蔡承辉抄录:《琼林蔡氏前水头支派族谱》,金门:前水头,1986 年。

张璋全编辑:《英坑黄氏族谱初版》(未出版),2005 年。

杨诚华编纂:《金门县官澳杨氏族谱》,金门:许氏族谱文献资料珍藏出版,2005 年续修四版。

萧永奇:《金门英坑黄氏百年记事录》(未出版),2006 年。

梁长明:《金门山后梁氏天就祖家谱》,金门:山后乡,2008 年。

(四)公文书、户籍、报纸

《台湾总督府公文类纂》,第 4573 册第 7 件,明治三十一年(1898)。

《高山七太郎除籍户籍抄》。

《台湾日日新报》,1896—1910 年。

《神户泰益商报》,1907 年。

《泰益神户支店商报》,1907 年。

《东华贸易新报》,1912 年。

《东洋日之初新闻》,1912 年。

(五)论著

竹村长槌:《大典记念名鉴》,长崎:九州日之初新闻社,1916 年。

江夏英藏:《台湾米研究》,台北:台湾米研究会,1930 年。

迫文三郎编:《组合史》,长崎:长崎贸易商同业组合,1933 年。

内田直作:《日本华侨社会的研究》,东京:同文馆,1949 年。

长崎县水产部编:《水产的长崎》,长崎:长崎县水产部,1953 年。

长崎县史编集委员会编:《长崎县史近代编》,东京:吉川弘文馆,1976 年。

上海社会科学院经济研究所、上海市国际贸易学会学术委员会:《上海对外贸易(1840—1949)》上册,上海:社会科学院,1989 年。

杉山伸也:《情报的经济史》,社会经济史学会编:《社会经济史学的课题与展望》,东京:有斐阁,1992 年。

山冈由佳:《长崎华商经营史的研究——近代中国商人的经营与账簿》,京都:ミネルヴァ书房,1995 年。

朱德兰:《长崎华商贸易史的研究》,东京:芙蓉书房,1997 年。

福建省地方志编纂委员会编:《福建省志·民俗志》,北京:方志出版社,1997 年。

成田达彦:《流通的经济理论》,名古屋:名古屋大学出版会,1999 年。

中华会馆编:《落地生根——神户华侨与神阪中华会馆的百年》,东京:研文出版,2000 年。

堀内义隆:《日本殖民地时期台湾的米谷产业与工业化——以碾米、精

米业之发展为中心》，《社会经济史学》第 67 卷第 1 号，东京：社会经济史学
会，2001 年 5 月。

　　长崎县立图书馆编：《幕末明治期长崎居留地外国人名簿》Ⅰ，长崎：长
崎县立图书馆，2002 年。

　　长崎县立图书馆编：《幕末明治期长崎居留地外国人名簿》Ⅱ，长崎：长
崎县立图书馆，2003 年。

　　长崎县立图书馆编：《幕末明治期长崎居留地外国人名簿》Ⅲ，长崎：长
崎县立图书馆，2004 年。

　　陈东华：《长崎居留地的中国人社会》，长崎县立图书馆编：《幕末明治期
长崎居留地外国人名簿》Ⅲ，长崎：长崎县立图书馆，2004 年，第 492～
510 页。

　　郭铁桩、关捷主编：《日本殖民统治大连四十年史》，北京：社会科学文献
出版社，2008 年。

　　陈优继：《什锦面与长崎华侨——美味的中日文化交流史》，长崎：长崎
新闻社，2009 年。

　　长崎市史编纂委员会：《新长崎市史·近世编》，长崎市，2012 年。

　　袁行霈、陈进玉：《中国地域文化通览·福建卷》，北京：中华书局，2013 年。

六、章节架构

　　本书除了导论外，内容分为"雄飞海外"、"在地扎根"两大单元。第一单
元收录四篇文章：

　　第一章，主要利用泰昌号账簿，讨论泰昌号从创业到蓬勃发展，经过重
整到衰退期四个阶段股东与股金的变化、各期营运模式、各期交易实况。

　　第二章，以《泰昌永记神滨信底》、《八闽会馆总簿》、《幕末明治期长崎居
留地外国人名簿》、《外事课决议簿：支那从民诸愿届》等史料为基础，详细探
讨长崎华商组织的创建、华商商业纠纷、商业秩序的建立。

　　第三章，华商参加中日贸易长达二百余年，若干信仰文化早已传入长
崎。本章根据福建地方习俗，分析长崎年中重要祭典的传承及意义，这些祭
典包括清明墓祭、玄天上帝祭、妈祖祭、中元祭。

　　第四章，探讨 1891 年泰昌号一桩商业官司的历史真相，主要利用陈德
修辛卯年(1891)手抄《簿书鞅掌》文书、泰昌号账簿，分析泰昌号经营状况，

黄傅氏诉讼背景、审讯过程,及大清驻长崎理事府的裁判结果。[①]

第二单元也收录四篇文章,即:

第五章,根据《各费总簿》账目,以泰益号经营高峰期1917年为例,通过金钱流动方向,探讨泰益号的社交网络、陈世望父子的长崎家庭生活、陈世望的金门家乡生活、陈世科的商业生活实况。

第六章,20世纪前半叶是东亚商战激烈的时代,本章为了解泰益号任用人才及收集情报途径,分别就其成员背景、职务、金门乡亲移动方向、乡亲传递情报实况,做一深入的分析。

第七章,19世纪末20世纪初台湾米和日本海产品的交换活动相当活跃,但鲜少受到大家关注。本章以泰益号账簿为基础,试图探讨台湾米在日本本土的流通过程、日本海产品销售台湾各地,及泰益号建构跨洋贸易网的特色。[②]

第八章,从情报史角度,透过信件、账目、单据、借单等多元史料的解读,分析泰益号如何收集客户信息、信息情报价值,及信息传递与客户相互融资之间的商业作用。

综合上述,本书试图凸显四大特色:第一,利用大量先行学者未曾涉猎的原始史料分析问题;第二,史料与史识夹叙夹陈,相互映照,以为长崎华商研究之中基础、系统性的研究;第三,附录许多图表、档案、影像,这些材料可对福建商帮移居海外史、跨区域文化交流史、跨海域华商活动史等议题,提供比较研究的素材;第四,通过泰昌、泰益两大著名商号的研究,认知近代长崎华侨社会的变化。要言之,1862—1901年泰昌号时代,侨居长崎的闽商多有不畏艰辛、爱拼才会赢,年长告老返乡、落叶归根的念头。1901—1940年泰益号时代,闽商渐渐习惯侨乡风土人情,日益出现文化融合、在地化、社会化的倾向。如,泰益号第一代店主陈发兴死后葬于金门,第二代陈世望、第三代陈金钟去世,长眠于长崎国际墓地,第四代陈东华家族于长崎定居,在泰益号旧址经营JAL City Hotel,便是很好的例子。

---

① 本书第四章根据朱德兰:《1891年长崎华商泰昌号的商业官司》,《中国社会经济史研究》2013年第4期,第31~37页,增补了一部分内容。

② 本书第七章根据辛德兰(朱德兰):《台湾与日本之间米与海产品的交换:长崎华商泰益号的跨越海洋网络(1901—1910)》,朱德兰主编,《第四届国际汉学会议——跨越海洋的交换》,台北:"中央研究院",2013年,第193~244页,做了若干补充与修订。

表 0-0-1　日本通货圈中与泰益号有交易额之长崎、神户、台湾客户(1907—1930)

地 区	时 间			
	1907 年客户 44 家	1917 年客户 68 家	1927 年客户 89 家	1930 年客户 97 家
长崎	和昌、福兴、震丰、振成、振泰、宾记、东源、益隆（8 家）	公大、和昌、德泰（3 家）	永昌隆、万昌和、丰记、崇记、复祥（5 家）	崇记、复祥、永昌隆、恒丰泰、永成信、德昌义、丰记、源泰（8 家）
神户	泰益、益义、复兴、久大、源昌、晋恒、恒丰（7 家）	泰益、新瑞兴、福昌（3 家）	谊美（1 家）	
基隆	何荣德、金建顺、荣泰（3 家）	复利、恒记、谢裕记、陈和合、赖成发、海陆物产会社、义和、新吉和、新建利（9 家）	谢裕记、善元泰、利记、恒裕、德源、晋益（6 家）	陈裕丰、谢裕记、海陆物产会社、陈泰成、恒记、裕余、日胜、利记、德源（9 家）
台北	川泰、德昌、陈元亨、裕兴、建利、郑顺成、泰源（7 家）	泉兴、永乾泰、东源兴、东隆、义芳、金联发、时春、林长益、义合、连成兴、捷茂、承德隆、新瑞发、郭怡美、林振源、悦隆、泉成、东美、义记、年茂、新洽升、林雷、德发、林合成、金泰亨、陈联兴、长益、金自成、郑泉成、瑞记、万隆（31 家）	陈源顺、源顺英记、庄义芳、金联发、捷茂泰、义芳金记、郭胜和、林协兴、黄南谷、药材公司、时春、合发、悦隆、东美、捷茂、裕余、德泰、参奇、源泰、良济、乾元药行、万成昌、隆顺祥记、陈英芳、金泉兴、连锦泰、周恒源、滋生堂、江同昌、济生堂、永芳春、协联成、元成、张良玉、卢茂记、高源发、协源裕、公益、恒德、振和、刘福隆、协吉成、许恒兴、连协盛（44 家）	陈源顺、源顺英记、庄义芳、金联发、捷茂泰、义芳金记、郭胜和、林协兴、药材公司、时春、振和、悦隆、东美、捷茂、德泰、参奇、乾元药行、元成、万成昌、永芳春、江同昌、恒发、周德盛、善元泰、陈其昌、圣昌、锦隆、裕余、添筹、许智就、周荣源、林协兴智记、陈济生、周龟、金荣发、高源发（37 家）

地区	时间			
	1907 年客户 44 家	1917 年客户 68 家	1927 年客户 89 家	1930 年客户 97 家
台南	振承、永茂、联昌、成利、瑞昌、捷记、协亿记、德瑞、震顺记、金义兴、永瑞泰、金和兴、永隆美（13家）	永茂、金源益、永发、鼎兴隆、和记、益声、三益、长美、合振兴、捷丰、金捷发、万隆、振益、晋丰、金义兴、一两全、振承（17家）	捷丰、恒丰、永茂、和记、振承、新发、东昌、启运、南昌、合源、金义兴、蔡壬戌、金合源、西南公司、学忠厚、新长利、金元和、裕泰、顺记、锦昌、春成、德兴、昌兴栈、永裕隆、成记（25家）	捷丰、恒丰、和记、振承、裕发、东昌、和美、捷茂、合源公司、昌兴栈、顺记支店、顺记、裕泰、建昌、西南公司、泉和、成记、德芳栈、黄惠生、全坤、德成（22家）
台湾其他地区	怡发（马公）长顺（马公）福美（台中）、恒记（台中）、固源（台中）、陈中和（打狗）（6家）	朱清芳（马公）、吴清江（马公）、和义（马公）、协长成（马公）、许怡发（马公）（5家）	金合利（金门）、苏谦吉（新竹）、恒合发（台中）、鸿合成（嘉义）、协长兴（员林）、谢协源（员林）、台湾现户转口、回春（8家）	恒德泰（台中）、金源记（台中）、恒合发（台中）、祥裕（台中）、昌记（台中）、中兴（台中）、元盛（台中）、仁寿（台中）、茂顺（彰化）、隆安（彰化）、姚荣德（彰化）、陈东平（嘉义）、鸿合成（嘉义）、苏谦吉（新竹）、蔡远芳（新竹）、谢协源（员林）、协长兴（员林）、郭洽和（鹿港）、利兴（打狗）、赵协裕（苗栗）、美源（台中）（21家）

备注：本表依照泰益号账簿登记顺序排列。泰益号账簿数据不完整，长崎、神户账目始自 1907 年，终于 1936 年，台湾账目始自 1906 年，终于 1933 年。

资料来源：据《长崎华商泰益号商业账簿：华商总部》，丁未年—庚午年（1907—1930）；《长崎华商泰益号商业账簿：台郊总部》，丁未年—庚午年（1907—1930）制作。

表 0-0-2　与泰益号有交易额之华商客户名单(1907—1936)

地区	时间				
	1907年客户10家	1917年客户19家	1927年客户25家	1930年客户19家	1936年客户6家
仁川			同盛永(1家)	公聚兴、万聚东(2家)	
海参崴	三益隆、同利栈、福兴(3家)				
营口		义昌合(1家)	增盛福(1家)		周永志(大连)(1家)
上海	东昌豫、源丰、久大、三余、源隆、德大(6家)	鼎记、德大、茂记、鼎源、同春、捷裕(6家)	鼎记、茂记、德大和、同春、裕孚、鼎成(6家)	鼎记、茂记、德大永记、合顺、瑞昶(5家)	
厦门	万丰隆(1家)	新哲记、振义兴、裕益、合利栈(4家)	新哲记、永复顺、合利栈、吴义成(4家)	新哲记、永复顺、振隆、万和兴、东兴(5家)	
香港		福源、林兴记(2家)	谦盛、林硕夫(2家)	裕有(1家)	
吕宋		永成(1家)	益兴、永南兴、胡合兴、远胜(4家)	永南兴、胡合兴、远胜(3家)	远胜、晋南(2家)
新加坡		福源、绵利、谢荣记、再和成、长发(5家)	梁顺意、益顺、正泰美、合胜美、建隆、梁顺登(6家)	梁顺意、正泰美、合胜美(3家)	正泰美(1家)
槟城			陶新(1家)		陶新、瑞兴(2家)

备注:本表依照泰益号账簿登记商号之顺序排列。华商商号账簿资料始自1907年,终于1936年。

资料来源:据《长崎华商泰益号商业账簿:华商总部》,丁未年—丙子年(1907—1936)制作。

上　编

雄飞海外（1862—1901）

长崎华商泰昌号商业账簿

第一章

贸易活动

安政六年（1859）日本结束锁国，对外开放长崎、神奈川（横滨）、箱馆（函馆）为自由通商港后，在推展西化运动的过程中，吸引了不少外国人前往各通商口岸投资、就业。长崎方面有中、英、美、德、法、俄、荷、意大利、比利时、丹麦、瑞典、葡萄牙、奥地利等十余国人纷至沓来，分别从事保险、金融、印刷、海运、船具、客栈、餐饮、传教、教书、医疗、药剂、机械、游艺等行业。据长崎官厅调查，1876 年外国人寄留总数 862 人，1885 年 866 人，1890 年 993人，1899 年 1695 人，其中十之六七为华人。华人主要来自江、浙、闽、粤等地，参与各式各样的经济活动。[①]

1862 年创立于大浦的泰昌号，是长崎华商之中声名显赫的大商号。有关泰昌号的研究，学者较少关注。本章为探讨 19 世纪后半叶闽商飘洋过海奋战商场的经历，主要利用《泰昌永记神滨信底》、《长崎华商泰昌号账簿：在本结簿》、《长崎华商泰昌号账簿：一本万利》、《长崎华商泰昌号账簿：堆积金玉》、《长崎华商泰昌号账簿：各项总登》、《长崎华商泰昌号账簿：各郊总登》、《长崎华商泰昌号账簿：各友总登》、《长崎华商泰昌号账簿：置配货总》、《泰昌振记：申置配总》等史料，针对泰昌号从创业到蓬勃发展、经重整到衰退各阶段股东变化、营运模式、经营盈亏、交易实况等项，做一具体的分析。

---

① 长崎县立图书馆编：《幕末·明治期における长崎居留地外国人名簿Ⅲ》，长崎：长崎县立图书馆，2004 年，第 3、113、120～122、151、274～298 页；原康记：《明治期长崎贸易における外国商社の进出とその取引について——中国商社の场合を中心に》，《经济学研究》第 57 卷第 2 号，1991 年 6 月，第 58、65 页。

一、创业期(1862—1874)

清代唐船从浙江乍浦出航,前往长崎参加中日贸易的人包括:船主、财副(司账者)、总管、伙长(掌管海上航行、罗盘者)、客商、舵工、工社(水手)等,其中,船员大部分来自福建,资本家大多来自江、浙两地。船员南来北往,见多识广,因对市场需求反应敏锐,故在日本锁国解体,1871年中日两国尚未建立邦交关系以前,为了取得居留权,颇多受雇于外国商社充当买办,或做中介贸易商,以附属洋商的名义,从事中日土特产交换活动。[1]

(一)集资创业

1862年六名福建乡亲合资,向长崎居留地洋商 Francis A. Groom 租地,于大浦二十二番地(门牌号码)创设了"泰昌号"。[2] 泰昌号股东及持股情形如下:礼持(黄礼镛＝黄序东,金门英坑乡人)2000银元(莺银＝墨西哥银,以下同)、信记(沈佛信,同安人)1000元、泰源(萧懋盛家族代号,海澄籍)1000元、达明(陈达明,黄礼镛表叔,金门新头乡人)1000元、命记(黄命官＝黄荣性,金门英坑乡人)1000元、渊记(黄深渊＝黄礼烟代号,金门英坑乡人)600元、汉记(黄深渊

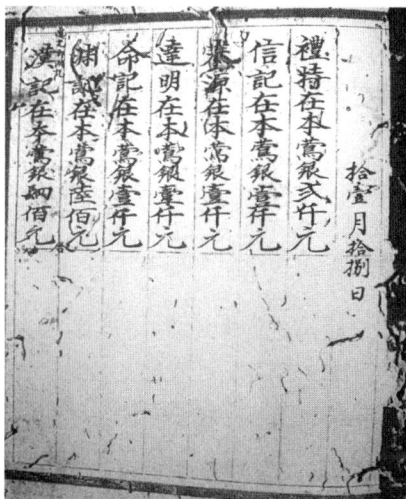

图 1-1-1　泰昌号 1862 年创业资本结构

资料来源:《长崎华商泰昌号账簿:在本结簿》,壬戌年(1862)。

---

　① 朱德兰:《明治时期长崎华商泰昌号和泰益号国际贸易网络之展开》,载于《人文及社会科学集刊》第 7 卷第 2 期,1995 年 9 月,第 55～56 页。
　② 长崎县立图书馆编:《幕末・明治期における长崎居留地外国人名簿Ⅰ》,长崎:长崎县立图书馆,2002 年,第 6、27 页。

另一代号）400 元，总计七股，资本额共 7000 银元①（见图 1-1-1）。

1863 年泰昌号改称"泰昌和记公司"（简称泰昌号），股东及持股金额略有变化，即：黄礼铺四股 4000 元、陈达明一股 1000 元、沈佛信一股 1000 元、萧天用（萧懋盛家族）半股 500 元、萧廷钦（字仰斋、号敬辉，萧懋盛家族）一股半 1500 元、黄荣性一股 1000 元、黄深渊一股 1000 元，合计十股，资本额共 10000 元。②

（二）组织及营业盈亏

泰昌号重要干部由金门黄姓、陈姓及海澄萧姓家族构成，其他员工来自江苏、安徽、浙江。③ 创业初期店内人员异动频繁，进一步说，1862 年、1863 年只有陈达明、黄荣性、萧懋盛、黄礼铺四人寄留长崎。1864 年成员八名，包括经理（史料称为头目、执事）二人：陈达明、黄礼铺，及店员萧懋思、陆六义、黄深渊、林阁使、萧炎使、区选使，此外尚有两名寄留者：黄礼铺新娘黄傅氏、陆六义妻子。1865 年 8 月行员增为二十人，同年 12 月增至五十七人（不含家眷、佣人，以下同）。1866 年行员减为十八人。1867 年 12 月增至三十人。1869 年 11 月行员十九人之中，黄礼铺、萧仰斋、陈发兴（字瑞椿、号国樑）、黄荣性四人担任营业代表。从长期观察，泰昌号人员流动的原因和他们返乡探亲、到外地出差、让乡友设庄（借店面办货，俗称"办庄"）密不可分。1870 年以后行员渐趋稳定，年平均约十余名。④

1869 年泰昌号组织已具规模。具体地说，业务分工如下：

执事四名：黄礼铺、萧仰斋、陈发兴、黄荣性（均属闽南人）。记账二名：陆芝珊、庄丙南（均为江苏籍）。翻译一名：黄如松（又名礼松，黄礼烟弟弟，闽南人）。报关员二名：傅攀杏（闽南人）、董液先（江苏人）。伙计十名：黄廷

---

① 《长崎华商泰昌号账簿：在本结簿》，壬戌年（1862）。有关黄礼烟、黄礼铺堂兄弟关系，参见张璋全编辑《英坑黄氏族谱初成》，2005 年，未出版。黄礼铺、陈达明表亲关系，参见《泰昌永记神滨信底》，癸未年（1883）书信。

② 《长崎华商泰昌号账簿：在本结簿》，癸亥年（1863）。

③ 长崎县立图书馆编：《幕末·明治期における長崎居留地外国人名簿Ⅲ》，长崎：长崎县立图书馆，2004 年，第 305、461 页。

④ 长崎县立图书馆编：《幕末·明治期における長崎居留地外国人名簿Ⅰ》，长崎：长崎县立图书馆，2002 年，第 6、27、79～80、148、197～198、332 页；长崎县立图书馆编：《幕末·明治期における長崎居留地外国人名簿Ⅱ》，长崎：长崎县立图书馆，2003 年，第 69～70、282、413、417 页。"泰昌号"为图吉利，也标记为"泰錩号"。

恭（闽南人）、黄梭（闽南人）、陈光回、萧慈（闽南人）、杨光响（闽南人）、黄爱（闽南人）、黄锐智（黄礼镛侄儿,闽南人）、林盖（闽南人,该年农历十一月返乡）、黄炉官（闽南人）、顾少溪（江苏人）。客商一名:冯颜卿（江苏人）。总计十九名。

同年泰昌号同居寄留人有:黄礼镛妻黄傅氏、萧仰斋子萧文乐、陈发兴堂弟陈文宾（文彬）、黄礼镛宗亲黄壬癸、黄君静。共五名。[①]

据泰昌号账簿记载,公司股东、员工全部支薪,庄客、客商（指水客）、附属人员不支薪。薪资按照职别、实际工作日计算,历年支出金额为:癸亥年（1863）十月至甲子年（1864）十二月 827.346 片（1 片 ＝ 1 日元）、乙丑年（1865）821.21 片、丙寅年（1866）1028 片、丁卯年（1867）1288.57 片、戊辰年（1868）1328.9205 片、己巳年（1869）1719.35 片、庚午年（1870）2425.1795片（含补助大清理事府经费）、辛未年（1871）1734.5 片、壬申年（1872）1623.36 片、癸酉年（1873）1422.1 片、甲戌年（1874）年 1066.68 片。值得留意的是,泰昌号成员为支付旅日生活费及商业活动费,各有存借款,有以记账方式挪用公款的情形。[②]

泰昌号营业绩效如何？兹以 1863—1864 年、1869 年为例,先将各年收支金额制成表 1-1-1、表 1-1-2,再就损益项目分析于后。

表 1-1-1 左栏代表收入,盈余项目繁多,包括代售货物按照货价抽佣3％（九七仲）,办存货物销售利益（置配总余）,代客包装及运输费,代理报关（关税余来）,海上保险回扣（保家费）,客户结付尾款（余水零星）,运交上海、香港客户兑货利益,代理汇票利息（对汇票余金）等。其中,售货利益（兑货总余）多于对上海、香港输出日货利益。

右栏代表支出,开支除了饮食、生活杂支、薪资、购置器具、缴纳"番行保办"、租借房屋和仓库费外,还有结合"发福"、"和记",以"和发福记"名义委托上海福泰号代售货物的损失。

关于"番行保办"一项,据 1868 年《唐馆新地处分书类》载:

① 长崎县立图书馆编:《幕末・明治期における長崎居留地外国人名簿Ⅱ》,第 413页;《大清驻札长崎理事核发陈瑞椿携代亡弟文彬灵柩回梓文书》,光绪六年（1880）。

② 《长崎华商泰昌号账簿:堆金积玉》,癸亥年—甲戌年（1863—1874）。

表 1-1-1　泰昌和记公司 1863 年十月至 1864 年十二月底盈余开销

单位：片（日元）

收　　入		支　　出	
款项	金额	款项	金额
兑货总余九七仲来	3236.743	福食计开	408.27
置配总余来	310.855	杂费计开	940.623
驳力包索余来	214.93	辛俸计开	827.346
关税余来	3589.343	番行保办	348.015
保家费余来	47.874	生财器具	139.372
余水零星	638.264	行房栈租	446.162
和记配上海交裕泰余	646.078	和发福记交上海福泰亏去	576.274
泰昌配上海交福泰余	590.776	总共开	3686.062
和发兴记配上海交泰兴余	56.35	对家长一九抽分去	730.341
和发协记配上海交协德余	301.024		
新泰昌配上海交丰兴余	47.226		
合昌配上海交益昌余	52.648		
泰祥配香港交赓泰余	164.563		
泰亨配香港交建昌余	407.60		
泰和配香港交建昌余	543.074		
泰和对汇票余	139.848		
东泰配香港交建昌余	2.088		
总共余	10989.434		
对除外余利	7303.410		
除抽分外实余来	6573.069		

备注：1.时间以阿拉伯数字表示公历，汉字数码表示农历（以下同）。2.因史料模糊，辨识困难，故左栏数字与右栏数字有 0.15 误差。

资料来源：《长崎华商泰昌号账簿：堆金积玉》，癸亥年十月—甲子年底（1863—1864）。

闽帮各行均系商等属下唐人,大半皆从前唐船工目侣出身。今归夷人名下保办,其原皆由生意上会(汇)票往来之便,依附夷势无人敢欺。[1]

指出 1868 年设于大浦(长崎外国人居留地)的福建帮商行,大半是日本锁国时期的唐船船工、水手,他们在长崎开港后开店设号,因乏汇兑机构,加上商业信用不足,所以依附洋商,借洋商保证汇票往来,以利融通资金。

泰昌号创业期以"番行保办"名目缴纳洋商的保护费,分别为:1863—1864 年 348.015 片、1865 年 270.16 片、1866 年 258.159 片、1867 年 390.575片、1868 年 397.5 片。[2]

又,所谓"家长一九抽分",是指执事可从营业盈余里吃红 10%,其余 90% 红利则按股数均分。泰昌号迈入第七年,营业表现参见表 1-1-2。

表 1-1-2　泰昌和记公司 1869 年盈余开销

单位:片(日元)

收　　入		支　　出	
款项	金额	款项	金额
兑货总余仲	7466.5517	栈租连新地基租	361.23
置兑总余	313.7012	经用	123.818
出口货仲	949.329	房租	720
关税	1501.111	辛俸	1719.35
余水	117.039	福食	1407.198
驳力包索	309.207	杂费	2169.882
长泰	258.549	和记交恒昌兑货亏	146.9435
丰泰	4014.632	德泰香港兑货亏	19.3232
保险	53.755	恒泰隆配神油豆	82.242
永泰	843.38	总共开	6749.9867
新胜昌	210.1677	开龟屋药店	14.25
穗昌	459.3205	开中村原	6.338

①　蒲地典子:《明治初期の長崎華僑》,《お茶の水史学》第 20 号,1976 年,第 5 页。

②　《长崎华商泰昌号账簿:堆金积玉》,癸亥年—己巳年(1863—1869)。

续表

收　入		支　出	
和泰	93.874	开石田	47.686
贴水	326.669	开陈竹亭	3
源昌	112.762	开中村北岛町	19.392
金陵船	126.3371	开烧双	300.7
四合美船	398.64	开纪伊国	35.344
金泰来船	1489.863	开中野	33.007
荣昌	817.57	开钰记杜蓝田	103.391
长丰	224.328	共开九条计	563.108
镒昌	287.854	对序记赞记一九抽分	1594.289
吉沟记	359.3		
协上泰	697.15		
直隶轮船	17.983		
总共余	22955.0632		
对除开费外实余	16205.0765		
再除开账外净余	15641.9685		
加和总余水	300.931		
两共余	15942.8995		
再除外实余利	14348.6102		

备注：左右栏因小数点后多达四位，误差 0.0003。

资料来源：《长崎华商泰昌号账簿：堆金积玉》，己巳年（1869）。

　　如将表 1-1-2 对照表 1-1-1，可以察知泰昌号盈余项目大致相同，只不过贸易范围扩展到营口、天津等地。表 1-1-2 左栏中的"贴水"，是指汇票期限内的利息。金陵船、四合美船、金泰来船是指泰昌号与客户联合租船，包船售货利益。

　　支出方面，右栏增加不少往来户。其中，"恒泰隆配神油豆"是指上海恒昌号与泰昌号合作，运销神户豆油、大豆（黄豆）之损失。恒泰隆之"隆"字，意喻两号"协力兴隆"之意（见图 1-1-2）。另，"经用"一项，是指赔补货款，或客号存入、取出的货款。"序赞记一九抽分"一项，是指以黄序东为首的四名经理,对营业盈余合抽 10% 红利,其余 90% 按股数均分之意。

应该指出的是,泰昌号为了占得先机,盛行以股东为媒介,利用业缘、地缘、血缘复合关系,推展海陆物产中介贸易。举例言之,1863 至 1864 年以股东名义办货出口的有:黄荣性采购货额 73.437 片、黄深渊开列货额 475.265 片、萧廷钦支出货额 279.745 片。公司出货委托上海裕泰号销售,盈余 646.578 片;委托上海福泰号售货,盈余 590.776 片。公司寄存上海福泰号烟叶、海带丝,价值 96.794 片;寄存上海泰兴号茶碗、鱼皮,价值 467.391片。1865 年公司预先办存价值 20714.923 片之货物,委托长崎、上海、香港客户销售。1867 年股东黄礼镛售货,盈余 2852.333 片;股东陈发兴售货,盈余 22.725 片;股东沈佛信配货,盈余 261.041 片;股东黄深渊兑货,盈余 186.211 片。① 1867 年泰昌号派员到香港购米,价值 3623.223 片,1868 年以香港泰昌号名义售出,盈余 276.107 片。1869 年泰昌号与上海协泰号合办货物,价值 4928.018 片。1870 年预先办存货物,售后盈余 847.237片。②

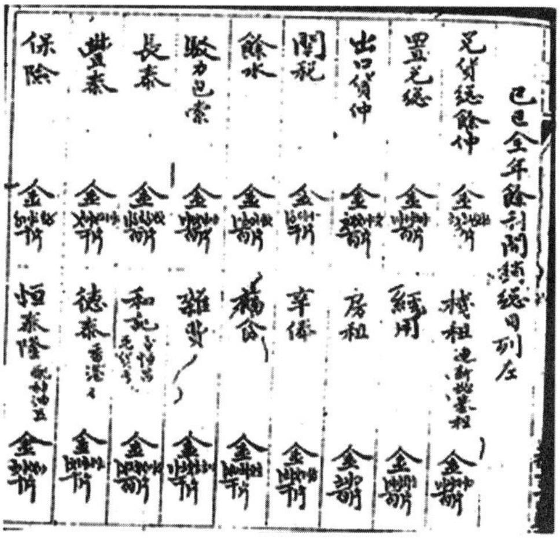

1870 年泰昌号与同业合谋大宗商品如下:以"宁泰昌"名义,进口价值 67.6502 片之宁波米。泰昌号与叶执吾合资,以"台泰昌"名义,进口价值 325.5 片之台湾砂糖。泰昌号与"泰兴隆"合租山东火轮船,合购价值 2441.1362片之豆油、大豆运销横滨。泰昌号以"营泰昌"名义,向营口包租艘安马船,装载价值 2441.1362 片之油豆运输长崎,装载价值 107.1611片之茧绸运销神户。委托福兴号以"烟泰昌"名义,售货盈余

图 1-1-2　泰昌号 1869 年盈余一部分账单

资料来源:《长崎华商泰昌号账簿:堆金积玉》,己巳年(1869)。

---

① 《长崎华商泰昌号账簿:堆金积玉》,癸亥年—丁卯年(1863—1867)。

② 《长崎华商泰昌号账簿:堆金积玉》,丁卯年—庚午年(1867—1870)。

295.6055 片。①

1872 年泰昌号与乡亲、客号合股,积极地投资船舶运销货物。如:萧慈经手"三合船",装载价值 274.003 片之毛猪、羊只运输长崎;与叶执吾合作投资上海"庆泰船",装载价值 423.523 片之货物运输长崎;与德记伙友合股投资船舶贸易 978.062 片;与长泰合租"源远船",装运价值 652.636 片之货物运输神户。②

有关泰昌号营业表现,兹将 1862—1874 年经营成绩制成表 1-1-3,就其损益变化分析于后。

表 1-1-3　泰昌号 1862—1874 年之损益额

单位:片(日元)

年/公历	营业额	盈余＋ / 亏损－	账簿类别
壬戌 1862	资本额 3990＊	＋ 3421.303	《在本结簿》
癸亥 1863	资料缺载	＋ 3054.851	《在本结簿》
甲子 1864	23419.975	＋ 6573.49	《一本万利》
乙丑 1865	28035.654	＋ 5811.519	《堆金积玉》
丙寅 1866	43574.5178	＋ 6795.711	《堆金积玉》
丁卯 1867	48565.5384	＋ 6440.754	《堆金积玉》
戊辰 1868	42207.07875	＋ 5665.71875	《堆金积玉》
己巳 1869	66752.8792	＋14348.6102	《堆金积玉》
庚午 1870	47992.30455	＋ 1286.47545	《堆金积玉》
辛未 1871	55985.2101	＋ 4566.1395	《堆金积玉》
壬申 1872	70586.2197	＋ 3660.2715	《堆金积玉》
癸酉 1873	52348.42495	＋ 2325.053	《堆金积玉》
甲戌 1874	40099.5995	＋ 5545.7047	《堆金积玉》

备注:符号＊指 1862 年创业资本额洋银 7000 元,兑换日币 3990 片。

资料来源:《长崎华商泰昌号账簿:在本结簿》,壬戌年—癸亥年(1862—1863);《长崎华商泰昌号账簿:一本万利》,甲子年(1864);《长崎华商泰昌号账簿:堆金积玉》,乙丑年—甲戌年(1865—1874)。

---

① 《长崎华商泰昌号账簿:堆金积玉》,庚午年(1870)。

② 《长崎华商泰昌号账簿:堆金积玉》,壬申年(1872)。

表 1-1-3 显示,泰昌号营业额逐年向上增长,亦即由 1864 年的 23419.975片上升至 1866 年 43574.5178 片,1869 年增为 66752.8792 片。1870 年一时滑落,降至 47992.30455 片,但次年迅猛回升到 55985.2101 片, 1872 年再升为 70586.2197 片。与此对照,各年盈余相当突出,如:1864 年 6573.49片、1866 年 6795.711 片、1869 年 14348.6102 片。1870 年余利缩小,减到 1286.47545 片,不过,来年很快恢复,盈余多达 4566.1395 片。

总而言之,截至1875 年,泰昌号累积了巨大的财富,期间买下新地町十三番房屋、广马场十二番房屋、栈房九间半(半间指无屋顶砖墙一所)等多处不动产。①

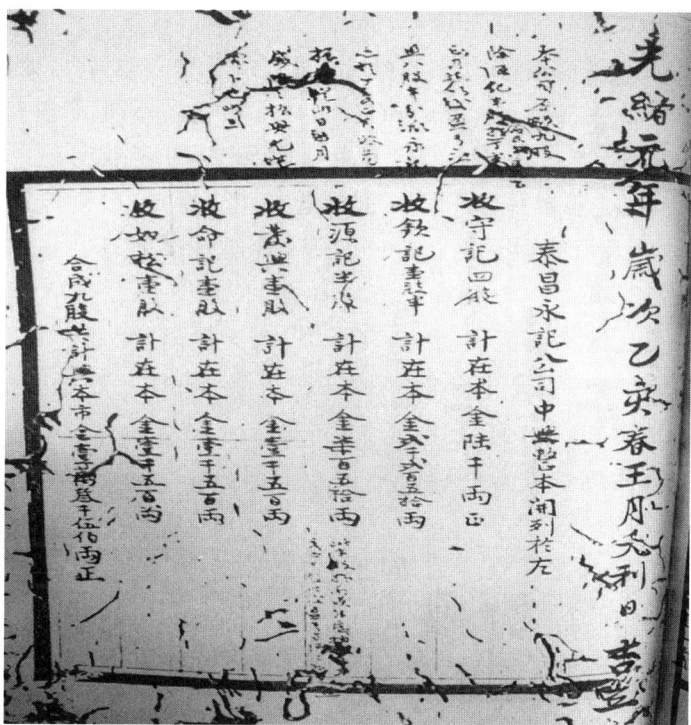

图 1-1-3 泰昌号 1875 年资本结构

资料来源:《长崎华商泰昌号账簿:一本万利》,乙亥年(1875)。

---

① 陈德修:《簿书鞅掌》,辛卯年(1891)手抄本;《长崎华商泰昌号账簿:日清簿》,乙亥年(1875)。

二、扩张期(1875—1886)

1875 年泰昌号股东发生变化,店名改称"泰昌永记公司",该年股数、资金做了重组,即:守记(黄礼镛代号)四股 6000 两(银两,以下同)、钦记(萧廷钦代号)一股半 2250 两、陈发兴一股 1500 两、命记(黄荣性代号)一股 1500 两、黄如松一股 1500 两、源记(萧氏家族代号)半股 750 两。统计九股,股金由原先一股 1000 元增加为 1500 两,资本额共 13500 两[①](见图 1-1-3)。

(一)联号网络

泰昌号为扩展商务,除了向长崎官厅租借一千余坪地,将十余间房屋分租给店员、客商、上海乾元保安公司分行,收取租金以外,股东黄礼镛、萧廷钦、陈瑞椿还陆续置产,一共买下十七间店屋及栈房出租获利。[②]

1875—1886 年泰昌号干部到重要港市建立据点,以便传递情报,架构商品流通网及资金融通网。进一步说,萧廷钦家族到上海、厦门分设"和记"、"源记"联号。黄礼镛于上海开办"长泰"(后改名"祥泰")、"庆泰"联号。黄礼镛堂亲黄锐、黄光教合资,到天津创立"利泰号"。黄锐、萧慈(萧廷钦宗亲)于天津合创"顺泰"、"成泰"联号。黄礼镛与堂亲黄景镛(又名光镛)合股,前往神户开设"森泰号",黄礼镛以"神泰昌"名义,联合长崎泰昌号买卖砂糖。泰昌号干部分工设点,点面结合,形成广阔的"联号"网络关系。[③]

泰昌号与联号之间资金流通相当频繁。如 1876 年源记付泰昌货款 356.001 片;1877 年祥泰向泰昌借用 5017.731 片、和记向泰昌借取 2008 片;1878 年利泰代泰昌售货,价值 298.31 片;1879 年庆泰付泰昌汇票利息 946.99 片;1879 年庆泰欠祥泰货款 6776.916 片;1880 年成泰汇泰昌代售

---

① 《长崎华商泰昌号账簿:一本万利》,乙亥年(1875)。

② 原康记:《明治期长崎贸易における外国商社の进出とその取引について——中国商社の场合を中心に》,第 66 页。以"森丰盛"为代号的 17 间不动产,萧廷钦有 10 间、黄礼镛有 5 间、陈发兴有 2 间房屋。参见《长崎华商泰昌号账簿:各号总清》,乙亥年(1875);《长崎华商泰昌号账簿:各号总清》,辛卯年(1891)。

③ 《长崎华商泰昌号账簿:堆金积玉》,乙亥年—丙戌年(1875—1886);《泰昌永记神滨信底》,癸未年(1883)11 月 6 日。

货款 182.655 片;1880 年顺泰汇泰昌代销货款 299.406 片;1881 年泰昌支付源记货款 436.49 片;1881 年泰昌与成泰合办货物,亏损 672.785 片;1882 年泰昌支付森泰货款 2041.526 片;1883 年泰昌配货运输上海,汇付萧天用(和记)289.236 片;1884 年黄光教汇寄泰昌代售货款 88.542 片;1885 年庆泰汇付泰昌货款 6628.72 片;1886 年泰昌与和记合谋,售货盈余 291.072 片。[①]

有关 1875 至 1886 年泰昌号的营业表现,兹据账簿制成表 1-1-4,就其损益变化探讨于后。

表 1-1-4　泰昌号 1875—1886 年之损益额

单位:片(日元)

年/公历	营业额	盈余＋/亏损－	账簿类别
乙亥 1875	43041.3885	＋4000.58	《一本万利》
丙子 1876	46091.8715	＋2399.3065	《一本万利》
丁丑 1877	50514.3695	＋3221.261	《一本万利》
戊寅 1878	41517.7125	＋403.068	《一本万利》
己卯 1879	44966.3025	＋4299.357	《一本万利》
庚辰 1880	67519.2985	＋3184.575	《一本万利》
辛巳 1881	45403.1385	＋1082.055	《一本万利》
壬午 1882	49386.2235	＋6591.7425	《一本万利》
癸未 1883	54125.0415	－4635.004	《堆金积玉》
甲申 1884	48185.6115	－448.246	《堆金积玉》
乙酉 1885	47996.5195	－4443.501	《堆金积玉》
丙戌 1886	32554.646	＋1358.65	《堆金积玉》

资料来源:《长崎华商泰昌号账簿:一本万利》,乙亥年—壬午年(1875—1882);《长崎华商泰昌号账簿:堆金积玉》,癸未年—丙戌年(1883—1886)。

---

① 《长崎华商泰昌号账簿:各号总清》,乙亥年—丙戌年(1875—1886)。

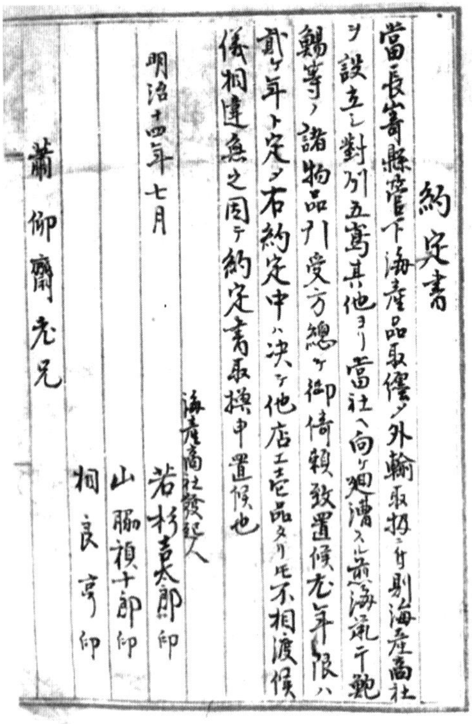

約定書

當長崎縣管下海產品取集ノ外輸取扱ニ有別海產商社
少設立シ對列五萬其他ヨリ當社ヘ向ケ廻漕ス前海流テ貴
賜等ノ諸物品ヲ受ケ御依賴致置候龍年限ハ
貳ヶ年ト定メ右約定中ハ決シテ他ヶ店エ當品タリトモ不相渡候
係相違意之因テ約定書取換申置候也

明治十四年七月

海產商社發起人
若杉喜太郎　印
山脇禎十郎　印
桐良亭　印

蕭仰齋　先兄

图 1-1-4　明治十四年(1881)萧仰斋与海产商社约定书之一

资料来源：日本国立九州大学松木文库典藏。

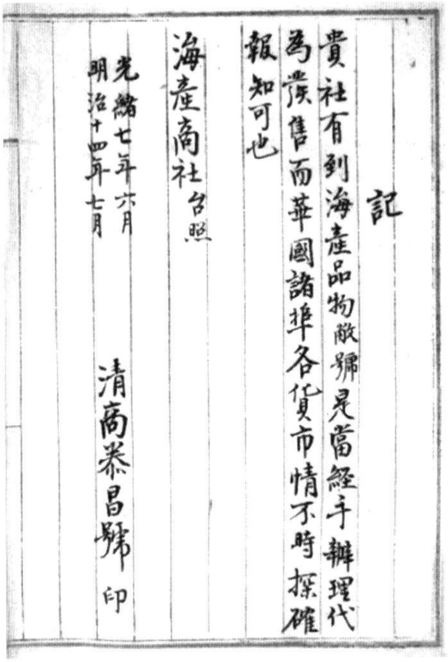

記

貴社有到海產品物散歸是當經于辦理代
為廣售而華國諸埠各貨市情不時探確
報知可也

海產商社台照

光緒七年六月
明治十四年七月

清商恭昌歸　印

图 1-1-5　明治十四年(1881)泰昌号与海产商社约定书之二

资料来源：日本国立九州大学松木文库典藏。

比较表 1-1-3、表 1-1-4，可知创业期营业额年平均约 47233 片，进入扩张期，年平均约 47608 余片，呈现逐年稳定成长的情况。绩效方面，扩张期有九个年度获得盈余，其中 1882 年 6591.7425 片，获利最多；亏损占三个年度，其中 1883 年赤字 4635.004 片，损失最大。

应该指出的是，1880 年长崎闻人若杉吉太郎、山胁祯十郎、相良亨为提升海产品质量及交易利润，出面组织"海产商社"，开始制定海产品等级管理与重量检查规则。"海产商社"议定，货物开盘期间，除负担货主出差人的食宿费用外，不论交易如何，都须扣除佣金，交易倘有盈余，则将余利划分三份，平均分配给商社、社员及货主出差人，借以推展社务。"海产商社"为繁荣海产品加工业，达到扩大出口的目的，还与实力雄厚、商誉良好的泰昌号签约，委托泰昌号代销长崎县产的海产品。1881 年海产商社允诺泰昌号执事萧仰斋，愿将商社社员所得三分之一余利和泰昌号共享[1]（见图 1-1-4、图 1-1-5、图 1-1-6）。

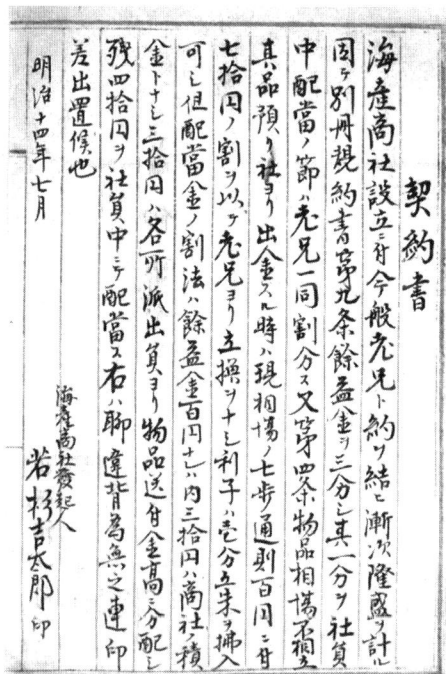

图 1-1-6　明治十四年（1881）海产商社与泰昌号契约书

资料来源：日本国立九州大学松木文库典藏。

<hr/>

[1] 《明治十三年六月海产商社规约》《明治十四年七月海产商社约定书》，日本国立九州大学松木文库 747 号、748 号、756 号。

1881 年泰昌号与海产商社签下契约后,营业额不仅从 45403.1385 片提高为 49386.2235 片,盈余也由 1082.055 片上升到 6591.7425 片。惟,令人讶异的是,1883 年营业额 54125.0415 片比前年增加,却首度出现赤字,且连续三年发生亏损的状况。有关亏损原因,容于后文探讨,在此先将1882 年、1883 年收支金额制成表 1-1-5、表 1-1-6,针对这两年营业成绩做一分析(见图 1-1-7、图 1-1-8)。

表 1-1-5　泰昌号 1882 年盈余开销

单位:片(日元)

收入		支出	
款项	金额	款项	金额
兑货总余仲来	5056.033	开福食去	845.61
出口仲来	1484.7	开杂费电音去	1673.189
关税余来	680.772	开辛金去	1494.75
驳力包索余来	870.17	开房租去	360
保险余来	291.546	开栈租去	360
余水	240.37	开贴息去	115.225
天津丰泰余来	1642.247	开经用去	188.063
烟台泰昌余来	501.975	源顺亏去申交瑞记	328.786
旧麻袋来	47.32	广泰亏去香交义益	351.46
宝泰余来交香港广长泰	76.476	泰昌成亏去上年与慈记合成泰	672.785
金进泰轮船余来	1525.221	共计开去	6389.868
金进利轮船余来	1036.754	癸未(1883)付对钦发记一九抽分去	732.416
共计余来	13451.619	癸未(1883)付对万利簿过来	6591.7425
对除外结盈余来	7061.751		
又对合总余水来	262.4075		
两共计盈余来	7324.1585		

备注:右栏中的"钦发记一九抽分",是指泰昌号经理萧廷钦(萧仰斋)、陈发兴(陈瑞椿)对公司盈余合抽一成,余九成按照股数均分。

资料来源:《长崎华商泰昌号账簿:堆金积玉》,壬午年(1882)。

表 1-1-6 泰昌号 1883 年盈余开销

单位：片（日元）

收入		支出	
款项	金额	款项	金额
兑货总余仲来	1240.03	开福食去	621.515
置配总余来	1232.088	开杂费去	1491.87
出口仲来	970.418	开辛金去	1131.5
关税余来	206.831	开房租去	360
驳力包索余来	533.107	开栈租去	318（内收回 42）
保险余来	226.498	开贴息去	1206.012
烟台泰昌余来	146.976	开经用去	5.401
厦门泰昌鱼脯余来	45.666	开贴费去黄执事	43.755
浮账过来	73.7	开源顺亏去	1012.962
共计余来	4698.276	开天津丰泰亏去	894.049
对除外结亏去	4815.753	开香港广泰亏去	293.72
收对合总余水来	180.749	开香港宝泰亏去	79.917
再除外净亏去	4635.004	开三兴头帮麦船派亏去	176.549
		开三兴二帮麦船黄派亏去	450.305
		开金进万轮船豆饼药材亏去	1314.91
		开森昌帆船上年神号合派亏去	362.938
		开海参崴米亏去	18.464
		开东源茧丝被偷亏去	74.845
		共计开去	9514.029

资料来源：《长崎华商泰昌号账簿：堆金积玉》，癸未年（1883）。

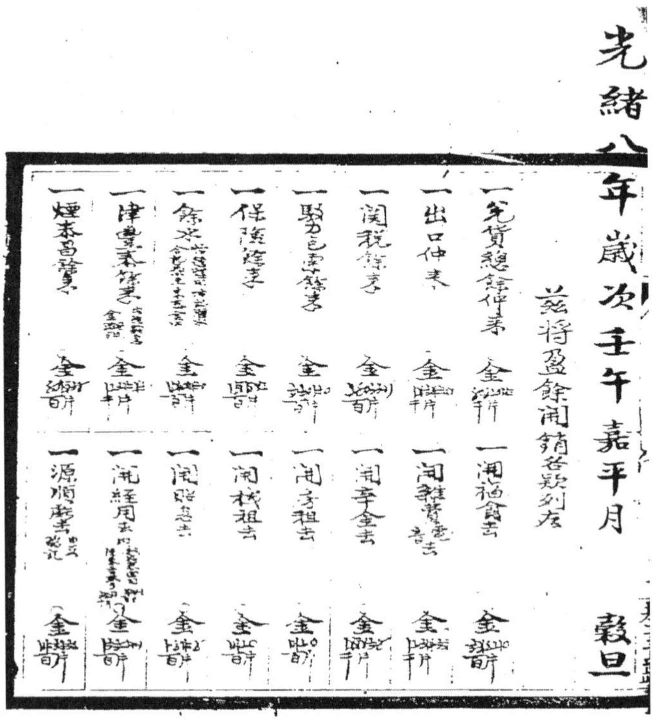

图 1-1-7　泰昌号 1882 年部分收支账单

资料来源：《长崎华商泰昌号账簿：堆金积玉》，壬午年（1882）。

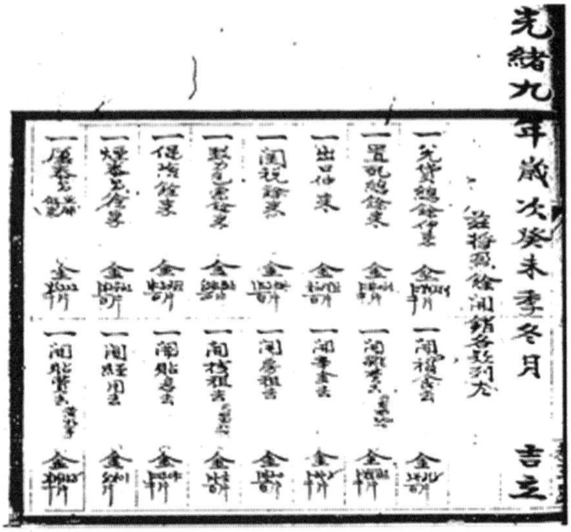

对照表 1-1-5、表 1-1-6，应可察知 1882 年获利项目有：售货佣金（兑货总余仲）、出货佣金、代理报关余利、包装及搬运余利、保险回扣、汇票利息（余水）、天津丰泰号售货盈余、烟台泰昌号售货利益、出售旧麻袋余利、香港宝泰号售货盈余、与同业合营金进泰船及金进利船销货利益等。其中，获利最高的是兑货回佣，多达 5056.033 片，其次

图 1-1-8　泰昌号 1883 年部分收支账单

资料来源：《长崎华商泰昌号账簿：堆金积玉》，癸未年（1883）。

是天津丰泰号代售货物，获利 1642.247 片，再次为输出日货，抽佣 1484.70 片。相形之下，1883 年获利项目不只减少三条，且兑货回佣缩小到 1240.03 片，出货回佣减少为 970.418 片，反映市场买气十分低迷。

关于开销，1882 年基本支出有福食（员工伙食费）、营业杂支、员工薪资、房租、栈租等项。大宗支出为：上海瑞记售货损失 328.786 片；香港义益号售货亏损 351.460 片；慈记（萧慈）与成泰号（萧慈、黄锐合股商号）合资，以"泰昌成"名义售货，损失 672.785 片等项。

1883 年福食、杂费、薪资支出比上年减少，延付汇票利息（贴息）增加，其他开销主要有：运交上海源顺号售货，亏损 1012.962 片；委托天津丰泰号售货，亏损 894.049 片；委托香港广泰号售货，损失 293.72 片；委托香港宝泰号售货，损失 79.917 片；联合厦门怡隆号、通义号投资两批麦船贸易，亏损 176.549 片及 450.305 片；联合营口客号投资金进万轮船，贩卖豆饼、药材，亏损 1314.910 片；联合神户森泰号投资森昌麦船贸易，损失 362.938 片；运销海参崴大米，亏损 18.464 片；承购东源号茧丝，货物被窃，损失 74.845 片等项。探究泰昌号售货俱损的原因，应与中法战争爆发（1883—1885），各地资金梗塞，市场沉寂关系紧密。

值得留意的是，天津三家联号（利泰、顺泰、成泰）和泰昌号素有往来，1882 年 8 月联号股东黄锐病故，对天津营业影响不小。此外，神户森泰号和泰昌号融资频繁。1884 年 2 月，黄礼铺突然辞世，森泰号陷入苦境，泰昌号受到牵缠，货款被欠数百片。[①]

（二）贸易实况

19 世纪后半叶泰昌号对华输出大米、小麦、海产品、地瓜干、香菇、茶叶、酱油、牡丹皮、松板、樟木、樟脑、硫黄、白蜡、伞、茴香、石斛、桂皮、枳壳、五倍子、茯苓、吴茱萸，对日销售大豆、红豆、白豆、豆饼、菜子饼、花子饼、牛骨、海蜇皮、栲皮（染料）、沉香、线香、甘草、菊花、粗糖、冰糖、寒天（石花菜）、白菜、酒、烟草、茧丝、绸缎、棉花、棉布、毛毡、牛筋线、石油、铁器等货。[②] 有关贸易商将大众消费品从出货地运到交货地，进出口行再将货物运销内地

① 《泰昌永记神滨信底》，甲申年（1884）八月二日萧仰斋信函。
② 朱德兰：《明治期における長崎華商泰昌号と泰益号との貿易ネットワークの形成》，九州国际大学社会文化研究所《纪要》，第 35 号，1994 年 11 月，第 34～42 页。

市场的过程,兹以小麦、茶叶为例,将商家竞争采购、装运、销售实况阐述于后。

1. 麦船贸易事例

1883 年陈瑞椿担任泰昌号经理,农历六月接到厦门通义号、怡隆号信息,内容言及上海小麦收成不佳,价格昂贵,拟请泰昌号采办小麦运销厦门一事。陈瑞椿为防贸易风险,向表兄黄序东(黄礼镛,泰昌号及森泰号股东)询问:神户产麦丰稔情形如何? 现市采购何价? 市面存货多少? 有无同业采办? 抛盘(预购)至七月二十日交货何价?[1] 等待掌握情报后,才展开采购行动。陈瑞椿云:

> 崎号与厦郊怡隆、通义合办小麦,经已采一万一二千担,俟船到日装去。昨接得厦电称及,租成一帆计八千五百担,约二十边(七月二十日)扬帆来崎,西京帆七千五百担,大约一二日可抵崎矣。彼来电尚嘱再添采一二万担无防(妨),第思麦货虽可办入,缘银根难已接续付用,兼近来崎地咱款甚难,故未敢放手前办之耳。现小麦缘三井往乡采办,故崎地步企(涨)1.82、1.83 片,将来当看 1.85 片至 1.90 片之象也。[2]

即谓泰昌、怡隆、通义三间闽商商号合力租船包买长崎小麦运销厦门,厦门同业预估麦市大有可为,电嘱泰昌号不妨添购一二万担。关于追加购麦,陈瑞椿致黄序东一信言:

> 崎号与通义、怡隆三股合谋,兹已采入小麦二万担,厦号连租两船,初次租一船堪装七千五百担,继而再租一船可装一万一二千担,前后两船均未到崎,故此栈房堆积已满,近日乃寄装商人之栈也。今晨接得厦信则云,小麦可兑 2 元,照斯价虽有利获,然此去再谋则无美利也。盖刻下崎地麦价已企至 2.2、2.3 片,而汇水已奖至 6.3 钱,看企 6.35 钱,合算无甚趣味。但怡隆致乾发来信,嘱为采办愈多愈妙,拟以蝉联而办至腊月,欲采帆船六七只运厦应消云云。以目下市面而论,所租轮帆船装满之后,大约再办一傲而已,盖日后乡间货缺出数必稀耳。[3]

指出泰昌、怡隆、通义联财投资麦船贸易,是由泰昌号购麦,厦门怡隆、通义负责租船,航崎装麦运厦,形成分工体系。怡隆号见厦门麦价上扬,欲

---

① 《泰昌永记神滨信底》,癸未年(1883)六月十七日陈瑞椿信函。
② 《泰昌永记神滨信底》,癸未年(1883)七月十五日陈瑞椿信函。
③ 《泰昌永记神滨信底》,癸未年(1883)七月二十五日陈瑞椿信函。

连续包船应市,陈瑞椿则恐汇率上升,对出口不利,以及商人争采,长崎小麦有缺货之虞,故与黄序东商讨对策。陈瑞椿云:

> 尊处再有添办小麦,拟凑一俄之额甚妥,然广都所采之麦,昨阅厦信,迩来由香(香港)陆续运厦消(销)售,初则兑 2.02 元,继售 2 元,如多到再分二三占(降价二三分)之谱,若此则广帮想必停办可卜也。盖彼之俄费以及上落(装卸)失重,进本必然昂贵也。咱与厦号合办之麦,近日经已采足两俄,计办就一万六千外担耳,所租之船于去月二十八日两夹版同日而到。昨日缘普度之事□□(耽搁),故此未曾开装。今日先装七千五百担之帆船,俟此船装足开行,然后再装一万一千另(零)担之夹版,则分前后而开,俾免两船一同抵厦之虞也。幸得所租大只帆船在港日子有二十五天,是以略缓不妨耳。刻崎小麦 1.81、1.82 片,惟金水步奖。咱前期幸得预向鼎泰汇就,价作 6.28 钱,越后开船之际,企至 6.3 钱、6.35 钱,今期谅必总在 6.3 另(零)钱也,照斯金水合算无甚趣味,咱拟两船明日之后观势而行,如得可谋再行续办,若金水再奖,麦价昂贵,则拟暂为停手也。日前接得(横滨)顺和来札,渠有办小麦八千外担一俄,经于二十三日扬帆往厦矣,尚有林时雍亦采一船计六千五百担,约二十五日开行,横滨两俄势必先到,诚恐各处运往厦地,麦价降跌耳。[①]

信中陈述:(1)神户森泰号为凑满一船装载量,拟加购小麦。(2)泰昌号考虑包租两船若同时抵厦,引起商家争卸,麦价下降反而不妙,为此,欲将两船分开启航。(3)汇率如果上升,采购麦价会随之上涨,买卖有无利益,颇须审慎盘算。(4)传递商家竞购情报,包括广东帮出采小麦从香港运厦,横滨顺和号租船装载八千余担小麦去厦,横滨林时雍租船装载六千五百担小麦运厦,麦船蜂拥到厦,小麦恐怕供过于求,价格难免跌落等信息。闽商包载船货运销厦门的结果,1883 年八月二十一日陈瑞椿言:

> 尊处(神户)小麦已办就五千担,他日船到添采些少即可装载去厦也。然迟缓日子不妨,盖厦地小麦旺消在九十月之间,那时价目必企(上升),是以从缓配往为佳耳。昨晚咱有接得厦电,述及崎号装去两船之麦俱已抵厦,其大只帆船一万担经已开盘,价 1.9 元,而小只之船六

---

① 《泰昌永记神滨信底》,癸未年(1883)八月一日陈瑞椿信函。

千五百担尚未售去，想是欲扳企些少而兑也。然比（彼）时厦号过于赶紧连租两船，以致价目难以高扳，若留一船以待九月运厦，则市面不致如此之软，定可扳售善价耳。今则不但崎号两船之麦齐到，尚有横滨两船谅可抵厦，以此拥到，而咱之麦只兑 1.94 元耳。①

反映神户、横滨、长崎华商预估麦市看涨，为图捷足先登、降低成本，而与厦门客户联盟，从采购、包船运输到出售，形成共生共荣的价值链关系。

泰昌号麦船损益如何？陈瑞椿云："香港转驳太多，兼之上海、烟台小麦亦有运往，而滨、神两处不待言也"；②"闻横滨有两船之麦，神户征记一船均在目前可到，以此买客胆寒而市情转疲。"③可知泰昌号受到麦船辐辏厦门、商家竞相求售的影响，两批麦船（三兴头帮船、二帮船）售清货物后，结果各亏 176.549 片、450.305 片（参见前表 1-1-6）。

2. 茶叶贸易事例

福建为中国茶的著名生产地之一。早期福建茶是由泉州、月港出口，在海外拥有若干消费地。进入近代，武夷山红茶在国际市场声名大噪后，成为中国输出各地的大宗商品之一。④

相形之下，日本气候、土壤也很适宜种茶，但多生产绿茶。明治政府鉴于海外市场广销红茶，为了振兴茶业，扩大输出赚取外汇，便在在各地设立制茶机构，奖励全国生产红茶。除此之外，1876 年还派制茶专家多田元吉、机械师石川正龙、通译梅浦精一到印度、华南茶叶生产地考察，学习红茶制造法。1877 年日本产茶县开始普遍栽植印度种茶树，此后日本红茶逐渐受到海外消费市场的欢迎。⑤

天津英国租界是日本红茶的一大消费地。1883 年八月二十一日陈瑞椿致黄序东一信，报告长崎华商购销日本茶情形：

> （八月）十七日接得奢兄（高奢）来电，云及天津茶税仍照旧章估价

① 《泰昌永记神滨信底》，癸未年（1883）八月二十一日陈瑞椿信函。

② 《泰昌永记神滨信底》，癸未年（1883）八月十四日陈瑞椿信函。

③ 《泰昌永记神滨信底》，癸未年（1883）八月三十日陈瑞椿信函。

④ 林仁川：《福建对外贸易与海关史》，厦门：鹭江出版社，1991 年，第 233 页；加藤祐三：《東アジアの近代》，东京：讲谈社，1985 年，第 27～28 页。

⑤ 日本茶输出百年史编纂委员会编集：《日本茶輸出百年史》，东京：日本茶输出组合，1959 年，第 54～55 页；寺本益英：《战前期日本茶业史研究》，东京：有斐阁，1999 年，第 68～69 页。

抽税,接电之下,立即往各处采进茶叶一千另(零)包,而德泰(长崎闽帮商号)谅亦有接电,较咱迟二三点钟光景,故此市面对庄之茶被咱先为落手,而德泰出采则货较次耳。咱所采之茶叶其价3片起至3.5片、4片,极佳至4.5片也。尊处(神户)大阪新茶未识价目如何?祈为探听何价,并望择色水佳者,扦样数种寄船头行带崎,倘得合宜亦拟采办耳。今日有南陆轮船往申(上海)揽装茶叶,到申随即转装他轮运津,每包载资(运费)洋银九角半,德泰有装五百包之谱,咱不敢多配,只装去二百包之左也。①

指出 1883 年泰昌号店员高奢(高标奢)为推销日本茶,专程前往天津丰泰号当庄客。泰昌号据高奢电报获知,天津日本茶进口税依旧,众商认为有利可图,故争相采购运往上海转销天津。言及上海,近代上海是中国交通运输之枢纽,1843 年对外开埠以来,迅猛形成全中国对外贸易中心,从而成为洋货转运内陆的中转地。②

森泰号与泰昌号结盟,合谋日本茶运销天津的事例很多。如 1884 年森泰号委托泰昌号运输茶,陈瑞椿报告觅船装运情形:

> 承云,尊处(神户)有友人欲装茶叶二百箱来崎,办配帆船运津之说,然迩来崎港因煤炭出数甚少,乏货可装,是以不论帆、轮罕有往津,惟新正初间德泰有租帆船装茶运津也。咱办存之茶昨经租成汇利轮船,每包洋银八角,虽则载资昂贵,取其快捷,该轮昨已在申开行来崎,至二十九日得以装茶,出月初二三日即可开往,按初七八日便可到津,定能赶在德泰帆船之先矣。盖德泰帆船虽则元宵节边在崎开行,谅必驶往烟台等候津港解冻方可赴津,以此咱之轮船定着先鞭也。贵友之茶,崎港乏船可装,祈转达为荷。今春崎地生理尚未发动,究因申地钱庄不通,银路闭塞之故也。……再者,上年合购之夹版迄今非惟分文不能收进,抑且不时摊派修理之金,拟欲转售而无主顾,甚为焦灼耳。③

即谓:(1)泰昌号探闻德泰号在长崎租船,预定元宵节前后起程贩茶的信息;(2)为捷足先登,不惜以较高的运费,包租"汇利轮船"赶在元月上旬驶抵天

---

① 《泰昌永记神滨信底》,癸未年(1883)八月二十一日陈瑞椿信函。

② 高红霞主编:《上海福建人(1843—2008)》,上海:上海人民出版社,2008 年,第 117 页。

③ 《泰昌永记神滨信底》,甲申年(1884)一月二十六日陈瑞椿信函。

津；(3)泰昌、森泰两号去年合购一艘夹舨船已不堪用，为免修船负担，急需觅主脱售。有关汇利轮售茶结果如何？1884年农历二月三日陈瑞椿记述：

> 咱所租汇利轮船于去月（一月）二十九日开装，不料海关今春茶叶完税章程更改，凡筑后（福冈）中茶均欲照上茶之例完纳，惟肥后（熊本）粗茶始作下茶之税。但咱所办之茶，筑后路道为若肥后之货不过十分之一二也。咱今春公司及小伙统计办存茶叶二千六百余包，本拟按纳税银五百元左右，霎时欲完上茶之税须纳洋一千五百元之谱，乃（尚）缺洋银一千元，当与海关头目再四恳请，决意不肯，但所租轮船不能推迟，只得允其纳上茶之税也。然瞬息之间无从措办千元，乃向贵处知友凑集，不过暂时救急之计，隔日即欲清还缺额千元。是以于二十九晚八点钟即发号码电一书向尊处告急，其电曰："津茶完上税速汇金千片（元）济急。……"迨至三十日下午乃荷回电云，金五百片明日汇崎，已聆悉矣。越于朔日午后四点半钟接得大阪发来一电，系云金五百片向丸三舍（银行）①收取。接电之下已过四点，不能向支，迨至昨日午前十点钟经已向丸三舍如数收到矣。当将斯款换钱得以还暂借之银，深慰鄙怀感激之至。然所移尊处之款，姑俟后期设法汇奉，祈免锦念为荷。至于津轮二十九、三十日两天装足，即于是晚开行往津，谅初五六日定可到紫竹林起岸也。今春仍着奢兄（高奢）及智官（何智）趋津办理，兼着舍弟文政（陈文政）偕往习学，顺此详闻。②

可知1884年初泰昌号办存2600余包日本茶准备输出天津，原本以为茶税依旧，只需缴纳500元左右，岂料海关更新税则，规定日本福冈出产的中等茶比照上等茶，熊本出产的粗茶比照下等茶纳税。天津茶税遽然增加1000元，让泰昌号筹措现款不及，为能赶上船期出货，不足额只得向森泰号周转。

熟悉茶市的高奢、何智及学徒陈文政抵达天津一段时日，苦于景气不佳，贩茶未达预期效果。三个月后，森泰号执事黄景镛银根吃紧，转向陈瑞椿筹调资金。陈瑞椿回复：

---

① 明治十三年(1880)三月丸三银行创立于长崎。明治十七年(1884)十二月大阪分店、长崎本店相继倒闭。参见《泰昌永记神滨信底》，甲申年(1884)十一月十日萧仰斋、陈瑞椿信函。

② 《泰昌永记神滨信底》，甲申年(1884)二月三日陈瑞椿信函。

今春入夏各处银根紧急，未得汇通，况敝所依天津生理迄今一二十年，从未见如此市面。往常配去茶叶若到十余天即可销出一半有余，今岁装去之茶越三月矣，不过售出一二百包，可称罕见。揣其本末亦由被银紧所致。若此何能营谋乎。而上海生理更难经营，动辄便即亏耗。香港鱿鱼每担须蚀银五六元。来货白糖亦欲耗损，以此各埠皆然，银根安得不紧乎，故此恐难如愿耳。①

又谓：

刻崎各号因接各处来电止办货物，以致市面肃静，埋首而坐，毫无生趣也。况广都最爱闹热门面，近日屡接香港电音，嘱为止谋，且报鱿鱼大跌，故此亦不敢举谋也。申地亦缘谣言纷纷，去货乏有受主，未敢配往耳。而敝申、香两处既难营谋，加之天津茶叶不动，其情形不言可知也，如之奈何。近闻法国已在福州开仗，互有输赢，而厦门虽在咫尺之地，据称可保无虞，惟居民迁移不少，生理被其所害也。②

反映日本茶昔日输出天津十分畅销，今年(1884)受到中法战争爆发，法军攻打福州、基隆、宁波、澎湖，时局动荡不安的影响，各地经济活动萎缩，泰昌号的茶叶存栈不动，资金回收缓慢，故无余裕可以资助黄景镛。③

三、重整与衰退期(1887—1901)

1887年萧天用退股，泰昌号为重振公司利益，将店号改称"泰昌振记公司"。

(一)泰昌振记公司

泰昌振记公司有十一名员工，资本结构如下：守记(黄礼镛家族代号)四股6000两(银两，以下同)、钦记(萧仰斋代号)一股半2250两、发记(陈瑞椿代号)一股1500两、命记(黄荣性代号)一股1500两、黄如松一股1500两。总计八股半，资本额共12750两。④

泰昌振记股东议定：(1)公司每年决算如有盈余，须将红利10％分配给

---

① 《泰昌永记神滨信底》，甲申年(1884)四月二十九日陈瑞椿信函。
② 《泰昌永记神滨信底》，甲申年(1884)七月九日萧仰斋、陈瑞椿信函。
③ 《泰昌永记神滨信底》，甲申年(1884)四月二十二日陈瑞椿信函。
④ 《长崎华商泰昌号账簿：一本万利》，丁亥年(1887)。

两名执事,其中萧仰斋占六、陈瑞椿占四,其余 90% 按照股数均分。(2)股东投资三笔期货生意,包括对营口泰昌号办存日本茶,对烟台泰昌号运输日本茶及日本药材(茯苓、桂皮、吴茱萸),对天津丰泰号办存日本茶、日本樟脑,这些货物出售后,"如有长短,当照八股半分派"。要言之,泰昌号重整期是以分摊风险、利益共享的经营方式,激励所有股东为公司效力。①

泰昌振记公司的输入品来自香港、中国大陆,主要是砂糖、大豆、红豆、豆饼、菜子饼、棉花等货;输出品为日本出产的鱼翅、海参、蛏干、蛤干、紫菜、红菜、虾米、香菇、茶叶、樟脑、吴茱萸、石斛、赤茯苓等货。

值得留意的是,泰昌振记公司为与上海长和号互补互助,常以"泰和"名目,合作买卖中日两国土特产。如表 1-1-7 记载,1891 年泰昌振记公司对长和号输出第一批海产品,账单开列双方交易品目、数量、价格、装运、税金、行佣等费(见图 1-1-9)。

表 1-1-7　泰昌号对上海长和号输出海产品账单(1891)

泰和配货第元帮三月初九单	正月初七配神户丸往申
兑鱼翅 1 件净 275.75 斤	鱼翅 1 件净 274.5 斤
单价 29 两九七扣银 77.568 两	单价 32.5 片金 89.212 片
兑海参 2 包净 578.5 斤	海参 2 包净 576.75 斤
单价 28.3 两九七扣银 158.804 两	单价 36.6 片金 211.09 片
扣税厘申银 12.689 两	加仲金 6.006 片
扣傤洋银 1.581 两	加会捐厘金 6 角
扣费银 1.8 钱	加税捐金 7.163 片
两抵兑净银 221.922 两	加包索捆工金 9 角
73 升折合金 304.003 片	加驳力金 5 角
筹除外结亏金 13.468 片	加保安金 2 片
	共本金 317.471 片

资料来源:《长崎华商泰昌振记账簿:申置配总》,辛卯年(1891)。

表 1-1-7 右栏是 1891 年农历正月初七泰昌号的出货账,即泰昌号装载

---

① 《长崎华商泰昌号账簿:各项总登》,辛卯年(1891);《长崎华商泰昌号账簿:各郊总登》,辛卯年(1891);《长崎华商泰昌号账簿:各友总登》,辛卯年(1891)。

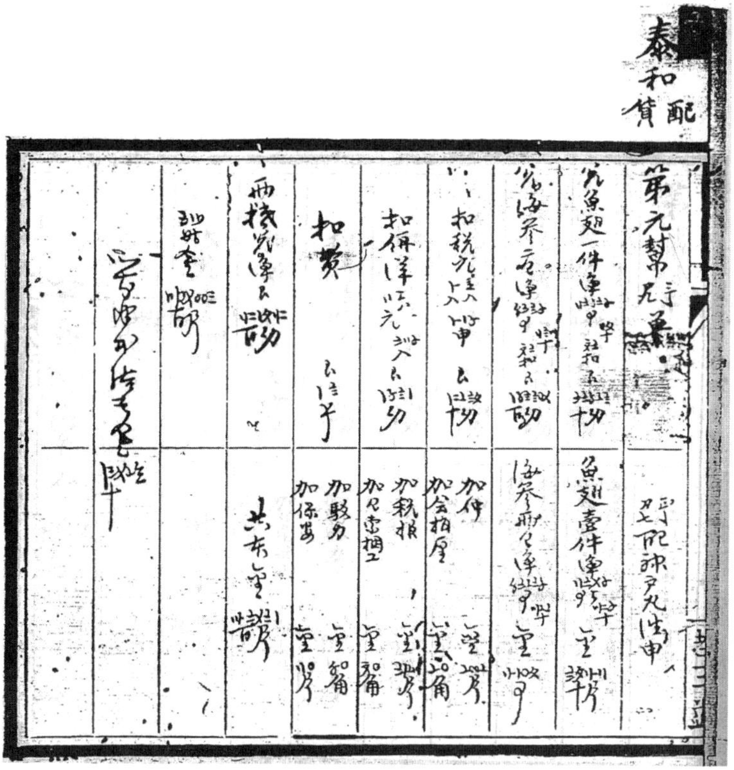

图 1-1-9　1891 年泰昌号输出海产品账单

资料来源：《长崎华商泰昌振记账簿：申置配总》，辛卯年（1891）。

神户丸运销上海鱼翅 1 件，净重 274.5 斤，每百斤单价 32.5 片，货价89.212
片。输出海参 2 包，净重 576.75 斤，每百斤单价 36.6 片，货价 211.09 片，
外加中介佣金 6.006 片（货价总额×2％）、缴纳福建会馆厘金 6 角（货价总
额×2‰）、地方税 7.163 片、包捆费 9 角、搬运费 5 角、海上保险费 2 片，共
计本金 317.471 片。

左栏是 1891 年农历三月初九长和号的销货账，即代售鱼翅 1 件，重
275.75 斤（运输过程减重或进出港衡器不同，重量略有出入），九七扣（佣金
为 3％），价值 77.568 两（上海银两）。出售海参 2 包重 578.5 斤（重量略
异），九七扣（佣金为 3％），价值 158.804 两。扣除税厘 12.689 两、运输费
1.581 两、搬运费 1.8 钱，共计 221.922 两。又，1 日元兑换上海规银 0.73
两，221.922 两折合日币 304.003 片。左右栏对除，可知这批货亏损

13.468片。

表 1-1-8 记载 1891 年泰昌号自长和号输入第六批货,账单罗列双方交易菜饼(菜子饼)数量、价格、装运、税金及行佣等费(见图 1-1-10)。

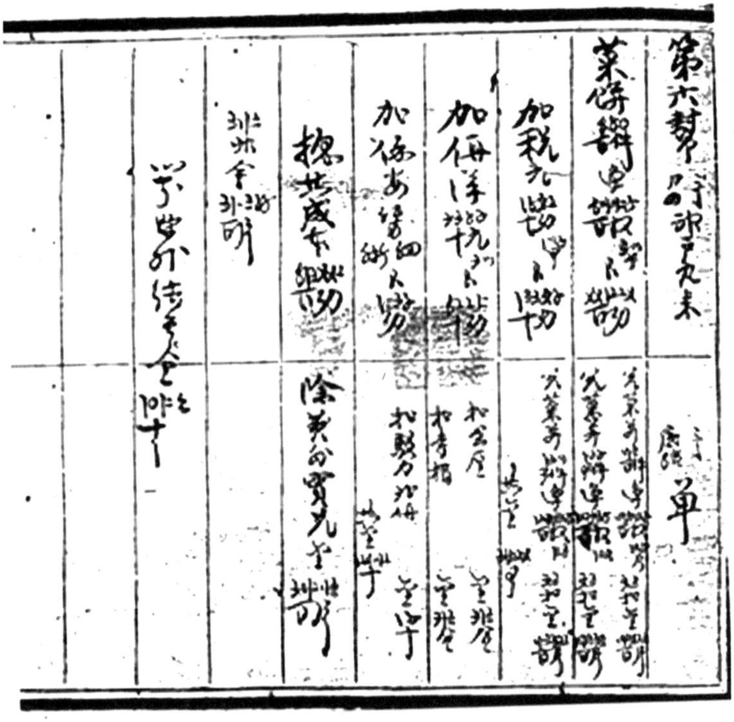

图 1-1-10　1891 年泰昌号输入菜饼账单

资料来源:《长崎华商泰昌振记账簿:申置配总》,辛卯年(1891)。

菜饼是栽培茶树的一种肥料。[1] 表 1-1-8 左栏是 1891 年农历三月初四长和号的出货账,即长和号装载神户丸运销长崎第六批货:菜饼 550 件,净重 532.125 担,每担单价 8.3 钱(上海银两),价值 441.664 两。外加税厘 17.795两、运输费 56.612 两、保险费 1.375 两,成本总共 517.446 两,上海银两兑换日币,折合 711.755 片。

右栏是 1891 年农历三月底泰昌号的销货账,即代售菜饼连同九七扣(回佣为 3‰),价值共 718.064 片,扣除福建会馆厘金 7.18 合(合=角,货价

---

① 日本茶输出百年史编纂委员会编集:《日本茶输出百年史》,第 51 页。

×1‰)、对福济寺捐缘 7.18 合(货价×1‰)、搬运费 15 片,实计兑金 701.628 片。左右两栏金额相抵,结果亏损 10.127 片。

表 1-1-8 　泰昌号自上海长和号输入菜子饼账单(1891)

泰和来货第六帮三月初四神户丸来	三月底结单
菜饼 550 件净 532.125 担	兑菜饼 280 件净 269.275 担
单价 8.3 钱银 441.664 两	单价 1.45 片 九七扣金 364.67 片
加税厘 15.96 两合申银 17.795 两	兑菜饼 105 件净 100.785 担
加傥洋 77.55 片合申银 56.612 两	单价 1.39 片九七扣金 135.888 片
加保安银 1.375 两	兑菜饼 172 件净 162.4875 担
总共成本 517.446 两	单价 1.38 片九七扣金 217.506 片
727 升折合金 711.755 片	共金 718.064 片
	扣会厘 7.18 合
	扣寺捐 7.18 合
	扣驳力 15 片
筹除外结亏金 10.127 片	共金　16.436 片
	除费外实兑金 701.628 片

资料来源:《长崎华商泰昌振记账簿:申置配总》,辛卯年(1891)。

一般而言,贸易商对耐久贮藏的干货(如加工制品鱼翅、海参、虾米、菜饼、豆饼、豆类、香菇等),在价格未涨前,多会逢低买进、预先办存,等待行情看俏,再委托各地客户销售。依此经营模式推测,泰昌号的实际损失可能低于账面上的亏损数字。

有关泰昌振记公司的营业效益,囿于账簿不全,不详。[①] 不过,如将表1-1-9 闽商各号缴纳八闽会馆(1897 年改名福建会馆)厘金(会员纳税充当公费)做一比较,便可看出泰昌号在长崎福建帮中的地位。即:1888 年缴纳215.788 片,约占 16 间商号厘金总额 873.831 片的 24.69%,独占鳌头。1889 年缴纳 186.029 片,约占 14 间商号厘金总额 1034.328 片的 17.98%,排名第一。1890 年缴纳 196.344 片,约占 15 间商号厘金总额 878.583 片的22.34%,仍居第一。1891 年缴纳 34.962 片,约占 20 间商号厘金总额666.987 片的 5.23%,排名第十,显见前三年经营成绩出众,1891 年突然降

---

① 《长崎华商泰昌号账簿:一本万利》不完整数据中,记录 1887 年盈余 1686.634 片,其他年份缺载。

落,呈现由盛转衰的情形。[①]

表 1-1-9　长崎闽商商号缴纳八闽会馆厘金(1888—1891)

单位:片(日元)

年份	商　号							左列与其他商号合计
	泰昌	德泰	森茂	怡德	升记	恒记	和昌	
1888	215.8	154.1	96.5	46.6	86.7	99.2	33.5	873.8
1889	186.0	142.5	92.7	92.7	87.1	162.9	66.9	1034.3
1890	196.3	127.0	129	66.6	77.3	118.4	13.9	878.6
1891	34.9	85.8	86.1	51.6	57.6	119.7	37.9	666.9

备注:数字四舍五入,记至小数点后一位数。

资料来源:笔者据山冈由佳:《长崎华商经营史的研究——近代中国商人的经营与账簿》,京都:ミネルヴァ书房1995年,第180~181页重制。

探究泰昌号营业不振的原因,与1891年号内发生一桩官司密不可分。也就是说,1884年黄礼镛病故,遗孀黄傅氏扶柩返乡安葬,要求陈瑞椿汇寄亡夫股利,因未收到泰昌号音信,怀疑股利被陈瑞椿侵吞,故于1891年偕同讼师赴崎,亲至大清理事府鸣鼓告状。经官员详查账簿,并审讯被告后,虽说水落石出,判决陈瑞椿并无原告所控含混吞财情事,但此诉讼长达一年,对该号日常商业活动影响甚大。[②]

(二)泰昌震记公司

1892年萧仰斋、陈瑞椿将泰昌振记公司改为"泰昌震记公司",十一月六日在更新招牌时,理事府官员及和昌、震丰、裕和、德泰、仁泰、永记、升记、恒记、大兴隆、怡德、森茂、晋恒、源昌、万昌和、宏昌、益隆等十余家商户,纷纷登门赠送烛炮、对联,齐贺泰昌号新张之喜。[③]

泰昌震记公司有十一名员工,资本结构不详。泰昌震记依照旧例,代客兑货按照货价抽佣3%,对华输出日货,抽佣2%。值得提出的是,以往长崎输出入品,有扣缴寺捐的规定,从己亥年(1899)七月份起并入"会厘",按照

---

① 《长崎福建会馆:日清簿》,戊子年—辛卯年(1888—1891)。

② 详见本书第四章"商业官司"。

③ 《长崎华商泰昌号关系商业文书》,壬辰年(1892);《长崎华商泰昌号账簿:置配货总》,己亥年(1899)。

货价扣缴 2‰。官厘(市政税金)方面,则按货价扣缴 6‰。[①]

表 1-1-10 为长崎闽商 1892 至 1900 年缴纳八闽会馆厘金一览表,从中可以看出泰昌号贸易实力的变化。

表 1-1-10 长崎闽商商号缴纳八闽会馆厘金(1892—1901)

单位:片(日元)

年份	商　　号											与其他商号合计
	泰昌	德泰	森茂	怡德	升记	大兴隆	和昌	桓记	裕和	振泰	永记	
1892	58.6	108.7	53.5	32.2	77.7		68.0	125.2	127.5			841.0
1893	141.2	113.2	43.4	31.0	100.4	52.6	62.8	95.4	161.2	8.5	123.2	979.2
1894◆	35.2	40.9	6.4	5.5	41.5	13.6	15.1	27.4	31.4	7.4	25.4	269.4
1895★	151.3	50.3	福兴	5.4	33.8	38.8	28.6	55.9	184.2	21.6	49.4	631.2
1896	287.9	134.3	45.4	47.3	89.1	47.9	65.6	109.6	261.3	56.7	64.6	1473.4
1897	417.9	183.8	95.1	47.0	122.5	53.9	94.5	114.2	274.5	83.6	116.5	1958.1
1898	348.6	256.0	72.0	51.6	256.6	52.7	103.6	43.5	355.4	118.4	179.7	2229.3
1899	112.7	118.2	93.1	45.2	88.7	29.7	133.7		125.4	114.9	116.5	1193.2
1900	95.1	133.4	77.5		115.4		96.3		49.4	107.5	116	1085.6
1901	15.5	126.8			85.6		59.2	泰益 43.0	33.8	135.2	107.2	1002.6

备注:数字四舍五入,记至小数点一位数。符号◆指该年只缴春季厘金,★指该年夏季厘金未缴,此与华商受到中日甲午战争影响,一时返国有关。

资料来源:笔者据山冈由佳:《长崎华商经营史的研究——近代中国商人的经营与账簿》,京都:ミネルヴァ书房 1995 年,第 181~187 页重制。

1892 年泰昌号在 19 家商号中名列第六,1893 年在 22 家商号中名列第二,1894 年在 21 家商号里排名第三,1895 年在 16 家商号中名列第二,1896 年在 27 家商号中位居第一,1897 年在 26 家商号中蝉联首位,1898 年在 27 家商号里排名第二,1899 年在 23 家商号中排名第六,1900 年在 22 家商号中名列第五,1901 年仅于夏季缴纳 15.548 片,在 23 家商号里退居倒数第五的位置。泰昌号 1898 年之前名列前茅,1899 年拥有近百家客户,[②]1901 年遽然衰退,萧仰斋的去世应是关键性的因素。

具体来说,泰昌号起初是以金门英坑乡出身的黄礼铺家族为骨干,萧仰

---

① 《长崎华商泰昌号账簿:置配货总》,己亥年(1899)。

② 朱德兰:《明治时期长崎华商泰昌号和泰益号国际贸易网络之展开》,第 61 页。

斋、陈瑞椿从旁辅佐，依靠血缘、方言缘组织而成的闽南帮企业。1884年大股东黄礼镛病故，儿子天赐、天眷、天祥、天栋缺乏商才，兄弟礼烈、礼廷、礼训、礼镆素质也不及黄礼镛天资聪敏、慷慨尚义。职是之故，商务大权改由金门新头乡出身的陈瑞椿家族（堂弟文政、长男世望、义子世科），及漳州海澄出身的萧仰斋家族（包括少斋、幼斋、廷松、廷禧、启谟、启池、启源、启东）执掌。[①]

1898年长崎《镇西日报》报道，陈国樑（陈瑞椿）、萧敬辉（萧仰斋）欣逢六十岁，两位泰昌号主人自十一月二十七日起连续三天在福建会馆举行寿宴，款待来自各地的贺客。这则新闻纪事说明，陈瑞椿、萧仰斋二人是长崎社会商誉卓著、事业成功的富商。1899年《镇西日报》刊载，六月十二日萧仰斋去世，泰昌号于筑后町福济寺举行了空前未有的葬礼，参加吊唁者有中日两国士绅、商人，追思人数多达千余名。又报道，三十七年前（1862），中日两国商情尚处隔阂之际，长崎对华贸易得以欣欣向荣，萧仰斋付出诸多努力，功不可没，对萧氏促进地方经济发展给予很高的评价[②]（见图1-1-11）。

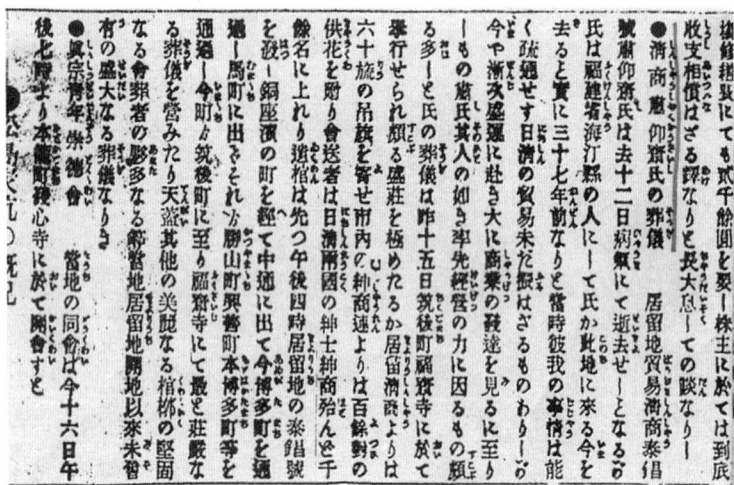

图1-1-11　1899年6月12日清商萧仰斋葬礼讯息

资料来源：《镇西日报》，明治三十二年（1899）6月16日，第6209号。

---

①　《长崎华商泰昌号账簿：各友总登》，辛卯（1891）；《长崎华商泰昌号账簿：各友总登》，己亥年（1899）。

②　《泰昌主人の還暦賀》，《镇西日报》，明治三十一年（1898）12月16日，第6049号。《清商蕭仰斎氏の葬儀》，《镇西日报》，明治三十二年（1899）6月16日，第6209号。

1899 年泰昌号账册记录,萧仰斋丧事举办五七诵经,泰昌震记支付 52.1元,萧氏家族支付丧葬费 1747.107 元。这两笔花费与当年执事陈瑞椿年薪 120 元,店员年薪 84 元作一对照,应可察知萧仰斋的告别式相当隆重,他的辞世给泰昌号营业带来不小的冲击。[①]

结　　语

　　19 世纪后半叶日本对外开港通商以来,中国沿海商民兴起了一股贸易热,他们前往日本各大港埠设店营商,从帆船时代的季候风型、集居于长崎一港的人群移动,转变成散居各大港市的商帮社群。就长崎而言,泉漳商帮贸易活动十分活跃,泰昌号的表现尤其令人瞩目。

　　泰昌号历经创业、扩展、重整、衰落四个阶段,浮沉商海近四十年。泰昌号兴业之初,股东主要来自金门黄礼镛、陈瑞椿亲族及海澄萧仰斋家族。黄礼镛慷慨尚义、交友广阔,陈瑞椿行事严谨、认真负责,萧仰斋待人诚信、眼光敏锐,由于三巨头商才突出、性情融合,并锐意进取,故能吸引众多亲友,各以血缘、地缘、业缘关系,结合各地人力和资本连接东亚港埠,从事商品交换、资金融通、港对港的通商活动。

　　泰昌号扩张期,黄礼镛、萧仰斋的营业策略为凝聚乡亲力量,分别到神户、天津、上海、厦门等交通枢纽设点,各自建立联号,以加速情报传递及资金回转的方式,扩大各地土特产通商网。惟,天有不测风云,人有旦夕祸福,泰昌号受到联号股东黄锐病逝,中法两国外交发生冲突,1884 年爆发战争,同年大股东黄礼镛往生等内外变故的影响,营业出现负成长情形。

　　1887 年泰昌号进行重整,股东以损益均摊方式,针对营口、天津、烟台、上海等地,输出日本茶、药材、樟脑、海产品,及办存投机性强的商品委托盟友招售。意外的是,1891 年陈瑞椿被黄傅氏诬控侵吞亡夫财产,营业受到阻碍,1892 年为重建商誉,将店名改称"泰昌震记公司"。

　　泰昌震记公司是由陈瑞椿、萧仰斋主持。陈、萧二人随着乡亲移动方

　　① 《长崎华商泰昌号账簿:各友总登》,己亥年(1899);《长崎福建会所:日清簿》,己亥年(1899)。

向,不断地向海参崴、营口、天津、烟台、上海、厦门、台北、香港、新加坡等地推展商务,贸易据点增加到 16 处,覆盖了东北亚和东南亚(见图 1-1-12)。

遗憾的是,长崎福建帮首屈一指的泰昌号,受到 1899 年萧仰斋亡故、1901 年陈瑞椿家族另立门户的影响,不得不关门歇业。

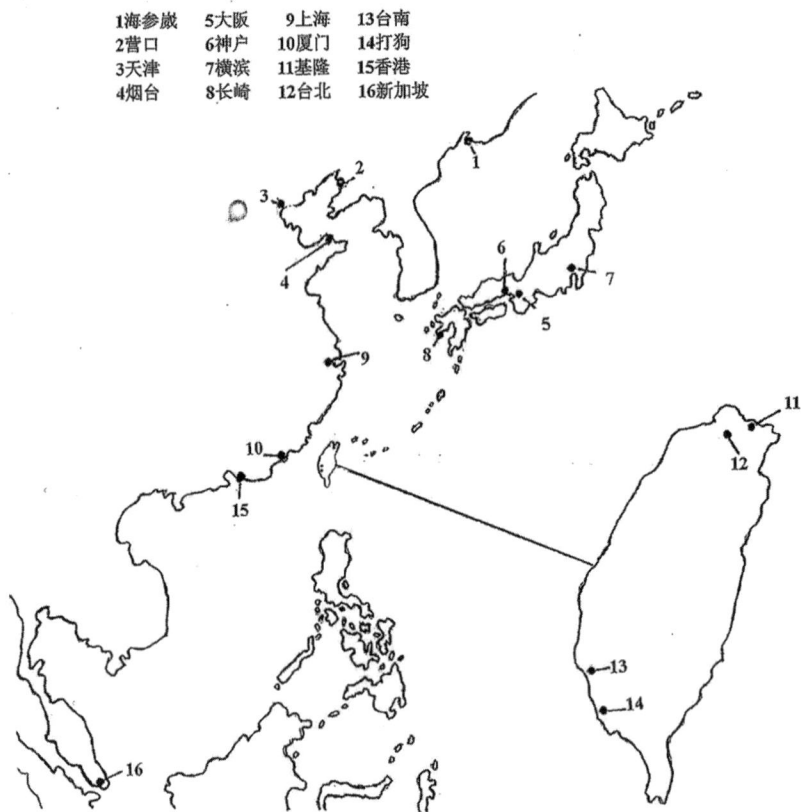

1海参崴	5大阪	9上海	13台南
2营口	6神户	10厦门	14打狗
3天津	7横滨	11基隆	15香港
4烟台	8长崎	12台北	16新加坡

图 1-1-12　泰昌号客户分布地

第二章

商帮与商业秩序

有关长崎华籍商帮的研究，内田直作《日本华侨社会的研究》一书，主要是对 1859 年日本开港，1860 年清朝允许人民自由出海，商帮在长崎成立会所、会馆、公所的经过，做一综合性的论述。[①] 山内正博、山内芙美子合著《八闽会馆账簿收支一览》一文，对八闽会馆账目做了分类整理。[②] 福宿孝夫《八闽会馆总簿的作用与解说》一文，旨在解读汉文《八闽会馆总簿》文书内容。[③] 黑木国泰的三篇论文，则对 1888—1910 年、1922—1939 年两个阶段，福建会馆经费变化、会馆活动，进行概要性的讨论。[④]

鉴于长崎华商在己帮内部、华商与他帮之间、华商和日商之间，或因个人利害，或因语言不通、文化习俗不同等因素，商业纠纷频生，商业摩擦及解决争端的研究，较少受到学者关注，为弥补既往探讨的不足，本章主要参考

---

① 内田直作：《日本華僑社会の研究》，东京：同文馆，1949 年，第 42、145～157 页。

② 山内正博、山内芙美子：《八閩会館の計帳（その1）の収支一覧》，刊载于市川信爱编：《長崎華商泰益号関係文書の研究》第 2 辑，宫崎大学教育学部社会经济研究室，1986 年 3 月，第 43～89 页；山内正博、山内芙美子：《八閩会館の計帳（その2）の収支一覧》，市川信爱编：《近代華僑社会の系譜と展開に関する研究（分析編）》，宫崎大学教育学部社会经济研究室，1988 年 3 月，第 61～98 页。

③ 福宿孝夫：《八閩会館総簿の役割と解説追究》，市川信爱编：《長崎華商泰益号関係文書の研究》第 2 辑，宫崎大学教育学部社会经济研究室，1986 年 3 月，第 117～131 页。

④ 八闽会馆、福建会馆账簿不全，相关探讨见黑木国泰：《福建会館総簿（丙申年—庚子年）について》，市川信爱编：《長崎華商泰益号関係文書の研究》第 2 辑，宫崎大学教育学部社会经济研究室，1986 年 3 月，第 133～142 页；黑木国泰：《福建会館総簿（辛丑年—丙午年）について》，市川信爱编：《近代華僑社会の系譜と展開に関する研究（資料編）》，宫崎大学教育学部社会经济研究室，1987 年 3 月，第 63～78 页；黑木国泰：《長崎福建幇とその活動について》，刊载于《宮崎女子短期大学紀要》第 20 号，1994 年 3 月，第 47～60 页。

《泰昌永记神滨信底》、《八闽会馆总簿》、《幕末·明治期における長崎居留地外国人名簿》、《外事课决议簿：支那从民诸愿届》等史料，拟就长崎华商团体的创建、华商商业纠纷、商业秩序的建立等项，作一具体的分析。

一、长崎华商团体的创建

日本文久二年（1862）长崎官厅为管理外国居留民，开始实施"籍牌登录"制度。根据外务课调查，该年华侨人数 116 名，约占外侨总数 207 名的 56％。1865 年华侨人数增至 216 名，约占外侨总数 358 名的 60.3％。1868 年华侨人数成长为 744 名，约占外侨总数 939 名的 79.2％。此后直到 20 世纪前半叶为止（中日两国爆发战争年度除外），华侨人口年平均占外侨人口的六七成。[1]

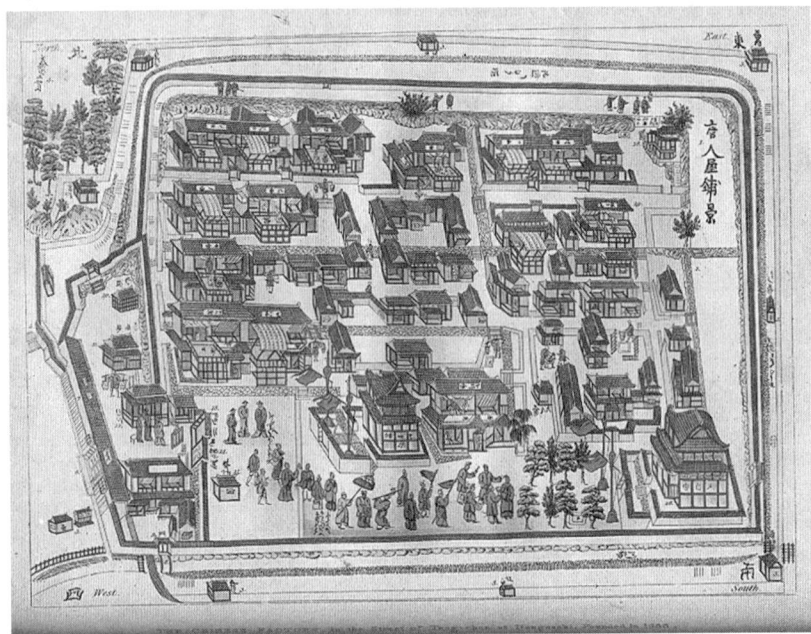

图 1-2-1　唐人屋敷

（唐馆，日本早稻田大学图书馆典藏）

---

① 增田史郎亮：《幕末以降長崎華僑戸数と人口の動向とその背景》，市川信爱编：《続長崎華僑史稿（史·資料編）》年報第 4 辑，长崎华侨研究会，1988 年 3 月，第14～16 页。

有关籍贯分布，1870 年来自江苏 17 人、浙江 32 人、福建 216 人、广东 179 人，其他省份 18 人，共计 462 人。1877 年来自江苏 39 人、浙江 38 人、福建 280 人、广东 190 人，其他省份 31 人，总共 578 人。反映长崎华侨大多来自福建，且多经营商业，形成以商人为主体，商业势力较强的社群。①

值得留意的是，广东人和欧美商社交往历史长久，虽以贸易商、手工艺匠、佣工等名义依附外国商社赴崎，不过，唐人屋敷时代（Tojin-yashiki，1689—1858，俗称唐馆，见图 1-2-1）因为没有参加长崎贸易，缺乏扎根落脚的地方，所以选在外国人居留地大浦、浪平一带居住。

相形之下，参加长崎贸易二百余年的三江帮（指江南、江西、浙江）及福建帮，除有少数人居留唐馆外，大部分商户在唐馆屋舍老朽、墙面剥落，1870 年发生火灾和 1871 年中日两国缔结修好条约（华人可在外国人居留地以外自由选择租地居住）的前提下，纷纷迁移到大浦、浪平、新地一带居住。原先作为唐馆仓库用地的新地，变成福建商帮的集居地后，渐渐地，发展成商业繁华的中华街②（见图 1-2-2，图 1-2-3）。

图 1-2-2　新地仓库旧址

（2012 年笔者拍摄）

---

① 蒲池典子：《明治初期の長崎華僑》，刊载于《お茶の水史学》第 20 号，1976 年，第 17 页。

② 蒲池典子：《明治初期の長崎華僑》，第 17 页；长崎县立图书馆编：《幕末・明治期における長崎居留地外国人名簿Ⅲ》，长崎：长崎县立图书馆，2004 年，第 120～121 页。

图 1-2-3　新地中华街

（2012 年笔者拍摄）

（一）福建商帮组织

清代从事唐船（中国帆船）贸易的船员以福建人居多。长崎开港后，福建人为确保己帮利益，在唐馆成立了"八闽会所"（又称"八闽会馆"）。[①] 所谓"八闽"，是指福州、兴化、建宁、延平、汀州、邵武、泉州、漳州八府，为福建省地名别称。有关闽商创建会所宗旨，光绪四年（1878）《八闽会馆章程》（见图 1-2-4，标点符号为笔者添加，以下同）记载：

> 兹我八闽会所创自同治七年（1868），己巳（1869）为始公议行号进出货抽厘，店铺按四季纳费，以充公项而备要需，于是设立账箱、银柜各一，以一家管账，一家管柜，挨定司月轮流掌管，上承下接几二十年矣，至光绪十三年（1887）腊月，乃恒记号司月管账，因冬季厘金未齐，致箱子簿籍未曾交过。不料，戊子十四年（1888）正月十一夜猝遭回禄，所有

---

① 市川信爱：《日本華僑社会の系譜と展開に関する実証的研究》，市川信爱编：《近代華僑社会の系譜と展開に関する研究（分析編）》，宫崎大学教育学部社会经济研究室，1988年 3 月，第 5 页。

账簿书券同为灰烬,稽考无从,幸银柜尚存。大记号爱即公同检点,复立新簿纪载实数,仍照挨定司月掌管。今将会馆所挂议规照条缮录,以循旧章而备参考,其有未尽事宜重议定妥,再续登载以昭慎守,特此公启。①

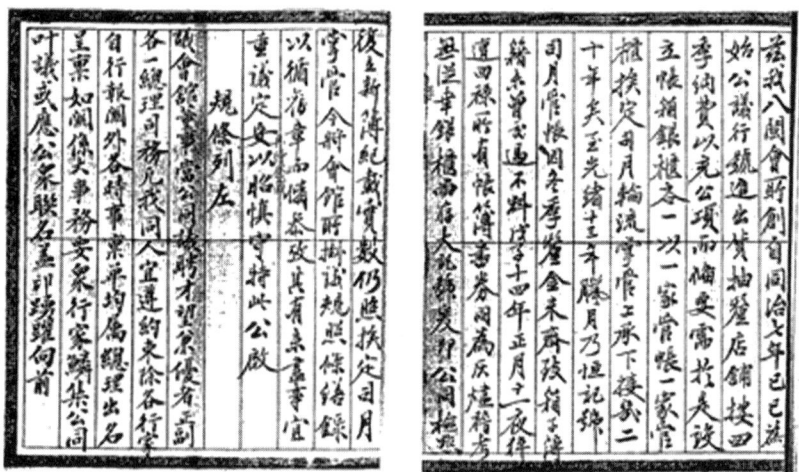

图 1-2-4 八闽会馆章程

资料来源:《八闽会馆总簿》,戊子年(1888)。

这段内容指出八闽会馆创立于同治七年(1868),1869 年开始抽厘(会费),厘金按照四季缴纳,以二家行号轮值方式,分别负责管账和保管现金事务。光绪十四年(1888)八闽会馆失火,所幸银柜无碍,经过会员公同核账无误后,重新建立账簿,自此承先启后,继续由会员轮流管账。

闽商商帮为健全组织起见,对会馆的人事结构、经费来源、职务分工、权利义务、交易规则、团结互助、排解争端等,订立了十七条章程:

一、议会馆董事,当公同议,聘才望兼优者正副各一总理司务。凡我同人宜遵约束,除各行家自行报关外,各时事票单均属总理出名呈票,如关系大事,务要众行家鳞集公同协议,或应公众联名盖印,踊跃向前。

一、议我同人倘有唇舌滋端,务必投诉总理,或为调处劝和,或为传众公论,司董者务祈票公,无分厚薄。

----

① 《八闽会馆总簿》,戊子年(1888)。

一、议有事传众，必经总理写单，司月盖印，副理为之遍传。凡我同人见单不赴者，公同议罚，或遇家长不暇，遣友代行，必择有主持者，方可当场议事。不能推说回问家长，成议之后不准翻悔。

一、议非公事传众，该事主宜备金二片充作茶费，方免滥费公项。

一、议我同人务其各安份守己，万一被帮外欺凌，总理务为传众，公论应否计较，临时酌议。

一、议凡为数目负欠滋端者，皆由交厚深信以致拖负无偿，公众只可为之协力排解，所有破费自行支理。

一、议凡我同人如有作奸犯科，公论应当送官惩治，或议逐回原籍，决难袒庇，各宜自爱。

一、议抽厘除金银钱钞外，无论进口出口粗细等货，一概照兑价每千片抽金一片作四季核结，送交司月存柜。凡兑采价数，务各秉诚实报，倘有隐瞒过一成者，察出罚英洋一百员(元)充入公项。至如水客自行经手，亦须报归行内登册，以便抽厘。又各埠贵客、宝号，无论本帮、外帮既投入吾行，当一例抽厘，方无张冠李戴之弊。

一、议凡我同人续后有欲新张字号，务要捐洋三十元充入公项，如老号更改毋庸议捐。

一、议我帮铺户分福、禄、寿三等，逐季输捐，福字每季应捐洋三员，禄字每季应捐洋一员五角，寿字每季应捐洋半员，定三、六、九、十二月四季征收，务祈踊跃输纳，倘有不遵输捐者，如有滋事会馆不管。

一、议凡厘金进出，设立账簿逐月存结，轮班经营，每月两号同理，一管锁匙账簿，一管银柜，如欲支付公项，该司月出单达众，公同允诺方许支给。

一、议所抽厘金倘不敷费用，仍从本年抽数加派，其加派之项，各行家应自垫补，可免加客号。

一、议我帮穷苦不能成殓者，每名施助棺木一具，外给金五片。

一、议我帮穷苦者无路营生，欲回乏费者，公司每名给洋陆员以助盘费。如遇我帮有租赁舢板，无论行家客号，每船拟配三名，每名贴伙食英洋二员，此数亦在陆员之内，该各船主至祈勉力遵行。[乙亥年(1875)十二月停止。]所议条款例在必行，所有应当条举未及议内者，再行公酌填载。凡属同人各宜凛遵，如有违背条约者，即将该号标名屏出，其已交厘金亦不得取回，以伸信谊。

一、凡我同行重订行仲，一应进口货扣仲三分，出口货加仲一分，公同划一，以平允当。

一、正总理、副总理二名，每年辛俸登载入册。光绪戊寅年（1878）重议，就帮中推举董事，免开辛俸。雇馆丁一名，每年辛俸登载入册。会馆杂费司月经理登册，年终计结。

一、重议会馆应置器具或修理，以及施助应酬需费公项，如在五两之数，司月可出主意，毋庸众议，数目过格者仍照前规。

以上条规承

光绪戊寅年（1878）秋八月举立董事萧敬辉①

萧敬辉，又名仰斋，1839 年生，福建省海澄县人，出身于商人世家，1862 年他和族亲萧懋盛、黄礼铺、陈达明等合资创立泰昌号，为该号骨干。萧敬辉才德兼备、阅历丰富，1869 年 30 岁担任泰昌号执事（经理），1878 年 40 岁当选福建会馆董事。②

依据八闽会馆章程规定，帮内大事须经公议程序，取得所有会员共识，方可执行。会员如起争端或有违法情事，须由总理出面调解，或由会员公同评断。会员与帮外人若有冲突，须经公议决定是否需要计较。会员如属欠债滋事者，可由会员协力排解。如属违法犯罪者，则经公议送官惩治，或者逐回原籍。

八闽会馆经费主要来自抽厘（会厘），新入会者须捐插炉金 30 元。会厘分为两种，一是贸易商按照货物交易额抽 1‰，按季缴纳。③ 二是店铺依照资本额大小分成福、禄、寿三等，各等按照规定数额，按季缴纳。④ 会厘倘若不敷使用，可以加征，由会员平均分摊。会员如有申报不实或不依规定缴纳

---

① 《八闽会馆总簿》，戊子年（1888）。

② 长崎县立图书馆编：《幕末·明治期における長崎居留地外国人名簿Ⅰ》，长崎：长崎县立图书馆，2002 年，第 6 页；长崎县立图书馆编：《幕末·明治期における長崎居留地外国人名簿Ⅱ》，长崎：长崎县立图书馆，2003 年，第 413 页；长崎县立图书馆编：《幕末·明治期における長崎居留地外国人名簿Ⅲ》，第 339 页。

③ 1878 年缴纳会馆厘金，贸易商每季按交易额抽 1‰，为防止会员恶性竞争，规定进口货抽佣 3‰，出口货抽佣 1‰。1891 年泰昌号账簿记载，会厘（含福济寺捐缘）2‰，进口货佣金 3‰，出口货佣金 2‰。

④ 店铺每季缴纳定额会厘，1878 年分为三等：福字 3 元（洋银），禄字 1.5 元，寿字 5 角。1888 年分为四等：5 元、3 元、2 元、1 元。1893 年分为三等：5 元、2 元、1 元。1895 年分为两等：福字 5 元，禄字 3 元。见《八闽会馆总簿》，戊子年—庚子年（1888—1900）。

者,一旦有事会馆不管。有关会费用途,日常性的支出有馆丁薪俸、水费、照明费等,非日常性的开销有购置器具、修缮、救助贫困等。

1878 年八闽会馆成员有 14 间行铺,包括:德泰行、泰昌行、升记行、大记行、仁泰行、永丰行、祥和行、怡德行、益隆铺、盛隆铺、协兴铺、万源铺、义记铺、源和号。[①] 1888 年八闽会馆火灾,修复事宜交给新任董事陈瑞椿(见图 1-2-5)负责。1897 年新会馆一完工,即改名"福建会馆"(又称"福建会所")[②](见图 1-2-6)。

图 1-2-5　陈瑞椿肖像
资料来源:竹村长槌:《大典记念名鉴》,长崎:九州日之初新闻社,1916 年,插图。

图 1-2-6　长崎福建会馆
(2010 年笔者拍摄)

(二)广东商帮组织

1860 年代香港、长崎海上交通通畅,前往长崎从事贸易、开店设铺、担任买办、雇工的广东人络绎于途。1871 年广东人因集会议事需要,在广马场四海楼附近成立"荣远堂岭南会所"。荣远堂岭南会所会员主要来自南海、番禺、顺德三县,新会、新宁、开平、恩平四县,亦即广州、肇庆两府所属的七县。[③] 1878 年荣远堂岭南会所管辖 32 间商号,包括:永祥泰、利贞和、延

---

① 长崎县立图书馆编:《幕末・明治期における长崎居留地外国人名簿Ⅲ》,第 6 页。
② 黑木国泰:《長崎福建帮とその活动について》,第 47 页。
③ 内田直作:《日本華僑社会の研究》,第 149～150 页。

寿堂、长和、广裕隆、广兴记、源锠号、泗和盛栈、利丰号、泗和盛、永吉祥、合昌、定吉祥、坤记、润记、成记、永和、昌隆、怡合、永升、公安、洪升、同亨、松盛、云记、新昌、裕顺祥、亚升、养元号、协昌、祥隆、义利。[1]

图 1-2-7 广东会所建筑物、总代表简心茹

资料来源:竹村长槌,《大典记念名鉴》,长崎:九州日之初新闻社,1916 年。

1884 年荣远堂岭南会所改名"广东会所",重立权利义务共同遵守。遗憾的是,会所章程佚失,内容不详。1894 年广东会所发生火灾,会员囿于财力微弱,仅就一处遗址暂撑局面。1915 年副董事简心茹(见图 1-2-7)决定重建会所,聘请日籍工程师在广马场一番(指门牌号码)之会所公有地建盖西式楼房二层,费用依靠行号捐助。新会所工程费时八月余,耗资数万元,所用家具大多购自广东。[2]

（三）三江商帮组织

三江帮是江南（江苏、安徽一部分地区）、江西、浙江三地商帮之简称。明初浙江宁波设有市舶司专掌对日贸易事宜，三江帮以地利之便，很早就与日商进行生丝、丝织品、铜钱交换日本刀、扇、屏风、描金物的贸易活动。[①]降至清代，三江帮盛行投资东洋铜，对日输出中国丝、绸缎、砂糖、药材，交换日本出产的铜条、海产物及杂货。[②]

19世纪后半叶三江帮航崎人数增加，1868年于兴福寺内建造一座"三江祠堂"，并添置墓地。1878年同新行、丰记号、泰记、鼎泰号、仁记号，在同地创建"三江公所"，以便众商集会议事，共谋福祉。[③] 光绪十一年（1885）三江帮议订三江公所规约如下：

一、海关纳税必须照章投报不得欺诈。本港近年以来帮中有不遵条例者每每以多报少，甚至粗货之中夹带禁物，私藏偷漏种种弊端被海关任意留难延搁，致各行号受累无穷，是以前者公请理事宪（理事府）将可以报关字号照会海关注册，如有未经移请注册字号不准赴关等情，所以帮中如有新开行号者，必先向公所陈明来历，并请本帮老号二家联保以便公所查明，然后盖图章禀请理宪（理事宪＝理事府）照会海关按例注册。

一、凡有新开行号者须助公所公费，分一、二、三等，该款既助之后除照例按月送缴厘金外，毋庸更贴。

一、厘金归一月一缴，限次月半为度，须照数目送公所应用，如逾期延宕，罚金十两。

一、厘金为公所一切费用大宗，必得实抽实缴方（方可）资济。如有不顾体统以多报少者，一经查出如隐瞒一两照十倍罚缴充公。

一、厘金刻因重建大殿亏其（甚）多，将来弥补既清，常年所用有限。抽收之数如欲减轻再行酌议，久之积有盈余应存交日本殷实银行以生利息，不得存于本帮行号以免挪用私借等弊。

---

① 王仪：《明代平倭史实》，台北：台湾中华书局，1984年，第54～55、64页。

② 内田直作：《日本华侨社会の研究》，第54、57、103～104、188页。

③ 内田直作：《日本华侨社会の研究》，第54、186页；长崎县立图书馆编：《幕末·明治期における长崎居留地外国人名簿Ⅲ》，第6～7页。

一、常年一切公事归两号轮流值办,如春秋二季丁祭圣庙(祭奠孔子)、清明中元祭扫坟墓等事,均由值年先期布告以便届时同往。

一、清明中元祭扫坟墓酒席之费,从前经由住年(住持僧人)向各号商客随意捐助作为用款,嗣因厘金创成有款可用即行停止不捐。兹缘厘金亟应弥补亏空,拟仍照前捐写,不敷者由公款添凑,俟空款填清之后停止不捐。

一、公所修置棺木系福、禄、寿、喜四号,其福字号定价洋六十元,禄字号定价洋四十元,寿字号定价洋三十元,喜字号定价洋廿元。如有一时需用者,其福、禄、寿三号必得出资购取,惟喜字一号多属寒苦之人可以变通办理,凭用者量力出洋,不拘数目,任其自便,苟真孤寒失业亦可分之不取,其价由公款拨付,以示体恤。

一、帮中如有失业已久或患病缠绵,典质既空又无依靠,并非不安本分,实出无可如何,为人所共知者,应向董事报明,由公所酌量给资回籍,庶免流落异邦,以彰义举。

一、凡遇有分外公事应行公议者,或由董事或由值年之家出革邀请,同人赴公所会议者,其茶叶点心由值年预备。

一、凡遇有私事如口角争论,应行邀请同人评论曲直者,其单由本人出名,茶烟点心出名人取金二两托住持僧人预备。

一、自光绪十一年为始,凡会所内修置各物,应派值年二家登簿存底,并于伏天晒晾干净,以便交付次年之家收管。或有应添对象,必须公议购置,不得擅专,如其坏损失落,应行照式赔偿,不得含糊交代。

一、公所地方及各项事件必得由住持僧人随时照料,而公所向无一定出息(出费),僧人未能枵腹从公,拟于公费之中每月提金二两,以为寺中朝暮香火灯油之用。

以上十四条(十三条)均经帮中各号公议允行,除限办不计外,统自竣工后一律举行。如有罚款等项,另行标明公所帮众周知。

光绪十一年八月三江公所同人公订①

以上资料反映三江公所为凝聚向心力,使会员相扶相帮、共生共荣,该社群组织具备了公同议事,举办祭祀、葬礼、捐助,参与公共事务,联合担保,

---

① 内田直作:《日本華僑社会の研究》,第188～190页。

违规制裁,调停仲裁等范围广泛的功能。[1]

二、华商商业纠纷

长崎华商、洋商与日商接触,不仅有语言、生活习惯、行为模式不同的隔阂,外侨之中也有招摇撞骗、横恶滋事之徒,职是之故,华人社群之间,华人和洋人及日本人之间时常发生冲突。有关商业纠纷类型,兹以福建帮内部和与他帮交往个案为例,分析于后。

(一)仁泰号冒领泰昌、德泰号汇票

光绪九年(1883)三月泰昌号将250包白米运输到海参崴,委托广源恒号销售。五月广源恒号售完,依照泰昌号要求,将300两票银汇寄上海瑞记号收转。泰昌号与海参崴银票、信函往来,一向是由长崎德泰号信内附来转交,这次迟迟没有收到,便向德泰号询问详情。德泰号对自家也有票银未到颇感异常,于是,两号齐向上海瑞记号查询。岂料瑞记号回复,确实领收了广源恒号四张汇票,即德泰号一张414.16两,泰昌号一张79.91两,恒和号两张,一张26.04两,一张56.12两,共计金额585.23两,但这些票银早在六月十五日邮寄琼浦丸,递交汇丰银行长崎代理商零架洋行(Holme.Ringer & Co)收存了。[2]

零架洋行乃英商HolmeRinger1872年于长崎开设的商行,主要经营国际贸易及海运、保险、银行代理业。[3] 泰昌、德泰号闻讯,随即前往零架洋行领取,然而洋行行员答称,票银已被仁泰号王文焕(店主王文彩弟)、司账周九如二人拿图章支领了。

恒和、德泰号对王、周二人私刻图章冒领汇票行为怒不可遏,欲写诉状向长崎大清理事署提告。仁泰号闻讯十分惶恐,即请同乡余泉桂、万清水及

---

①　内田直作:《日本華僑社会の研究》,第185页。

②　《泰昌永记神滨信底》,癸未年(1883)九月十三日陈瑞椿信函。

③　有关零架洋行,参见原康记:《明治期長崎貿易における外国商社の進出とその取引について——中国商社の場合を中心に》,《経済学研究》第57卷第2号,1991年6月,第59、65页。

徐碧斋充当公亲,出面求情。① 恒和号与公亲商议,欲罚仁泰号洋银 800 元以为上海赈灾款项;不过,泰昌、德泰号反对,尽管大家意见分歧,然都断定王文彩为人小气,绝对不肯受罚。

王文彩,福建省同安县(今厦门市同安区)人,1842 年生,1864 年正月来崎,1875 年担任仁泰号店主。王文彩曾与日商三岛交往,发生一桩买卖纠纷,被三岛控告裁罚,当时长崎三帮董事劝他认罚平息风波,但王文彩置之不理,其后由八闽会所垫出公款银 100 元赔偿三岛,才算了结了一场官司。②

仁泰号冒领汇票惹出什么事端? 陈瑞椿致表兄黄序东一信言:

> 仁泰之事,所谓福无双至、祸不单行。讵料文彩忽患疯瘫之症,四肢不能运动,饮食起居必须别人扶侍,其症似成半身不遂之症也,未识他日能愈否。至于罚款一节,日前已托余泉植、徐碧斋、万清水前来求情,而文彩已允罚款洋银三百元,德泰及咱并恒和商酌,必得五百元其事可收。况所罚之款并非瓜分亦不算罚,不过欲文彩捐出洋银五百元,以备置办水龙(消防器具)之款也。观其局势谅不致诉讼,定可私和也。③

光绪九年(1883)九月二十六日陈瑞椿复寄黄序东一信,叙述公亲折冲结果:

> 仁泰之事,日前经已明白,本拟罚其洋银五百元,越后再挽文达兄(王文达)出为调停,并余泉植、徐碧斋、万清水四位公亲再四恳请,只得从权允诺,计罚出金四百片以备日后办水龙(灭火器具)之用。所有冒收之银,以 6.0 钱申金(上海汇率)贴还利息三个月,每月 1.5 分起息。不过,伊弟文焕之事不题(提),所有周九如仍须治罪,拟用铁链牵至新地示众,然非提解回籍也,使其羞辱一番,以儆他人效尤耳。其罚款及

---

① 余泉桂生年不详,福建省同安县人,1864 年在长崎裕丰号任职。万清水,生年亦不详,福建省同安县人,1864 年也在裕丰号任职。徐碧斋,1844 年生,1866 年到长崎经商,1875 年在升记号任伙计。参见长崎县立图书馆编:《幕末·明治期における長崎居留地外国人名簿Ⅰ》,第 54、82 页;长崎县立图书馆编:《幕末·明治期における長崎居留地外国人名簿Ⅲ》,第 341 页。

② 《泰昌永记神滨信底》,癸未年(1883)九月十三日陈瑞椿信函;长崎县立图书馆编:《幕末·明治期における長崎居留地外国人名簿Ⅲ》,第 307、339 页。

③ 《泰昌永记神滨信底》,癸未年(1883)九月十九日陈瑞椿信函。

汇票项昨已如数缴出,然文彩之病依旧不减,两足肿若冬瓜,手足不能行动,一切饮食起居全赖他人扶持耳。[1]

信中反映福建商帮内部起了纠纷,被害方基于家丑不可外扬,冤家往后还相逢,公亲情面也需顾,多以仲裁方式达成和解。惟,处罚拟用铁链将周九如"牵至新地示众",不仅公然羞辱周九如,也让王文彩颜面无光。王文彩创业十余年,不容受此污辱,由于不甘被罚,被害方也不肯让步,两造只好对簿公堂。光绪十年(1884)五月十七日陈瑞椿致萧仰斋一信云:

> 德泰、恒和及咱所控仁泰一案,自三月下旬进禀之后,久无动静,虽经理事提仁泰文彩(王文彩)讯问数堂,而文彩均供,并无知情指使,其冒收汇票及账簿涂改皆是周九如一人所为。继而闻得有提文辉(王文焕)质讯,欲管押等情,若不取保不肯放回。据称文彩欲自保,理事不准。而文彩云,无人肯保。理事云,既无保人,可将栈房之货写据抵押。后闻写单做金三千片,而文辉始得回号。照斯情形,颇有处治文彩之象。讵料文彩做事奸习,彼云,宁可垫城门,不可塞狗洞,以此托陈梅溪之脚路,理事处用贿,并托孙霭人就中帮腔,并往冯镜如处用路,再买嘱周九如翻供。古人云,钱可通神。文彩四处将银用足,其案立即改变,转祸为福,是以理事府于月之十二日传原告到堂,并传董事冯镜如及孙霭人、余泉桂,并提王文彩,当堂判断明白。判得瞒收汇票、伪刻图章概是周九如一人所为,与王文彩不涉,其账簿挖补涂抹之弊亦是周九如。因文彩得病故此不知,往洋行收银系九如一名向收,文辉(王文焕)并无同往。当堂将文彩、文辉(王文焕)两人洗净,毫不沾污,非但不罚,尚欲追还上年罚出之金四百片,归入署内以俟他日公用,立逼原告须具甘结。是晚雨田兄(蔡雨田,德泰号书记)及弟不肯具结,答以必须通知海参崴广源恒之后,方可具结。理事云,广源恒乃是外枝,不能等待,他日倘广源恒如欲控告,再行究办不妨。而是晚原告决不肯具结。理事亦属无可如何,不过将堂判抄出。在理事意见极其公平,未能更改也。但此判一出,而原告无面,虽则于心不甘,无奈势力不及,难以挽回造化,必得有能干之人,往东京上控,此口怨气方可出也。迩来连日与雨田兄商酌,尚无妙计。据雨田兄之意,欲往上海聘请讼师与其对敌,尚未议

---

[1] 《泰昌永记神滨信底》,癸未年(1883)九月二十六日陈瑞椿信函。

妥。惟日前适有往崴(海参崴)轮船,经有驰息通知广源恒嘱其赶紧来崎协力酌办。如来与不来,此信到崴即有电音来崎。若广源恒有脚力有胆识,则此事尚可有救,否则被众人所笑也。①

陈瑞椿指出王文彩行事狡猾,因先委托陈梅溪向理事署暗地行贿,再找孙霭人帮腔,并向冯镜如疏通,致使理事署裁判仁泰号瞒收汇票、伪刻图章罪责全属周九如个人所为,与王文彩兄弟无关,出现"逆转胜"的判决结果。除此之外,官员还令王文彩将先前被原告议罚的 400 日元,全部缴回理事署。

王文彩的朋友陈梅溪,广东人,乃永吉祥行行主。孙霭人,资料乏载,身份不详。冯镜如,广东番禺县人,1821 年生,1862 年来崎,租借浪平十七番地,经营广裕隆号,为广东帮中赫赫有名的头领。②

泰昌号、德泰号认为理事署审判不公,不甘具结。萧仰斋为讨回公道,亲笔写了一封信向大清驻崎理事官余瓗陈述:

受翁宪台大人阁下:

晚日前因诸务倥偬,未遑诣辕叩辞,歉疚殊深。回忆在神(神户)时乃蒙温谕惠泽,谦光下逮,凡隶帡幪之下者,皆沐鸿施,况如晚之屡荷陶成者也,惟铭之心版而已。抵崎以来碌碌如恒,建树毫无,惟贱躯安适,堪告绮注耳。至小号(泰昌)与德泰、恒和所控仁泰盗窃汇票一案,据余君意见,决令三家具结不肯研究。而小号等无从伸冤,加之被告财势两足,难与其抗。然小号等不甘具结,其事尚未结案也。未识将来若何,拟欲上控而无能干之人,殊费周章。素蒙樾荫藉申悃愫,然刻下崎地各商众口皆言,余公前为魏阿兴之赔偿款拖延不发,直至本月初间始得清楚,今为仁泰之事啧有烦言,名誉颇为不美耳。③

萧仰斋指摘理事署裁判周九如有罪,王文彩兄弟无涉,于理不合,有违公平正义。而探究官府收贿,并令仁泰号罚金充当公帑的原因,似与晚清朝政腐败,国库短绌,驻外机构费用不足有关。至于信中提及魏阿兴一案,容于后文详述。

---

① 《泰昌永记神滨信底》,甲申年(1884)五月十七日陈瑞椿信函。
② 长崎县立图书馆收藏:《外事课决议簿:支那从民诸愿届》,明治七年(1874);长崎县立图书馆编:《幕末·明治期における長崎居留地外国人名簿Ⅲ》,第 326 页。
③ 《泰昌永记神滨信底》,甲申年(1884)闰五月十二日萧敬辉信函。

（二）泰昌号被告侵欠糖款

光绪八年（1882）泰昌号股东黄礼镛和堂亲黄光铺（字景镛）、蔡念庭合资，在神户开设一间名为"森泰号"的贸易行。光绪十年（1884）二月黄礼镛突患重症离世，萧仰斋顾念挚友黄礼镛金门亲人尚未赴日，拟慰问神户遗眷，加上自己经手号内汇票，也须处理森泰号欠通义号一千余元，欠泰昌号数百元债务问题，故而前往神户森泰号致哀。岂料，神户顺记号委托森泰号代售砂糖，催讨糖款不成，竟向萧仰斋追索货款。①

光绪十年（1884）八月萧仰斋接到建记号来信，言及顺记号要告他侵占货款，萧仰斋甚感错愕，回复建记号云：

> 弟赴神（神户）所为何事，乃足下所深悉也。盖弟实因守哥（黄礼镛）去世，遗下家眷乏人料理。故此亲往神户为其设法，并非管理森泰糖事也。况崎地泰昌被森泰侵欠数百金，厦门通义亦被森泰欠去金一千余片，此两条之款欲思归取，无从可支，自顾不暇，安能顾及他事乎。至于素官（陈永素）云，与我相识，以此派糖与森泰。况天下各处相识之人甚多，安得指为熟识而派糖乎？况素官并非问及与我，而森泰虽则光铺兄（黄光铺＝黄景镛）未到，尚有念庭兄（蔡念庭）当手，与弟毫不干涉也。今庄珍沦兄及陈素官彼欲控告，谅是弟命运不辰所致耳。弟之往神实为守哥之事，大众皆知，何得彼妄控乎？②

即谓陈永素自忖他和萧仰斋相识，萧仰斋与黄礼镛交情匪浅，所以将砂糖交给森泰号代售，黄礼镛去世后，森泰号无力偿债，关系人萧仰斋就该承担欠债。然而，萧仰斋表明，这回他到神户的目的是协助亡友丧事及照顾遗眷，没有参与森泰号商务，也没有经手办糖，不怕顺记号胡乱诬告。③

光绪十年（1884）八月十五日黄景镛通知萧仰斋，顺记号因萧仰斋、森泰号侵欠糖款，已向神户理事署递交了诉状。萧仰斋得知自己被告，即回复黄景镛言：

> 承示森泰号诸情，闻之深为扼腕。然维藉当事诸君鼎力周旋维持善后，勿致出丑异邦。弟虽居事外亦有辉光也。至陈素兄（陈永素）为

---

① 《泰昌永记神滨信底》，甲申年（1884）八月二日萧仰斋信函。
② 《泰昌永记神滨信底》，甲申年（1884）八月十日陈瑞椿信函。
③ 《泰昌永记神滨信底》，甲申年（1884）八月十七日萧仰斋信函。

收糖款呈控理事,固属人情之常,维是控及于弟为首,殊深诧异。想森泰号自始至终,弟未尝干预一事,其森泰号与顺记果初次交易,抑向有往来耶,均非弟之所知。前者到神只因序东兄(黄礼镛)一生交情,为伊身后之计而往。到神之后亦只为之安顿序兄(黄礼镛)眷属而已。即序兄有否与友瓜葛生理,弟皆未曾与之经管,况森泰号知有阁下诸君为主,弟虽至愚亦安敢干预诸君生意之事乎?其顺记号之禀捏词,以弟自称到神当事揽伊糖货代售等语,固属无捏不成词,然似觉过于荒谬。想森泰之号即属序东兄一人所设,弟亦不愿为伊经手钱财出入,况乃各位联财,虽序东兄逝世,尚有阁下诸君,弟属何人擅敢干预,且大凡生意果换当事,必须查清账目始能接手,断无不知盈亏便即冒昧而为当事,弟虽不才亦不致冒失如是。试思以此等谬语想欲诬人,则天下事竟无天日耶。究之森泰果负顺记之款与否,阁下自必周知,但照此论之,乃在序兄身后,此账果属如何,惟诸君明鉴,酌裁安顿,免弟受无辜之累,是为幸甚[①](见图1-2-8)。

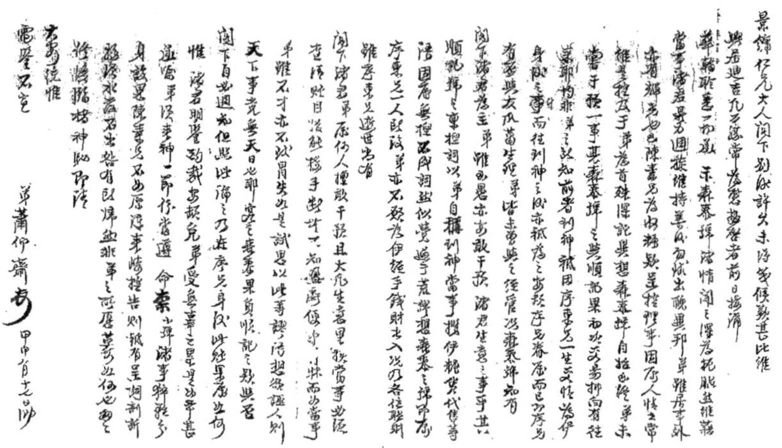

图 1-2-8 萧仰斋致黄景镛书信

资料来源:《泰昌永记神滨信底》,甲申年(1884)八月十七日萧仰斋信函。

萧仰斋陈述,他去神户是为悼念亡友和协助遗眷料理扶柩回乡,完全没有插手森泰号业务,如今卷入糖债风波,简直有如祸从天降一般。萧仰斋认

---

① 《泰昌永记神滨信底》,甲申年(1884)八月十七日萧仰斋信函。

为，森泰号与顺记号若属初次交往，那么，经办人应该承担偿债职责。如果素有往来，则当了解森泰号是黄礼铺、黄景铺、蔡念庭联财合营的商号，股东依旧，应向股东讨债才是。

同年八月二十日庄珍沦返乡，途经长崎与萧仰斋会面。萧仰斋表示，自己不曾干预森泰号生意，陈永素也无他插手办糖的证据，实不应恣意诬告他。[①] 萧仰斋为阐明事实，八月二十四日致神户理事官于绩臣一信云：

> 敕同乡陈永素为追森泰号欠款控及于晚，幸蒙仁台暨黎公大人垂念关情，曷胜衔感。但晚前赴神户，只缘亡友黄序东一生交契，为伊身后之事而往到彼之下，只与安顿眷口回籍，一切妥贴便即旋崎，其生意一节，即黄序东一人所设，晚亦不愿为伊经手钱财出入，况森泰号乃黄景铺、蔡念庭联财之业，何用晚为经理，是以未尝为之干预，然果使黄序东身后，景铺、念庭二位倩晚为之接理，则晚亦必盘查账目，交割清楚始得接办，断无不知从中空乏盈余，便即冒昧从事，晚虽至愚亦不致冒失如是，其未与接办经理之情已可概见矣。既未与接手经理，则森泰号之得失漠不相关，何必为之揽招客货乎，况大凡天下事担其阴者，必利其利，试思晚与森泰号代揽客货，担此四千余元之重险，其所利者何哉，则未与经揽之情又堪指证矣。细揣其情显属顺记号受黄景铺、蔡念庭所恩，指使诬控及晚，希图推脱之计，此等诡谲不待智者亦辨矣。不然，物有本末，事有终始，而森泰号当时收受该货，及已给洋银三千余元当有其人，顺记号何必舍近求远，竟敢越理平白诬控，若以为是便可诬人，岂无天日世界耶。蒙示之下本拟遵命趋叩宪辕，乞求昭雪，所恨今春以来东西奔走，致长崎小号之事纷乱如麻，兹值综理之际，猝难分身，所幸仁台暨黎君大人晚生蒙恩有素，深悉下情，故敢沥胆披肝用以禀复。伏惟代白黎公之前，务恳明察秋毫，秉公堪断，俾得水落石出，伸雪斯冤，则有生铭感德戴二天，谨此禀复，临楮不胜惶恐之至。敬请勋安，伏惟垂照不宣。晚生萧敬辉顿首，甲申八月二十四日沥。黎公大人尊前祈代为请安，恕不另禀[②]（见图 1-2-9）。

指出顺记号告他纯属子虚乌有，于情于理不合。萧仰斋臆测自己被告

---

① 《泰昌永记神滨信底》，甲申年（1884）八月二十四日萧仰斋信函。
② 于绩臣，又名于德棽。《泰昌永记神滨信底》，甲申年（1884）八月二十四日萧敬辉信函。

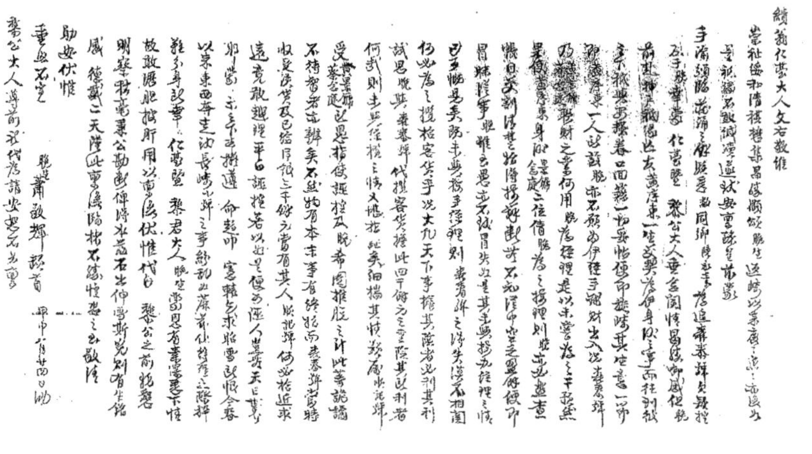

图 1-2-9　萧敬辉(萧仰斋)致于绩臣书信

资料来源:《泰昌永记神滨信底》,甲申年(1884)八月二十四日萧敬辉信函。

可能和森泰号经营不善,欲摆脱债务,故意教唆顺记号迫他偿债有关。

光绪十年(1884)十月六日萧仰斋致神户建记号一信云:

> 承关照,素官(陈永素)再控一节,并蒙将禀稿抄下,不胜铭感。然素官诉控于我,幸得森泰之事大众皆知,故此弟亦不惧其控也。但理事官断将森泰股份照摊还顺记,此亦欠妥,必得查当日股额何人不足,何人侵用,即着何人缴出,庶无推托之词,况森泰经手自有其人,何必牵涉局外之人,乃极易判断之事,何得至今未得结案乎。①

指出神户理事官判决结果,是由森泰号股东摊还糖债。尽管如此,萧仰斋认为森泰号既然有人经手糖货,那么,详查"何人侵用,即着何人缴出"才算公道,岂可含混一团累及无辜。

(三)怡锠号沉没祥生泰夏布

董心怡,1826 年生,江苏省元和县人,同治十三年(1874)四十八岁赴崎,次年搬眷寄留泰昌号,负责买办妻舅翁圣彰于上海经营的祥生泰号布匹。光绪元年(1875)董心怡长男董兰生(二十二岁)到泰昌号就业。② 光绪

---

① 《泰昌永记神滨信底》,甲申年(1884)十月六日萧仰斋信函。

② 长崎县立图书馆编:《幕末・明治期における長崎居留地外国人名簿Ⅲ》,第 339、346 页。

六年（1880 年）董心怡任泰昌号书记。光绪十年（1884）五月祥生泰委托泰昌号代售上等夏布二捆二百匹及皮布两匹。董心怡洞悉长崎市场广销中级布料，上等布匹乏销，便将夏布转运神户委托怡锠号销售。①

同年（1884）六月六日董心怡收到怡锠号店主陈可金（金门人）来信，言及夏布装载驳船运输大阪途中，被大浪冲沉，夏布化为乌有一事。针对这个意外，陈可金主张天灾非人力所可预测，表明不愿负担损失。不过，董心怡不能苟同，他提出几点质疑：第一，祥生泰货物自上海运输神户，买了海上安全保险，轮船平安抵达神户，出货方责任已尽，陈可金将货转运大阪发生事故，可以推卸责任吗？第二，神户离大阪数百里路，轮船运费不高，每捆布只需几角钱而已，布料也属轻货，陈可金为何舍轮船选驳船，甘冒运输风险？第三，如欲抢占商机，应用快捷工具将夏布装载火车直运大阪，为何选择速度慢、没有安全保障的驳船运送？②

董心怡判断夏布沉没是陈可金贪小利误大事所致，经他反复去函理论，六月底陈可金答复："冲沉之布论理无赔，今据尊意俯念交情，故此认亏金五十片。"董心怡思考陈可金既肯承担部分损失，翁圣彰不妨吃亏淡薄，留待日后交往再创牟利机会，经他再三地劝解折冲，总算平息了此一商业纠纷。③

三、商业秩序的建立

日本锁国二百余年，1859 年对外开港后，日本商人因不谙中国合股商号有复杂的人事组织，有多元的通商渠道，也不了解华商信用及海外市场消费文化，因此相当仰赖华商中介，从而在兴盛的中日贸易活动里，经常发生商业摩擦。

（一）王国臣、崔本民欠债被告

王国臣，1836 年生，浙江省镇海县人，明治四年（1871）前往长崎，借住泰昌号内当庄客。1874 年农历四月二十四日长崎第一大区材木町一个名叫丰岛屋安藏的煤炭商，向外事课控告泰昌号客商王国臣赊买煤炭，几经催

---

① 《泰昌永记神滨信底》，甲申年（1884）六月四日董心怡信函。
② 《泰昌永记神滨信底》，甲申年（1884）六月十一日董心怡信函。
③ 《泰昌永记神滨信底》，甲申年（1884）七月二日董心怡信函。

讨不还,后来行踪不明,已经返国云云。① 针对煤炭商的控诉,日本官员如何处理,囿于资料乏载,不详。不过,1875年《长崎居留地外国人名簿》记载,王国臣担任同新号杂货行店主,雇用两名伙计:张清泉(福建省福清县人,今福建省福清市人,时年二十岁)、王思樾(浙江省镇海县人,时年五十三岁)。此外,1878年王国臣为三江会所会员。1883年王国臣代泰昌号承接一笔生意,经手支付震泰号货款310.943片。这些事迹反映,1874年后他在长崎持续地有商业活动,理应了结了以前的债务官司。②

永吉祥是长崎广东会所管辖的一间商号。③ 1884年六月四日长崎日商立林孙四郎、椋尾仙太郎将陶器赊卖永吉祥店员崔本民,等待付款期限到了,立林、椋尾二人到永吉祥号讨债,没有见到崔本民的影子,店主陈梅溪声称欠款与他无关,全属崔本民的个人行为。然而,永吉祥号对其他商人也有拖欠债务,被多家商号控告的情形。经过诉讼,官府没收了永吉祥号的财产,将拍卖所得分配给各债权人充当货款,解决了众商的债务纠纷。④

(二)魏亦鹅被害事件

光绪九年(1883)中秋节,长崎新地发生了一件骇人听闻的杀人命案。事故起于一家杂货店老板,老板姓曾名阿锥,福州人,八月十五晚上他在店内开灯吸鸦片,被一巡捕看见,巡捕立即招来十余名捕快一拥而入,把他拖住并将烟盘抢去。阿锥身边站着一个名唤魏亦鹅的同乡欲将烟盘夺回,但巡捕人多势众不肯被夺。双方在拉锯战中,魏亦鹅被人拔刀先刺入胁下,接着背后又被补刺一刀,顿时痛苦难忍,随即坐车直驱大清理事署求救。杂货店里有许多福州人,见此情状义愤填膺,一时群起和巡捕对立,结果有四人被巡捕杀伤,所幸均属轻伤没有大碍。被刀刺杀的魏亦鹅抵达理事署前,血

① 长崎县立图书馆收藏:《外事课决议簿:明治七年(1874)支那从民诸愿届》;长崎县立图书馆编:《幕末·明治期における長崎居留地外国人名簿Ⅲ》,第342页。

② 长崎县立图书馆编:《幕末·明治期における長崎居留地外国人名簿Ⅲ》,第6、342页;《长崎华商泰昌号账簿:各号总清》,癸未年(1883)。

③ 长崎县立图书馆编:《幕末·明治期における長崎居留地外国人名簿Ⅲ》,第7页。

④ 长崎县立图书馆收藏:《外事课决议簿:明治十九年(1886)清国民事之部》。永吉祥号欠债被告案,参见原周记:《明治期長崎貿易における外国商社の進出とその取引について——中国商社の場合を中心に》,第59、71页。

流满地,被人送往医院急救,然因受伤过重不能医治,等到午夜一二点,不幸气绝身亡。①

魏亦鹅年仅十七岁,无辜被杀毙命,令人深感痛怜。长崎清国官员为替死者讨回公道,移文咨照长崎县政府,并拍电禀报大清驻东京理事署照会日本外务卿调查究办。日本官衙收到公文后,虽将巡捕头调来东京侦讯三星期,但却迟迟没有缉捕凶手。华商以为,长崎县政府如肯秉公办理,在长崎便可了结此案,倘若偏袒徇私,就须请求钦差大人出面,和日本外务省一同酌办。华商忧虑清国官员不认真办案,将大大影响彼等安居营业。为了保护长崎华人生命安全,三帮商董联署,一致要求清国官员要将凶手正法,并订章程明令巡捕日后不得擅闯华商门户,倘若有事,须先知会中华巡捕,方许采取逮捕行动。②

魏亦鹅命案经过探查,得知是由一个包打听者所引起。也就是说,有一姓宫川的日本人在广马场开设浴堂,他向阿锥买了一把月琴,拖欠货款三四片。阿锥屡次催讨不还,只好叫一名日妇纠缠宫川索债,宫川羞恨于心,便伺机检举阿锥吸食鸦片烟,串通巡捕前往捉拿。中秋节那晚有目睹者看见宫川带着短刀同赴现场。魏亦鹅被害,幸好有他叔叔魏鹏程(又名魏阿兴)递呈诉状喊冤,八月十六日长崎理事官郭万俊到医院验尸,三帮董事也同行协看伤处。据郭万俊言,此案定和日官计较,倘若不能为死者申冤,则他即使下台不做官也在所不惜。惟华商认为郭大人虽年轻科考高榜,但不及前理事官余玚来得老成练达,此案如果办不了,日后巡捕胆子更大,华人被日警轻视,势必受害不浅。③

魏亦鹅一案后续发展如何?史料未载。尽管如此,如由前文述及,萧仰斋对余玚审判仁泰号案不公,提及魏阿兴的赔偿款拖延不发,直等到次年闰五月才兑现里,应可窥知日方是以赔偿亲属的方式了结此案。

(三)华商与日商交易章程

19世纪后半叶中日两国之间海运畅通,船只往返频繁,华商由中国沿

---

① 《泰昌永记神滨信底》,癸未年(1883)九月五日陈瑞椿信函。
② 《泰昌永记神滨信底》,癸未年(1883)九月五日陈瑞椿信函。
③ 《泰昌永记神滨信底》,癸未年(1883)九月五日陈瑞椿信函。1883年驻崎理事官余玚回国探亲,由郭理事官代理,郭大人指郭万俊。

海各港东渡长崎者纷至沓来,由于商业秩序未立,骗逃案件迭出,闭歇行号频仍,苦主诉诸官府难以追究,倾其家产也不足以抵偿,以致远涉重洋经商者,备尝资本被诓,心有未甘。恶徒侵占财货,对于财力殷实的巨商来说,或属偶坠术中,尚有能耐弥缝于日后,但对资本零细的小贩而言,突遭意外,必定窘迫眉前,营生困难。

光绪十四年(1888)长崎华商董事为整顿交易秩序,禁奸杜邪,除弊兴利,特别邀集五十一家商户重新订立《长崎华商与日人现银交易章程》,俾使华商与日商钱货往来清楚,没有蒂欠,没有拖赊。《长崎华商与日人现银交易章程》(见图 1-2-10)共计十二款,内容如下:

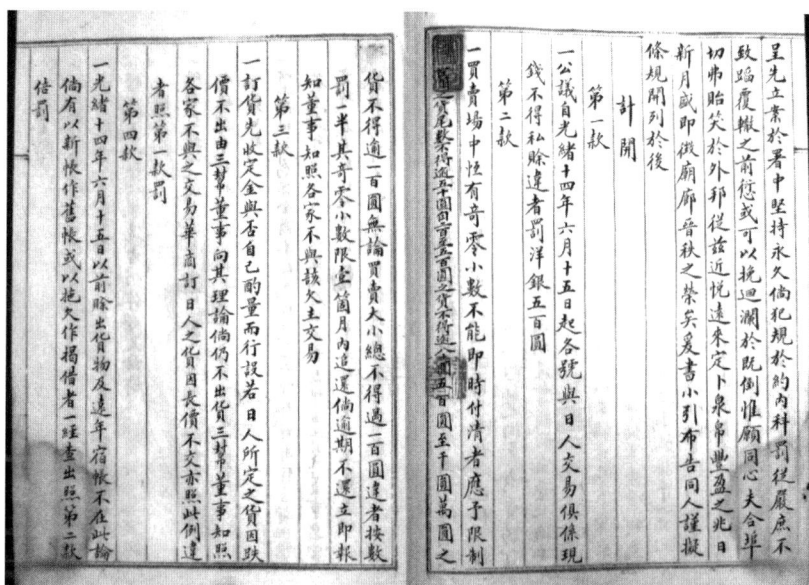

图 1-2-10　长崎华商与日人现银交易章程

资料来源:泰益号收藏文书。

第一款

公议白光绪十四年六月十五日起,各号与日人交易俱系现金,不得私赊,违者罚洋银五百圆。

第二款

买卖场中恒有奇零小数不能及时付清者,应予限制百圆之货,尾数不得逾五十圆,自二百至五百圆之货不得逾八十圆,五百圆至千圆万圆之货,不得逾一百圆。无论买卖大小总不得过一百圆,违者按数罚一半,其奇零小数限一个月内追还,倘逾期不还,立即报知董事知照,各家不与该欠主交易。

第三款

订货先收定金与否自己酌量而行,设若日人所定之货因跌价不出,由三帮董事向其理论,倘仍不出货,三帮董事知照各家,不与之交易,华商订日人之货,因长价(价格上升)不交,亦照此例,违者照第一款罚。

第四款

光绪十四年六月十五日以前赊出货物,及远年宿账不在此论,倘有以新账作旧账,或以拖欠作揭借者,一经查出照第二款倍罚。

第五款

此次条规议定各商号嗣后如有借款,须将字据送本帮董事盖戳,由本帮董事送别帮董事查核,一体盖戳,此后随借随送,以杜捏报,违者仍作赊欠论罚。

第六款

所有罚款以八成充三帮会所公费,以二成赏给报信之人,惟查有确据,方许领赏,倘系捏报,由三帮董事禀官究办。

第七款

以上条规原为保全商本起见,除提包工作外,所有行店须一体签名盖印禀官存案,以顾大局,倘不肯盖印,由三帮董事禀官究办。若遇有私欠涉讼,所控票单本帮董事不为盖印,倘董事徇情盖印,由董事认罚。华商与华商交易及与西人交易不在此例,遇有欠账票单内董事仍照常盖戳俾得控追。

第八款

华商与日人对换货物,务于五日内结算,倘逾限不结仍作赊论,照第一款罚。

第九款

与日人交易出货时,收有银行认票可作现银论。

第十款

小店号俱系零星买卖,立簿取货在所不免,兹议定每次取货不得过三十元,务于一个月内结账,但月中总账不得过二百圆,违者照第二款罚。

第十一款

以上各条务须永远遵守,日后新设行店亦须盖印方许开设,违者由三帮董事禀官究办。

第十二款

章程内如有未尽事宜,由三帮董事随时集众商议,禀官附案与此次条规一体遵守。

长崎三帮董事暨众商公启

广帮董事冯皙华

闽帮董事萧敬辉

江帮董事张国英

长崎永同孚、长崎裕和盛、泗隆利记、长崎广昌和、晋恒号、源锡号、信记、长崎永祥泰、有利合记、长崎万昌和、泗合盛、长崎和安号、长崎同和号、广荣昌、成记、义益泰、长崎公安号、泰昌、恒福、德泰、益隆、升记、长崎盛隆、恒记、新地大记号、美珍斋、益生、长崎生泰、森茂、长崎怡德森记、和昌号、长崎义记、长崎顺记号、瑞记、源泰、长崎鼎泰、升昌裕崎庄、肇昌号、丰记、奇庄协记、崎庄正记、盛昌、长崎三余明记号、长崎涌记、长崎泰记盈号、崎庄福昌、长崎敦记号、信成、鸿昌栈、东合盛、沈顺昌栈(依照图章名称排列,见图 1-2-11)①

这份交易章程指出:第一,华商与日人交易须用现银,不得私下赊欠;第二,华商向日人订货,倘若跌价,日商不交货,三帮商董将知会各号拒绝与其交易;第三,华商如向日人借款,须将字据送交本帮商董盖戳,再交他帮商董盖戳,以防赊欠骗逃;第四,华商与日商交易,须于五日内结算货款,逾限不结者作赊欠论,罚银五百元;第五,所有店号须签名盖印遵守条规禀官备案,新商号店铺必须盖印方许开设,违者由三帮董事禀官究办。文末董事名单中,冯皙华又名冯镜如,四十一岁赴崎经商,为广裕隆号店主;萧敬辉又名萧仰斋,与陈瑞椿并为泰昌号经理;张国英又名张政和,1833 年生,安徽歙县人,四十二岁赴崎经商,为泰记号店主。这三人皆属长崎华侨社会声望很高的商人。②

①　《清光绪十四年(1888)长崎华商与日人现银交易章程》。

②　参见陈德修:《簿书鞅掌》,辛卯年(1891)手抄本;长崎县立图书馆编:《幕末·明治期における長崎居留地外国人名簿Ⅲ》,第 303、326、346 页。

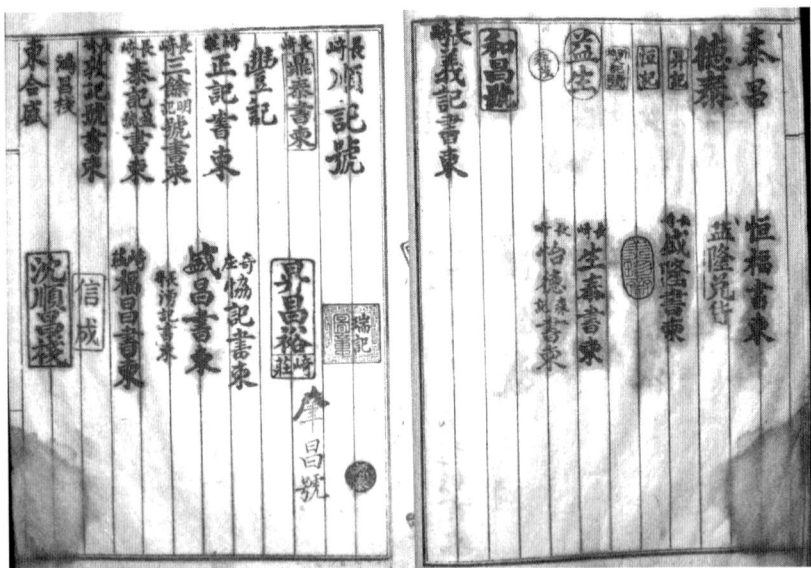

图 1-2-11　长崎华商与日人现银交易章程联署图章

资料来源：泰益号收藏文书。

结　　语

　　19 世纪、20 世纪中日两国自由贸易时代，长崎华商在缺乏祖国有效保护、奖励贸易政策的情况下，为了维持商业信用、排除恶性竞争、维护公共利益、调停商业纠纷和凝聚向心力等多重目的上的需要，按照地缘关系的不同，各自兴建了福建会馆、三江公所、广东会所。

　　长崎华商社群主要分为福建、广东、三江三帮。三帮选贤与能，各自推选才德兼备的人担任领导，商团议事重视公开、公正、公平原则，各订规约，确立权利、义务及赏罚制度。三帮在社群组织的作用下，三江帮依靠三江公所的集体信用、人脉关系，将商权扩张到华中一带；福建帮仰赖福建会馆的公信力，结合地缘、业缘、神缘（祭祀文化缘）关系，将华南、台湾、东南亚连接成一大通商圈；广东帮依靠广东会所的力量，伴随同乡的移动方向和聚居地,得往华南、香港、东南亚拓展市场。[1]

值得留意的是,长崎华商从事中介贸易并非一帆风顺。大体而言,各帮内部如起冲突,或己帮与他帮之间发生纠葛,最常见的处理方式是,委托同乡充当公亲,居中仲裁达成和解。华商与日商语言、习俗不同引起误会,或因贪利妄行而兴讼的事例也屡见不鲜。华商为了除弊兴利、和气生财,贸易日新月异,则是以议定中日商人交易章程方式,建立商业秩序,保障大家的商业信义及利益。

---

① 内田直作:《日本華僑社会の研究》,第 20～21、172～173 页。

第三章

祭祀文化

中国人移居日本始于何时，史不可考，16 世纪末九州已有所谓"唐人町"的华人聚居地，不过，华人因与日女通婚融入了日本社会，以及江户时代德川幕府实施锁国政策，限定长崎为唯一的对外（指荷兰、中国）贸易港，因此各地华侨社会渐渐消失。①

据日方统计，1681 年长崎人口 52702 人，1688 年来崎唐船 194 艘，人数多达 10000 人，长崎当局为了禁止基督教和防止华人走私，故于十善寺乡兴建"唐人屋敷"（俗称唐馆），开始实施集中管理制度。1689 年唐馆完工，面积 8015 坪，以后扩建到 9373 坪，成为日本锁国期间收容华人进行贸易及文化交流的地方。②

1859 年德川幕府开国，1868 年长崎官厅废除唐馆，福建帮在唐馆旧址设立八闽会馆，接管了唐馆里的五堂：幽灵堂（仙人堂，存放棺木处）、土神堂（福德正神庙，1691 年建）、天后堂（妈祖庙，1736 年建）、圣人堂（关帝堂、关圣帝君庙，1736 年建）、观音堂（1737 年建）及稻佐山的唐人公共墓地（见图 1-3-1、图 1-3-2、图 1-3-3）。

---

① 刘序枫：《明末清初的中日贸易与日本华侨社会》，《人文及社会科学集刊》第 11 卷第 3 期，台北："中央研究院"中山人文社会科学研究所，1999 年，第 448～449 页；中岛乐章：《十七世纪初九州岛中部海港与闽南海商网络——肥后地域之明人墓与唐人町》，朱德兰主编：《第四届国际汉学会议：跨越海洋的交换》，台北："中央研究院"，2013 年，第 2 页。

② 1688 年唐船 194 艘中，只有 117 艘，约五六千人获准入港，剩余 77 艘被逐回中国。参见中村质监修，长崎县教育委员会编：《中国文化と長崎》，长崎：长崎县教育委员会，1989 年，第 167～168 页；外山幹夫编：《図説長崎県の歴史》，东京：河出书房新社，1996 年，第 152～153 页；刘序枫：《德川"锁国"体制下的中日贸易：以长崎"唐馆"为中心的考察（1689—1868）》，朱德兰、刘序枫执编：《港口城市与贸易网络》，台北："中央研究院"人文社会科学研究中心，2012 年，第 86～94 页。

图 1-3-1　土神堂

（2010 年笔者拍摄）

图 1-3-2　天后堂

（2010 年笔者拍摄）

1871 年中日两国建交，海上运输畅通，明治政府鉴于华人赴日人数增加，为保护本国劳工，于 1899 年颁布禁止华工入国令，华人职业受到限制，结果形成以商人为主体，并且是以闽商商业势力为大的华侨社会。[①] 闽商生活在地理、人文和原乡完全不同的环境，岁时采用什么节日？清明节、玄天上帝

图 1-3-3　观音堂

（2010 年笔者拍摄）

诞、妈祖诞、中元节如何祭祀？兹据八闽会馆、泰昌号关系文书，探讨于后。

一、年中行事

福建位于中国大陆东南沿海，西北有武夷山，西南有博平岭，东北有太姥山，由于山海阻隔它和外地的联系，经济发展比中原落后，所以境内民俗多姿多彩，蕴含着浓郁的地方文化色彩。[②]

福建人的岁时节日有春节（农历新年）、元宵节（上元节，正月十五日）、

---

① 陈优继：《ちゃんぽんと長崎華僑——美味しい日中文化交流史》，长崎：长崎新闻社，2009 年，第 150、153、172 页；增田史郎亮：《幕末以降長崎華僑戸数と人口の動向とその背景》，市川信爱编：《近代華僑社会の系譜と展開に関する研究（分析编）》，宫崎大学教育学部社会经济研究室，1988 年 3 月，第 14～15 页；中华会馆编：《落地生根——神户华侨と神阪中华会馆の百年》，东京：研文出版，2000 年，第 28、142 页。

② 福建省地方志编纂委员会编：《福建省志·民俗志》，北京：方志出版社，1997 年，第 1 页。

拗九节(正月二十九日)、清明节(上巳节,三月三日)、浴佛节(四月八日)、端午节(五月五日)、七夕节(七月七日)、中元节(七月十五日)、中秋节(八月十五日)、重阳节(九月九日)、祭灶日(腊月二十四日)、除夕(腊月最后一夜)。1912年民国建立后,福建人因袭旧习,另增加以公历纪元的元旦、植树节、教师节、建国纪念等新节日。①

有关闽商祭祀文化,除传承先民习俗外,清末民初如果有人设店开张,大多参考《万年历通书》挑选吉日,或请算命先生卜卦择日,等待日子确定,开张当天店东必须盛装打扮设案敬神。如,龙岩地区奉祀"陶朱公",泉漳地区供奉"关帝爷"。商家摆上几碗菜肴,点上红烛焚香敬拜,礼毕,燃放一串喜炮,客人前来道贺,赠送布联、炮烛、匾额等物,店主则摆筵备席款待宾客。商家一年到头忙做生意,直到除夕夜才停工休息。新正初四、初五开市,举行"迎财神"礼,献上供品,点香烧纸,燃放鞭炮,祈祷新年大吉大利。二月初二福德正神诞辰,需做"头牙",备办牲醴供神,让佣工共食酒肉。十二月十六日需做"尾牙",摆设酒席酬谢伙计一年来的辛劳。②

相形之下,长崎华商是否保留了原乡传统节庆、祭礼习俗,颇需加以探究。长崎开港贸易时代,三江帮(江南、浙江、江西)与广东帮的年中行事不详,福建帮方面,八闽会馆文书记录了商帮祭祀岁时节庆的重要活动。

八闽会馆创于1868年,是一个敦睦乡谊、团结互助、促进商帮商业繁荣的团体组织。1888年八闽会馆发生火灾,1896年重建,1897年竣工之际,改名"星聚堂福建会馆"(简称福建会馆,又称福建会所)。③ 八闽会馆为了联络感情,传承故乡习俗,有意识地保留福建地方重要节庆及祭祀文化,即:

1.新正元旦三日祀神→祭祀天地、神祇、祖先

供碗十六只、四水果、四干果、四素菜、四糕饼、香烛寿金,外灯烛一斤。妈祖殿供碗十二只、四水果、四素菜、四糕饼、香烛寿金。

2.正月初四日接神(财神)

五牲一副。供碗十二只、香烛金炮。妈祖殿同。

3.元宵节十三日起三天

① 福建省地方志编纂委员会编:《福建省志·民俗志》,第242页。

② 福建省地方志编纂委员会编:《福建省志·民俗志》,第38~40、242~277页;袁行霈、陈进玉:《中国地域文化通览·福建卷》,北京:中华书局,2013年,第390页。

③ 《八闽会馆总簿》,戊子年(1888)。

供碗十六只或十二只、香烛金炮、灯烛约二斤。妈祖殿同。

4.三月二十三日圣诞(妈祖生日)

供碗十六只、香烛金炮、灯烛约三斤、猪羊全副、五牲一副、备神福菜两席。妈祖殿五牲一副、供碗十二只、香烛金炮。

5.八月十五日中秋

供碗十二只、香烛金炮、灯烛约二斤。妈祖殿同。

6.九月初九日重阳

五牲一副、供碗十二只、香烛金炮。妈祖殿同。

7.十二月二十四日送神

五牲一副、供碗十二只、香烛金炮。妈祖殿同。

8.十二月廿九日谢神

五牲一副、供碗十二只、香烛金炮。妈祖殿同[①](见图 1-3-4)。

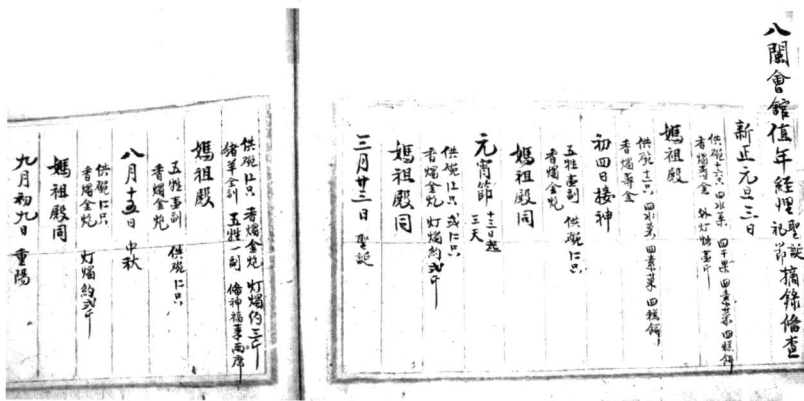

图 1-3-4　八闽会馆值年经办祭事摘要

资料来源:《八闽会馆杂文书》,己卯年(1879)。

八闽会馆议定传统节日,会员需集体庆贺、祭拜,其他节日如农历二月初二土地公诞辰、二月十九日观音菩萨诞辰、五月十三日关帝诞辰,可随商家方便自备牲醴崇祀供奉。[②]

言及私祭,以泰昌号为例,己亥年(1899)泰昌号账簿记载:春节加菜,买猪头、肉鸡等,共费 15.01 元。元月十一日开市。二月二日土地神诞,祭祀

① 《八闽会馆杂文书》,己卯年(1879)。
② 《八闽会馆杂文书》,己卯年(1879)。

费 3.6 元。二月二十七日清明节，祭祀费 5.08 元。三月二十三日妈祖诞，添办牲菜、鱼肉，共费 13.09 元。五月五日端午节，花费 7.385 元。五月十三日关帝诞，祭祀费 2.97 元。七月十五普度，祭祀费 3.74 元。八月十五中秋节，纪庆费 6.3 元。十一月冬至，祭祀开支 6.36 元。十二月除夕辞岁，祭祀费 27.94 元。① 反映 19 世纪日本对外开国后，福建习俗伴随着移民的足迹直接传入长崎华侨社会。

进入 20 世纪，泰益号对岁时节日各费支出作了若干记载。如丁未年（1907）：元宵节敬神，准备五牲，费用 6.45 元，对福济寺敬神，五牲、连炮，捐缘 20.22 元；二月初二敬天公，五牲、连炮，共费 4.65 元；敬妈祖宫，五牲花费 6.24 元；清明节添菜、吃春饼，共费 14.51 元；七月普度捐缘 9 元；八月十五办节菜及添客菜，共费 85.56 元；十二月除夕，请客菜及过年菜，共费 152.8 元。己酉年（1909）：七月普度，花费 4.6 元；八月中秋崇祀，酒、物共费 10.3 元；九月重阳节，崇祀酒费 2.67 元；十一月冬至，祭祀酒支 4.07 元；十二月辞岁请客菜及过年菜，共费 96 元。癸丑年（1913）：元月敬神 10.27 元；三月清明支出 3.83 元，登墓菜费 3.02 元；三月妈祖诞，对唐寺捐缘 2.6 元；七月普度捐缘 6.5 元，普度菜席 32.45 元；九月祭神 4 元，经办福济寺三牲 2.9 元；十一月冬至支出 6.98 元。充分显示福建信仰文化已于长崎当地生根，成为移民跨越时空与故乡联结的纽带。②

二、清明祭墓

清明节是中国传统历法中二十四节气之一，约在春分之后，谷雨之前。此一时令草木欣欣向荣，春风和煦，空气清新，是适合亲友结伴到郊区墓地祭拜祖先的日子。

长崎悟真寺位于稻佐山（又名西山），1598 年建盖。1602 年有力华商欧华宇、张吉泉来崎贸易，要求长崎奉行将寺庙后山辟为唐人墓地获得许可

---

① 《长崎华商泰昌震记账簿：各项总登》，己亥年（1899）"福食"。有关泰昌号研究，参见朱德兰：《明治时期长崎华商泰昌号和泰益号国际贸易网络之展开》，《人文及社会科学集刊》第 7 卷第 2 期，1995 年 9 月，第 56～58 页。

② 《长崎华商泰益号账簿：各费总部》，丁未年（1907）；《长崎华商泰益号账簿：各费总部》，己酉年（1909）。

后,华商为了祭祀没有子孙祭拜的亡灵,每逢清明节便齐聚此处举行公祭。[①] 1868年八闽会馆接管稻佐山唐人墓地(见图1-3-5)后,依例每年在举行祭礼前三天,须在市内要道张贴告示,上面记载:

> 伏以我朝(清朝)隆祭祀之礼,稽诸典册(载)而非诬,同国有任恤之情,岂以幽明而或异。义以礼行,事缘情起,实布腹心之恫,非饰耳目之为。兹众华商作贾崎阳,所有病殁悉瘗西山,岁月深而古坟鳞比,霜露降而故鬼鸿嗷,既不能正邱首于中邦,已堪悯恻;复再克亨居韵于异域,更属萧条。九泉赍恨,春草生愁;万里思乡,残魂若梦。兴念及此,实怆于怀,爰集吾侪,襄兹义举。谨以季春△日同修扫莫之仪,凡属中夏诸商,当预吉蠲之事,庶几死者有所凭依,且使生者咸知体恤无分远迩。合吴越闽广为一家,不问古今;视唐宋元明为一日,祀既孔明。情期共洽,费所不惜,福有攸皈,合先期预启,祈届日齐临。此布。

> 同治△年三月△日长崎唐商公启
> 八闽帮值年司事△△、△△同启[②]

图 1-3-5　悟真寺国际墓地

(2010年笔者拍摄)

清明祭墓又称"西山春祭"。上述启事充分传达,华人对客死异国埋葬

---

① 陈优继:《ちゃんぽんと長崎華僑——美味しい日中文化交流史》,第157~158页。
② 《八闽会馆杂文书》,己卯年(1879)。标点符号为笔者添加,以下同。

稻佐山的幽魂，应不分畛域发挥慈悲心，一同祭奠哀悼，借此抚慰亡灵思乡心绪。

在福建，清明节是个体或以家族为单位到墓地祭扫的节日，祭祀日子各地不尽相同。举例言之，南安民间因郑成功起兵反清复明，忌讳"清"字压在"明"字上面，将三月初三"上巳日"定为扫墓祀祖日。泉州、晋江、漳州、厦门一带选在农历三月上旬祭墓。闽北选在三月初至十八日谷雨之间扫墓。福建人扫墓必须准备两份供品和纸钱，一份祭拜坟墓旁的后土之神或土地公，一份祭拜祖先。扫墓时，需把坟墓周边杂草清扫干净，在桌台上摆放供品、点烛、燃香、奠酒（或茶）、行叩拜礼，让祖先享用祭品，并于坟墓各处压上"墓纸"，象征子孙一年一度为祖先居所添加新瓦、修理房屋，等待一炷香烧完，才烧纸钱给祖先在阴间使用，最后再鸣放鞭炮表示墓祭活动结束。①

与此对照，长崎华商对有家不能回，没有子嗣祭拜的孤魂，不仅打破了社群界线，分摊费用采办物品，且于悟真寺祭坛举行庄严肃穆的公祭仪式（见图1-3-6）。

图1-3-6　悟真寺祭坛

（2010年笔者拍摄）

---

① 福建省地方志编纂委员会编：《福建省志·民俗志》，第254页；石奕龙、余光弘主编：《闽南乡土民俗》，福州：福建人民出版社，2007年，第33~34页。

光绪五年（1879）三月朔日，王光垣（福建泉州人）、董心怡（江苏元和人）①将祭祀程序中的拜土地公祭文抄录于后，俾使华商子嗣保存祭墓习俗。

> 谨以牲醴、果品、香楮之仪，敢昭告于西山福德之神曰：维神正直，佑及遐方，水罗山护，厥土面阳，际兹春令，谨介眉觞，牺牲肥腯，黍稷馨香，锡我嘉祉，福禄绵长。谨告。②

福济寺为 1628 年泉州人出资所建的寺庙，坐落于筑后町。福济寺后山有三百余座华人古墓（见图 1-3-7），闽商商帮前往悟真寺前，依例需先齐集福济寺举行祭奠。

图 1-3-7　福济寺后山唐人坟墓
（2010 年笔者拍摄）

稻佐山的祭墓费是由三江、福建、广东三帮分摊。关于祭礼程序，八闽会馆记载：

> 光绪三十三年岁次丁未，春二月癸卯朔越二十有四日乙酉，华商△△、△△率众商等谨以牲醴、果品、香楮之仪，敢昭告于分紫山福德之神曰：维神正直，佑及遐方，水罗山护，厥土面阳，际兹春令，谨介眉觞，

---

① 王光垣（王光桓），1836 年生，福建省泉州人，1869 年任职裕源号。董心怡，1826 年生，江苏元和县人，1875 年为泰昌号客商。长崎县立图书馆编：《幕末·明治期における長崎居留地外国人名簿Ⅲ》，长崎：长崎县立图书馆，2004 年，第 306、339 页。

② 《八闽会馆杂文书》，己卯年（1879）。

牺牲肥腯，黍稷馨香，锡我嘉祉，福禄绵长。谨告。①

祭司读完祭文后，举行拜土地公仪式：

就位，降神，上香，跪，叩首，叩首，三叩首，兴，平身。诣香案前，酹酒，初献爵，亚献爵，三献爵，俯伏，止乐，读祝就位，跪，开读。俟读毕奏乐，叩首，叩首，三叩首，兴，平身。复位，跪，叩首，叩首，三叩首，兴，平身。焚祝化帛，礼毕。②

祭司拜完土地神后，朗读祝词：

维同治△年岁次△△，春三月△△朔越三日△△，唐商值年当事△△△、△△△率众商等，谨以牲醴、庶馐、果品、香楮之仪，敬致祭于西山先世列位幽灵之前（府君之灵）曰：西林之麓，水秀山明，牛眠指吉，凤跃分形，上溯唐宋，迄我有清，咸革于此，盘郁佳城。祭兹春季，用洁牺牲，粢盛黍稷，既旨既馨，跄跄济济，扫奠坟茔，诸公灵爽，爰鉴微诚，锡嘏降祉，浪恬波平，财猷宏启，福庆时生。尚飨。③

祭司读毕祭文后，依照古礼举行降神、奉馔仪式：

序立，鞠躬，拜，兴，拜，兴，拜，兴，拜，兴，平身。主祭者就位，盥洗，降神，上香，跪，酹酒，进馔，读祝，俯伏，兴，拜，兴，拜，兴，平身。复位，奉馔，进羹饭，献茶，鞠躬，拜，兴，拜，兴，拜，兴，拜，兴，平身。焚祝化帛，撤馔礼毕。④

祭司行完祭礼，和众商举行跪拜、献酒仪式：

就位，降神，上香，跪，拜，拜，拜，四拜，兴，平身。诣席前，跪，酹酒，初献酒，亚献酒，三献酒，进馔，进羹饭，俯伏，止乐，读祝就位，跪，开读。俟读毕奏乐，拜，再拜，兴，平身。复位，跪，拜，拜，拜，四拜，兴，平身。焚祝化帛，撤馔礼毕。⑤

综上春祭活动可知，华商为承继中华孝道文化，发扬华人慎终追远精神，十分重视清明祭奠仪式。

表1-3-1为福建会馆现存1888—1910年间各年收入、支出及清明祭墓费。从中易见：第一，崇祀费约占全年支出总额的一二成，清明公祭约占崇

---

① 《八闽会馆杂文书》，丁未年（1907）。
② 《八闽会馆杂文书》，丁未年（1907）。
③ 《八闽会馆杂文书》，丁未年（1907）。
④ 《八闽会馆杂文书》，丁未年（1907）。
⑤ 《八闽会馆杂文书》，丁未年（1907）。

祀总额的四成。第二,1894 年甲午战败,长崎华商对中日签订《马关条约》不满,若干商号一时愤慨返国,商户减少,遂致 1895 年的祭墓费只有 18.82 片,为历年支出之最低。1898 年有闰月,商号增至 27 间,祭墓费增为 217.42 片,约占祭祀总额 278.02 片的 78.2％,为历年支出之最高。[1]

表 1-3-1　福建会馆收入、支出及清明祭墓费(1888—1910)

单位:片(日元)

时间/店数	项　　　　目						
	上年结存	收入	A 支出	B 崇祀总额	B÷A	C 清明祭墓	C÷B
1888 年 16 间	109	1107.501	921.465	111.619	12.11％	缺载	
1889 年 14 间	186.036	1506.164	611.761	72.814	11.9％	缺载	
1890 年 15 间	394.403	2082.986	1221.404	88.838	7.27％	50.12	56.42％
1891 年 20 间	861.582	1538.564	756.586	199.329	26.35％	57.2	28.7％
1892 年 19 间	781.983	1649.047	787.907	224.94	28.56％	79.023	35.13％
1893 年 22 间	861.14	1840.293	1629.647	193.463	11.87％	70.18	36.28％
1894 年 21 间	190.646	940.153	751.268	243.645	32.43％	64.26	26.37％
1895 年 16 间	188.885	472.864	411.649	34.97	8.5％	18.82	53.82％
1896 年 27 间	61.215	3892.129	3565.204	261.778	7.34％	56.16	21.45％
1897 年 26 间	326.925	2737.298	2200.208	112.792	5.13％	82.703	73.32％
1898 年 27 间	537.09	3230.188	2412.564	278.02	11.52％	217.42	78.2％
1899 年 23 间	817.624	1403.232	1409.613	238.321	16.91％	65.591	27.52％
1900 年 22 间	811.243	1896.892	1362.589	244.45	17.94％	75.38	30.84％
1901 年 23 间	534.303	1875.589	2223.221	472.092	21.23％	114.525	24.26％
1902 年 22 间	186.665	2710.204	1626.63	324.886	19.97％	106.122	32.66％
1903 年 22 间	1275.248	2139.278	3198.061	346.825	10.84％	134.73	38.85％
1904 年 21 间	439.706	3356.858	3426.918	319.99	9.34％	139.12	43.48％
1905 年 25 间	380.546	3373.6	5360.21	511.22	9.54％	128.25	25.09％

---

[1]　祭墓费对照八闽会馆馆丁月薪 6 片,可知开销很高。

续表

时间/店数	项　目						
	上年结存	收入	A 支出	B 崇祀总额	B÷A	C 清明祭墓	C÷B
1906 年 25 间	371.203	2339.37	2321.125	513.605	22.13%	192.615	37.5%
1907 年 25 间	508.762	2208.115	2208.129	521.907	23.64%	211.36	40.5%
1908 年 23 间	276.215	3102.087	3143.009	537.12	17.09%	203.39	37.87%
1909 年 24 间	97.345	5064.84	4996.6	477.32	9.55%	195.24	40.9%
1910 年 23 间	159.58	4294.595	4146.645	511.485	12.33%	196.55	38.43%

备注：账簿将香油钱、供品费列入"杂费"支出,经重新分类,将全年祭祀相关支出列于 B 项,将清明祭墓费列于 C 项。

资料来源：据《八闽会馆总簿》,戊子年—庚子年(1888—1900);《长崎福建会馆总簿》,庚子年—乙巳年(1900—1905);《长崎福建会所日清簿》,己亥年—庚戌年(1899—1910)制作。

三、崇祀玄天上帝

玄天上帝又称玄武大帝、真武大帝、北极大帝、上帝爷、上帝公等,是中国古代神话中的北方之神,与东方青龙、西方白虎、南方朱雀合称为四方四神。[①]

在中国地方文献里,有关玄天上帝的传说很多。如《续文献通考》记载：

真武,净乐国王太子,生而神灵,察微知远,长而雄猛,惟务修行,志除邪魔。遇紫虚元君,授以道秘,遂越东海游览。又遇天神,授以宝剑,入武当山修炼,居四十二年功成,白日飞升,奉上帝命往镇北方,披发跣足,蹑离坎真,精建皂纛玄旗,统摄玄武之位,神威赫然,历代显著,本号玄武,宋避讳,改真武。[②]

说明玄天上帝有斩妖降魔、威镇北方的神力。北方属水,他也是消除水患的保护神。

---

① 福建省地方志编纂委员会编：《福建省志·民俗志》,第 324 页。

② （明）王圻：《续文献通考》第 241 卷《仙释考》,台北:文海出版社据明万历刊本复印,1979 年,第 14426 页。

（一）福建民间传说

福建关于玄天上帝的来历，《闽杂录》记述：

　　　上帝公，五代时（生），泉州人，姓张，杀猪为业，事母至孝，母嗜猪肾，虽高价而不售，留为奉母。母死后，一日，顿悔杀生过多，罪恶重，乃走至洛阳桥畔，以屠刀剖腹，投肠肚于江中，遂成佛。后其肠化为蛇，胃化为龟，每兴风作浪，又显灵收之。故民间庙祀，所塑金身都穿盔甲，手执剑，一脚踏龟，一脚踏蛇，其状降伏二妖也。[①]

可知玄武是屠夫出身，因他杀生过多，自觉罪孽深重，剖腹取出脏腑洗罪而死，感动了上天，所以成佛被封为"玄天上帝"。玄天上帝身穿金甲，手持长剑，一脚踏着龟，一脚踏着蛇，一副威猛骇人的模样。

福建地方有许多真武大帝庙，其中，莆田黄石的北辰宫规模较大。北辰宫每逢元宵节，三月初三上帝公诞辰，九月初九上帝公去世，十二月廿四日上帝公升天，正月初六、初七回銮都有隆重的祭典活动。[②]

俗谚"人以神聚，神随人移"，福建人信仰玄天上帝历史悠久，移民与移神相伴，因而也成为长崎闽商商帮的崇祀对象。

（二）长崎欣义社

光绪十九年（1893）春，长崎德泰号店主欧阳仁请到玄天上帝牵乩出字，由于上帝公判断疑事立见分明，开方治病也十分见效，神乩出字更是成诗成话，见证神迹的十八人咸感不可思议，齐声倡议结社会盟。向例，结社须有名称，十八人就请玄天上帝命名，神乩信笔随书"欣义社"三字，并以"欣义社"及十八人姓名书写联文及诗一首：

　　联文曰：欣结东洋声由十八，义昭北阙号化三千。

　　诗曰：椿树生来荣一宗，仰瞻仁镜启明堂。阳辉云上恒添丽，水滨歌咏笑春风[③]（见图1-3-8）。

　　① 原史料未见，引自林枫、范正义：《闽南文化述论》，北京：中国社会科学出版社，2008年，第281～282页。
　　② 福建省地方志编纂委员会编：《福建省志·民俗志》，第324页。
　　③ 《长崎华商泰昌号杂文书：欣义社玄天上帝至诚之道》，光绪二十年岁次甲午（1894）立，民国八年（1919）存。

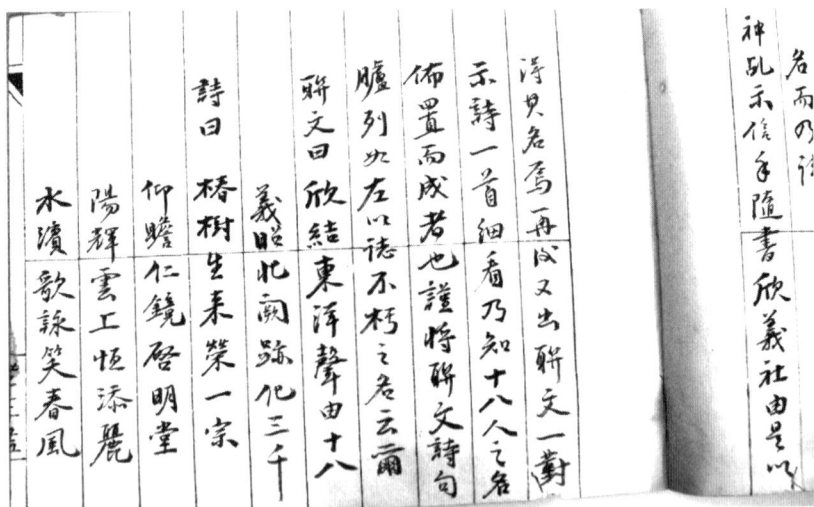

图 1-3-8　欣义社签诗联文

资料来源：《八闽会馆杂文书》，光绪十九年（1893）。

诗中首句"椿树生来荣一宗"，是由陈瑞椿、林德树、王乾生、阮东来、林兆荣、王宗岱等人姓名中之一字组成，其余诗句同样选自商人名字中之一字。接着，十八人拈阄轮流当头，从 1895 年开始，周而复始。根据拈阄结果，值年司事顺序如下：第一，王乾生、王宗岱；第二，萧仰斋、陈瑞椿；第三，欧阳焕堂、曾添阳；第四，傅标水、林兆荣；第五，郑永超、傅启升；第六，林德树、张恒坦；第七，阮东来、王辉谦（王恽谦）；第八，欧阳仁、黄得云；第九，万启仁、林丽堂；第十，陈礼华、张恒杰；第十一，松崎屋、黄文仓（黄聪明）；第十二，冯斗山、叶臻庭；第十三，梁肇三、徐文泉；第十四，近藤常藏。[1]

有趣的是，值年司事中除了冯斗山是广东人，[2]松崎屋、近藤常藏是日籍商户外，其他信徒都是福建人。易言之，欣义社是以福建帮为主，含纳广东人、日本人的跨境道教团体。长崎未建玄天上帝庙宇，信徒如何祭神？颇需深入探讨。

① 《长崎华商泰昌号杂文书：欣义社玄天上帝至诚之道》。
② 《长崎华商总会文书》，宣统三年（1911）七月初二日。

(三)玄天上帝祭典

光绪二十年(1894)欣义社发起人欧阳仁为举行祭神活动,三月一日对信徒寄出一张传单,上面记载:

> 玄天上帝诞辰原是三月初三日,而今公议进前一日,即于明日(三月初二)敬备牲醴恭祝千秋。凡我欣义社诸君定十一点钟至十二点钟,到德泰号内前楼拈香同志虔诚。至明日之晚七点钟福酢设在八闽会所前,幸祈早临。谨此布闻。[①]

欧阳仁除通知信徒三月初二中午到店内拈香祭神外,还备办诸多供品:

> 贡烛一斤一对、四两一对,金 3.5 合(1 合＝1 角)
>
> 边(鞭)炮三千、高升(长竿)十个,金 1.88 片
>
> 寿金二千、竹香五束、荐盒(馔盒)一个,金 4.2 合
>
> 面桃八十个,金 4.8 合
>
> 大面粿四个,金 3 合
>
> 菜碗十二碗,金 5.3 合
>
> 五牲主(鸡)、鸭各双,金 2 片
>
> 包办筵席二桌就五牲用、贴买杂物,金 4.25 片
>
> 海参一斤及鱼翅一斤半,金 1.05 片
>
> 绍酒十五斤,金 1.2 片
>
> 包办煮菜工资,金 1 片
>
> 雇杂差一名,金 2 角
>
> 贴洪安(八闽会馆馆丁)买布巾、泡茶,金 4.2 角
>
> 小烛,金 1.7 角
>
> 共计:金 14.25 片
>
> 神像一尊,金 6.5 片
>
> 安神位(张为汉捐 2 元——开费不敷),金 8.5 角
>
> 统共开费金 21.6 片
>
> 此条作十八人摊派,各出金 1.2 片,收来清楚[②](见图 1-3-9)。

玄天上帝神像和神位安奉在德泰号内,神像、大烛、鞭炮、竹香、金

---

① 《长崎华商泰昌号杂文书:欣义社玄天上帝至诚之道》。

② 《长崎华商泰昌号杂文书:欣义社玄天上帝至诚之道》。

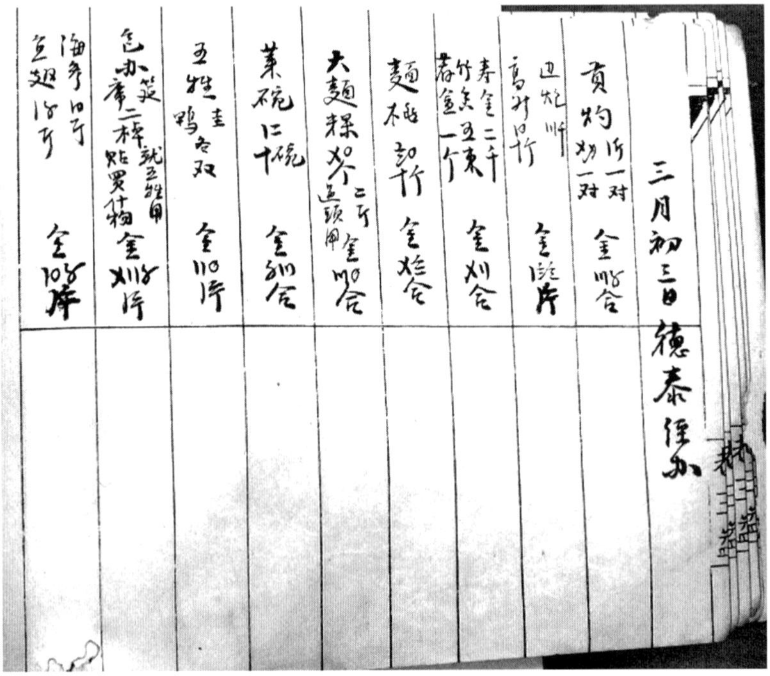

三月初三日德泰经办

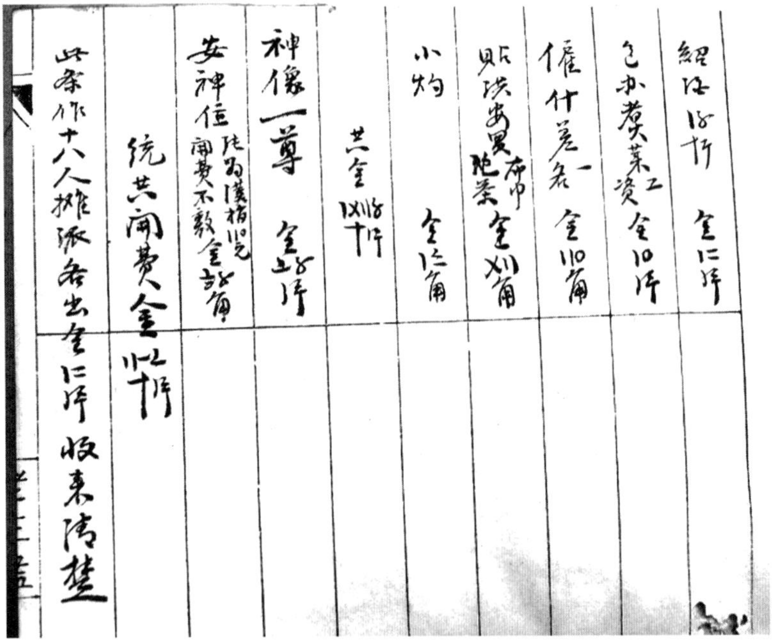

图 1-3-9　德泰号经办玄天上帝诞辰物品

资料来源:《八闽会馆杂文书》,光绪二十年(1894)。

纸、面粿、绍兴酒等物,均须提前委托厦门商家采购,1894 年祭祀费共 21.6 片,是由十八名信徒醵金摊派。

1895 年王乾生、王宗岱承办欣义社祭神活动。同年九月九日玄天上帝升天,二人备办供品及支出费用如下:

寿桃大一个、小八十四个,金 6.2 角

糕饼、水果、茶食,金 4.6 角

鸡二只,金 8 角

鸭二只,金 1.2 片

鱼四斤二两,金 5.1 角

猪肚二个,金 2.4 角

肉五斤五两,金 7.9 角

烧酒,金 4 分

大烛一斤,金 3 角

烛仔一斤,金 1.3 角

竹香五十束,金 1.5 角

寿金一块,金 1.2 角

鳗鱼四斤一两,金 1.43 片

鱼翅一斤半,金 9 角

海参一斤半,金 4.5 角

鲍鱼一斤半,金 6 角

火腿一只,金 1.2 片

杏仁,金 2.75 角

红枣,金 9 分

莲子半斤,金 1.8 角

连荔干,金 9.8 分

冬瓜,金 5 分

金桔,金 8.8 分

白糖二斤半,金 2.37 角

芎蕉(香蕉),金 1.35 角

水梨四粒,金 1.2 角

幼梨二粒,金 1.6 角

马钱①二斤半,金 1.25 角

鲜香菇一斤,金 2 角

鲜螺,金 2.05 角

鲜虾,金 4.85 角

鲜鱼做鱼丸,金 1.95 角

猪肉四斤二两,金 5.88 角

米干(米制食品),金 1.55 角

瓜子一斤,金 2 角

葱,金 2 分

青粉(豆粉),金 5 分

面粉,金 2 分

花生仁八斤,金 1.6 角

肉油,金 5 分

香油,金 1 角

五香末,金 2 分

醋,金 1 分

胡椒,金 1 分

豆腐,金 6.5 分

山药茹,金 9.8 分

鸭一只、皮蛋八粒、香菇四两,金 7.41 角

烧酒一瓮,金 1.8 片

番仔烟(洋烟),金 7.5 角

送烧工、火工二名,金 2 片

开费计共：金 19.42 片

此条收德泰对欣义社生理得利来金 19.42 片,开楚。②

　　1895 年九月九日祭祀费共 19.42 片,是由德泰号慷慨赞助。该年祭神供品繁多,包括烛、炮、竹香、寿金、五牲、水果、烟酒、生鲜海产品、腌制品、干货、皮蛋等,共 59 种。又,"鲜鱼做鱼丸"、"葱、面粉、香油、五香末、醋、胡椒,

---

　　① 马钱是一种植物的种子,经加工研粉后,可用来治疗肿毒、风湿症。参见 http://baike.com/view/14732.htm,2013 年 6 月 15 日阅览。

　　② 《长崎华商泰昌号杂文书：欣义社玄天上帝至诚之道》。

烧酒一瓮"、"烧工、火工二名"等项,反映欣义社祭祀结束,准备设宴联谊。

有关欣义社的祀神仪式,史料乏载,不详。费用方面,据不完整账簿记载:光绪二十三年(1897)十二月泰昌号司月,对玄天上帝设醮,支出61.4元。光绪二十四年(1898)十二月泰昌号司月,对玄天上帝设醮,支付香把20束,费3元。[①]已亥年(1899)三月初四日泰昌号对玄天上帝捐款20元。[②]另载:"民国八年农历二月二十三日登记,承农历二月初九日对王辉谦送来金额计共496.5元,由福建会所存寄长崎第十八银行。"[③]约可了解祭祀活动每年规模不一,信徒捐缘是经福建会馆账户存入第十八银行孳息,用以充当公积金。

值得一提的是,欣义社没有庙宇,信徒只注重神明的灵验。信徒之中,尽管1899年萧仰斋、林德树病故,1908年陈瑞椿辞世,1912年梁肇三逝世,1917年欧阳仁、郑永超往生,1919年王辉谦返国,渐渐出现凋零的情形,但在1937年中日战争爆发前,闽商子嗣对上帝公的祭祀活动一直没有中断。[④]

四、妈祖祭

妈祖原名林默娘,宋建隆元年(960)三月二十三日生,福建莆田县(今福建省莆田市)湄洲人。传说默娘自幼熟悉水性,常不畏波涛汹涌拯救遇难船只,雍熙四年(987)九月初九日乘五色瑞云升天,人们为了纪念她,建庙安置"通贤灵女"牌位祭祀,以后称她"妈祖",奉为海上守护神。应该指出的是,妈祖信仰因为历代帝王都有敕封,如,宋代封赠"顺济夫人",明朝敕封"护国庇民妙灵昭应弘仁普济天妃",清代封称"天后"、"天上圣母"尊号,故可从莆田传播全国、全世界,成为福建地方对外最具有影响力的神灵。[⑤]

---

① 《八闽会馆总簿》,丁酉年—戊戌年(1897—1898)。

② 《长崎华商泰锠震记账簿:各友总登》,己亥年(1899)。

③ 《长崎华商泰昌号杂文书:欣义社玄天上帝至诚之道》。

④ 欣义社成员亡故信息,参见《长崎华商泰益号账册:各费总部》,己亥年、戊申年、壬子年、丁巳年杂费支出;《长崎福建会馆文书:长生会》,民国七年至二十年(1918—1931)。王辉谦(王恽谦),1847年生,福建省同安县人,1875年于德泰号任职。参见长崎县立图书馆编:《幕末·明治期における长崎居留地外国人名簿Ⅲ》,第341页。

⑤ 福建省地方志编纂委员会编:《福建省志·民俗志》,第313页;长崎市史编纂委员会:《新长崎市史·近世编》,长崎市,2012年,第726~727页。

妈祖信仰也传入长崎。进一步说，江户时代唐船抵达长崎时，将妈祖像请下船，各自送往兴福寺、福济寺、崇福寺中的妈祖堂，及唐人屋敷的天后堂里供奉，此一"妈祖行列"，时人称为"菩萨扬"。唐船返国时，从唐寺妈祖堂、唐人屋敷天后堂里请出妈祖，将神像送往船上安置的行列称为"菩萨乘"。"菩萨扬"的游行过程是，排在最前面的"香工"手提两个灯笼，香工后面有司锣者，司锣者后面有"直库"手持捆着红布的棍棒，直库后面有高举"天盖"的人，天盖下方是手捧神像者，其余唐通事、唐人番排列最后。[①]"菩萨扬"队伍走到十字路口时，司锣者要敲打铜锣，司棒者要挥棒驱魔。队伍抵达唐寺山门、关帝堂、妈祖堂前，司锣者同样要打铜锣，直库要挥棒驱魔。妈祖行列浩浩荡荡颇为热闹，等待神像被安奉在妈祖堂、天后堂内后，"菩萨扬"活动才算结束。反之，"菩萨乘"行列也大致相同（见图1-3-10）。

图 1-3-10 妈祖行列
（长崎历史文化博物馆藏）

值得关注的是，"菩萨扬"、"菩萨乘"随着日本开国退出历史舞台后，福建移民对妈祖殿香灯照常供养，并延续妈祖信仰文化。据文献记载，福建会

---

① 长崎人称妈祖为菩萨，日本语"菩萨扬"是指迎妈祖神像下船。"菩萨乘"是指安置妈祖神像上船。又，"香工"为唐船成员之一，负责船上祭祀船神工作。"直库"也为唐船成员，负责打大鼓。唐通事组织成立于1604年，至1867年解散前，共设置38等职级，各级职务、权限不同，主要协助官府处理中日贸易相关事务。唐人番负责唐馆警备工作，参见前引长崎市史编纂委员会：《新长崎市史·近世编》，第548、550～551、570～572、727页。

馆每年农历三月二十三日圣母诞及九月初九圣母升天都要举行盛大的妈祖祭。妈祖祭是由会馆值年司月负责采办,祭祀物品繁多,如线香、烛炮、寿金、菜碗、纸烟、绍兴酒、三牲(猪、羊、鸡)、五牲(猪、羊、鸡、鸭、鱼)、红柑、红粿、素斋、糕饼、菜碗等。① 福建会馆在举行妈祖祭前,依例必须张贴告示,上面记载:

天后圣母诞祭文

福建会馆三月廿三日路头帖

敬启者历年三月廿三日天上圣母千秋,于是日在本会所设醮一昼夜。凡各宝号届期须预备牲醴恭祝,请祈台驾午前十点早临炷香是幸。此布。②

说明三月二十三日圣母千秋日将设醮一昼夜,商号需要预备供品上香祭拜。

妈祖诞是福建会馆的重大节日,值年司月须提前委托上海、厦门商户采购牲醴香楮,包括:供碗十六只,香烛金炮、灯烛约三斤,猪羊全副,五牲一副,备神福菜两席,另,妈祖殿准备供碗十二只、五牲一副、香烛金炮等,邀请祭司主持祭典仪式。③ 祭司祈祷天后圣母圣寿无疆,神灵永护,朗读下面的祝文:

维宣统御宇之△年,岁次△△,三月△△朔,越二十有三日△△,司年△△等谨以牲醴香楮之仪,敢昭告于天后圣母尊神之前曰:伏以圣德流传,普仁慈于海外,母仪炳著,享香火于故乡。恭维圣母功侔坤厚,德配乾元,救苦难于亚东,多方施济,被慈祥于华旅,到处津梁。商等素叨庇佑,共沐恩光。兹逢圣诞,敢竭微忱,敬陈菲俎,集同人而晋献,祝圣寿兮无疆。伏愿惠泽旁敷,人人享安全之乐,神灵永护,家家沾普度之光。谨祝。④

福建会馆的收入包括厘金、房租、捐款、银行存款利息等项,其中,厘金对行号采定率制,即无论输出输入,每季均按贸易额征收 2‰;店铺采定额

---

① 《福建会所日清簿》,丙午年(1906)。

② 《福济寺祭墓应用簿》,光绪二十年(1894)二月。原史料未见,引自刘序枫:《長崎における華僑の祭祀文書について——泰益号文書を中心に》,《長崎華商泰益号関係書簡目録》第 6 辑,长崎华侨研究会,1990 年,第 21 页。

③ 《长崎华商泰昌号杂文书:八闽会馆值年经理圣诞祀节摘录备查》。

④ 原史料未见,引自刘序枫:《長崎における華僑の祭祀文書について——泰益号文書を中心に》,第 21 页。

制,即按资本额大小划分等级、金额,按四季征收。支出方面约有祭祀、杂费、辛金、修缮、棺木、地租、器皿、垫款等项。其中,祭祀费年平均约占支出总额的一二成,妈祖祭费约占祭祀总额的三四成。[①] 表 1-3-2 为泰益号、和昌号值年经办妈祖祭的相关费用。

表 1-3-2　福建会馆 1906 年举行妈祖祭费用

丙午年(1906)三月德泰号司账	品目/数量	金额(日元)
	补登元月十五日元宵敬妈祖宫三牲、菜碗、香金、烛炮(和昌经手)	5.7 元
	二十三日圣母诞买猪 1 只 189 斤(泰益经手)	37.8 元
	买羊一只 23.5 斤(泰益经手)	4.7 元
	上席 4 桌(泰益经手)	56 元
	绍兴酒 1 坛(泰益经手)	8 元
	五牲 1 副(泰益经手)	14.51 元
	妈祖宫五牲 1 副(泰益经手)	11.45 元
	二十二日、二十三日会馆菜碗 2 副(泰益经手)	3.22 元
	妈祖宫菜碗 1 副(泰益经手)	1.63 元
	会馆五庙* 计连炮 50 包、高升(长竿)20 个(泰益经手)	2.65 元
	买红柑 250 粒、红粿 250 个(泰益经手)	5 元
	寿金六千(泰益经手)	1.92 元
	买红纸大香(泰益经手)	0.74 元
	买烛大 3 对、中 4 斤、小 5 斤(泰益经手)	5.05 元
	买荐盒(馔盒)、纸烟、炭(泰益经手)	1.29 元
	夫工、女工各 2 名(泰益经手)	3 元
	馆灯(洪安经手)	2 元
	买油费(洪安经手)	3.5 元
	福济寺和尚二十二日、二十三日诵经(泰益经手)	18 元

① 《八闽会馆总簿》,庚寅年—辛丑年(1890—1901);《福建会所日清簿》,己亥年—庚戌年(1899—1910)。

丙午年 (1906)三月 德泰号司账	品目/数量	金额(日元)
	福济寺和尚买素料、糕饼、菜碗(泰益经手)	6.78 元
十一月补登账簿	九月九日圣母诞五牲、香烛(泰益经手)	9.28 元
十一月补登账簿	九月九日妈祖宫五牲、香烛(和昌经手)	9.28 元
十二月	二十四日、二十九日敬圣母五牲(泰益经手)	20 元
	二十四日、二十九日敬妈祖宫五牲(和昌经手)	20 元
1906 年共计		251.5 元

注:* 长崎五庙指仙人堂、天后堂、观音堂、土神堂、关帝堂。

资料来源:据《福建会所日清簿》,丙午年(1906)制作。

福建会馆除了有集团性的祭祀活动外,也有商家各自祭拜妈祖或对会馆、唐寺捐款的情形。例如,泰昌号 1891 年农历三月二十二日对妈祖诞捐款 3 片、三月二十三日买炮 2 串,支出 8 合(角)。1899 年农历三月二十四日祭祀妈祖,买牲菜支出 5.68 元、买鱼肉支出 7.41 元,共费 13.09 元,又买绍兴酒一坛,支出 4.5 元。又如,泰益号账簿登记:1920 年农历三月二十三日泰益厨司经手,三牲、五牲支出 30 元;九月九日付福济寺当头,三牲费用 30 元。1921 年农历三月二十三日泰益厨司经手添菜,三牲、五牲支出 30 元;九月九日泰益本行、福建会馆,采购五牲费用 15 元。[①] 处处反映妈祖祭为福建移民十分重视的信仰文化。

五、中元普度

佛教传说,目莲为了救母曾经请求佛祖,佛祖嘱他农历七月十五做盂兰盆祭祀其母,由此可知道教的"中元节"佛教称为"盂兰盆会"。福建中元节俗称"普度",有长达一个月的超度亡魂活动,属于混合佛道两教信仰的施饿鬼节日。普度传入长崎,与日本以祭祀祖先为对象的"obon"(盆会)习俗不

[①] 《长崎华商泰锠震记账簿:各项总登》,辛卯年(1891)杂费账目、己亥年(1899)福食账目。《长崎华商泰益号账簿:各费总簿》,庚申年(1920)杂费账目、辛酉年(1921)杂费账目。

同,展现了鲜明的异文化色彩。

进一步说,福建会馆在举行普度前,除了搭设木棚,邀请三间唐寺和尚定做兰盆胜会灯笼、锡箔、香烛、寿金、冥衣、鞭炮等物外,还须提前托人从上海、厦门采办供品。一切开销按照上年捐献,一一记账办理。①

普度也是福建商帮一年当中的盛事。福建会馆在举行普度祭典前,依例预先发布告示,上面记载:

> 是月(七月)二十六七八日,年例在本帮会馆设建兰盆胜会,延僧礼忏,祈福济幽,凡我同人早临拈香是幸。谨此预闻,光绪△年△月△日八闽帮值年司事△△敬启。②

接着,请人抄写榜文张贴于醮坛前面,并对普度原委及祭祀方式做一说明。

> 普度醮坛。爰有一四天下南瞻部洲大清国福建省各府州县界下信士弟子等,生居西方,寄迹东土。窃念旅魂飘泊,怎禁宿露餐风,而佛法慈悲却能超生度死。兹有日本国长崎岛者,我华人贸易于斯土,迄今二百有年矣,而历来物故者不少焉。埋渺魂兮,一坏化鳞有火;望乡关兮,万里返鹤无期。所以年年鹃血,总是羁魂;夜夜乌啼,无非鬼哭。商等迹托萍踪,情联梓里。怜冥漠之有灵,情可哀也;慨若嗷之无祀,鬼其馁乎。兹则节届中元,拟设兰盆之会,僧邀上刹,当如莲社之人,爰是谨于廿六日为始,廿八日为止,延请福济、兴福、崇福禅寺僧侣,就于会所设坛顶礼。慈悲三昧锡福度厄,水忏三永日,二十八夜演放,瑜伽甘露法食焰口一堂,焚化冥镪资财,加持经文神咒,仗兹佛力。超脱迷尘,洒杨枝之甘露;花放诸天,燃炬灯于迷津。筏登彼岸,会见法雨缤纷咸归乐土,亡者既资冥福而苦海永离,生者亦迓神庥而乐业万倍矣。幽显咸知,龙飞光绪△年△月△日给榜,实贴坛前。③

福济、兴福、崇福三寺受邀,僧侣都参加普度活动,显示福建会馆相当尊崇佛教仪式。关于普度用品,壬辰年(1892)福建会馆记载:

> 镜屏写普门大士回向之梓,用红片单纸写仙人堂先世之神位
>
> 会馆二十六(日)、二十八(日)用菜碗一桌

---

① 《长崎华商泰昌号杂文书:八闽会馆值年经理圣诞祀节摘录备查》。
② 《长崎华商泰昌号杂文书:八闽会馆兰盆胜会规则》。
③ 《长崎华商泰昌号杂文书:八闽会馆兰盆胜会规则》。

大士前二十六（日）、二十八（日）用菜碗二桌

又寿桃二百个

又汉筵四大碗、八中碗一席

孤魂台五牲（猪羊鸡鸭鱼）一副

又白米一斗二升

又发粿 32 斤

又冬瓜、西瓜、金瓜（南瓜）

菜饭蓝 30 只

写榜笔资，金 2 片（元）

缘簿纸

梅红纸，糊牌灯写榜

大香，竹头浅纸

和尚礼忏三永日放焰口，金 40 片

二十八（日）用猪羊全副

大士前二十八（日）用五牲一副

又二十七（日）用菜碗一桌

仙人堂三牲三副

又菜碗三桌

折锡箔工资，每万金三角连（连同）穿好

搭大士坛、孤魂台工资，金 4 片

守孤魂台、仙人堂打锣，金 1.6 片

守大士坛两夜，金 4 角

杂差三名连夜工外加三角，金 3.9 片

扛银钟，金 2.9 角

赏馆丁，金 4 片

灯店

申办（向上海采购）外加中、崎（上海长崎）税饿（关税运输）各费

锡箔 50 条，计三万张

红烛 52 斤

鞭炮四千

四两高升十个

竹香二百十个

冥衣纸计洋（银）3 元

寿金八支[1]（见图 1-3-11）

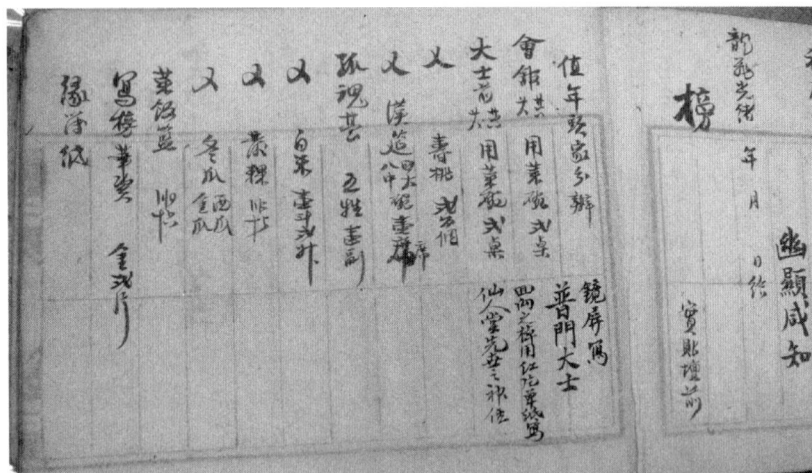

图 1-3-11　福建会馆普度物品

资料来源：《八闽会馆杂文书》，壬辰年（1892）。

福建会馆设有普度会场，场内设置许多临时搭建的木棚，包括：神殿、醮坛、孤魂台、大士台等祭神、安置幽魂的设施。神殿内安奉供品祭拜观世音菩萨，并设瑜珈坛做法会，神殿外搭建大士台供奉鬼王。僧侣进行焰口法会时，必须敬备美食普济饿鬼幽魂。所谓美食，是指带有福建普度习俗的寿桃、猪、羊、鸡、鸭、鱼、白米、发粿（米制甜糕）、冬瓜、西瓜、金瓜（南瓜）等。这些供品连同金银锡箔、香烛、鞭炮、高升（长竿）等，都要提前委托上海、厦门客号代为采办。[2]

福建会馆除了请和尚诵经超度亡灵、举行法会普度众生外，会员对无家可归的孤魂也自备祭品，施食求福保平安。如，泰益号丁未年（1907）七月中元节买锡箔 1.8 元，对会馆普度捐款 9 元；己酉年（1909）中元节买糕饼 4.6元；庚戌年（1910）中元节加菜 9.4 元，对会馆普度捐款 6 元；丁巳年（1917）中元节加菜 11.2 元；庚申年（1920）普度捐款 8.5 元，中元节添菜 42 元；壬

---

① 《长崎华商泰昌号杂文书：八闽会馆兰盆胜会规则》。

② 《长崎华商泰昌号杂文书：壬辰普度经办细目》。

戌年(1922)对西山普度捐款 1 元,店员捐款 10.5 元,泰益号敬献门口菜 40.11元。[1] 反映长崎福建商民乐善好施,中元普度不仅有乡帮集体参加祭礼活动,也有商户私祭亡灵的习俗。

结　语

向来,华人相信"祭神如神在"、"地必因有神而灵,人必以和而为贵",是以村有村庙,乡有乡庙,十分仰赖神明的庇佑。相形之下,19 世纪以降,移居长崎的中国沿海商民,在语言、思想、风土完全不同的生活环境,有无保留故乡的祭祀文化? 如何保留原乡文化? 本章为探讨移民对传统文化的认知与重建过程,分别对清明墓祭、玄天上帝祭、妈祖祭、中元普度等重要祭祀活动,做了详尽的考察。

就华商举办祭祀活动的目的而论,约有三点:第一,尊重历史传统,有意识地记录民间习俗、保存原乡文化。如清明墓祭旨在发扬中国儒家孝道文化,加深移民对自身文化的认识与归属感。第二,促进社群、族群融合关系。如,"欣义社"信徒有闽粤商人、日籍商人。又如,参加福祭寺公祭活动的是语系相同的"乡团",参加稻佐山唐人公祭活动的为跨越方言边界的"侨团"。祭拜活动结束,都有联谊活动。第三,发扬团结互助精神。华商为传承先民祭祀文化,除了踊跃捐款分摊费用外,还参与相关劳务,华商舍私奉公的精神,对祭祀文化在地扎根、绵延不绝,起到正面的作用。

祭祀文化具有神圣性、集体参与性、周期性等三大基本要素。[2] 以此对照福建会馆,应可了解华商每逢节日纪庆,值年司月都发出通知,聚集人员,依照古礼准备供品,邀请僧侣诵经举行法会,通过集体参加神圣的仪式,完成祭祀活动。

值得一提的是,中日战争期间华商经济活动衰退,返国人数增加,日本

---

① 《长崎华商泰益号文书:各费总部》,丁未年(1907)杂费账目、己酉年(1909)福食账目、庚戌年(1910)杂费及福食账目、丁巳年(1917)福食账目、庚申年(1920)杂费账目、壬戌年(1922)杂费账目。

② 章洁:《長崎の祭りとまちづくり——「長崎くんち」と「ランタンフェスティバル」の比較研究》,长崎:長崎文献社,2014 年,第 122 页。

则实施混合型社会政策，这使新地町的日本居民超过华侨住户。1945 年二战结束后，华侨新生代都接受了日本教育，有的和日本人通婚，有的有新的就业途径，渐渐向土著社会移行，融入了日本社会。长崎方面，当局为振兴地方经济，展现历史上多样化的都市特色，除了指定土神堂、天后堂、观音堂为有形文化财宣传国际文化外，还与新地中华街合作，恢复长崎消失了的春节和元宵节。①

日本平成二年（1990）以长崎县、长崎市、长崎商工会议所联合开办旅游博览会为契机，新地中华街的中国文化符号受到官民的重视。1991 年中华街商店街振兴组合向当局申请，让带有中国风的"凑公园"充当"春节祭"会场。获得许可后，居民开始年年举办以华侨为中心的中国春节祭。1994 年长崎市为振兴冬季观光，在官方、各种市民团体协助下，组织"长崎灯节实行委员会"，正式将春节祭改称为"灯会"。1995 年市府扩大灯会规模，于凑公园、新地、唐馆遗址、中央公园、中岛川公园等地设置会场，装饰了一万多个灯笼。自正月初一到十五日灯会期间，官民合作安排妈祖行列、中国龙舞、狮子舞、胡琴、杂技等，以日本人为主体的中华传统文艺表演节目。除此之外，清明节、妈祖诞、中元节及孔子圣诞等祭祀活动，依旧为长崎华人社会所重视。长崎华人传统文化的在地化、社会化，对带动地方旅游及促进国际交流，起了莫大的统合作用②（见图 1-3-12、图 1-3-13、图 1-3-14、图 1-3-15、图 1-3-16）。

---

① 1937 年中日战争爆发前，长崎华侨人口共 1175 人，二战以后到 1990 年，减为六七百人。参见增田史郎亮：《幕末以降長崎華僑戸数と人口の動向とその背景》，市川信爱编：《近代華僑社会の系譜と展開に関する研究（分析編）》，第 16 页；长崎市史编纂委员会：《新长崎市史·现代编》，长崎市，2013 年，第 719～735、876 页。有关新地中华街的研究，参见王维：《华侨的社会空间与文化符号：日本中华街研究》，广州：中山大学出版社，2014 年，第 92～95 页。

② 章洁：《長崎の祭りとまちづくり——「長崎くんち」と「ランタンフェスティバル」の比較研究》，第 119～122 页。有关祭孔活动，拟于日后专题探讨。

图 1-3-12　长崎 2011 年春节灯会宣传海报　　　图 1-3-13　长崎 2015 年春节灯会宣传海报

（2010 年笔者拍摄）　　　　　　　　　　　（2014 年笔者拍摄）

图 1-3-14　长崎历史古迹　　　　　　　　　图 1-3-15　长崎观光名胜崇福寺

——福建会馆的妈祖神像与匾联　　　　　　　　（2010 年笔者拍摄）

（2010 年笔者拍摄）

图 1-3-16　长崎华人祭孔大典

（2014 年笔者拍摄）

第四章

商业诉讼

清光绪十七年（1891）长崎华侨社会发生了一件令人瞩目的商业官司。原告黄傅氏，福建省同安县（今属厦门市）人，祖父傅淇水乃嘉庆朝自备资本承办朝廷官铜的贸易商。黄傅氏 1864 年结婚，丈夫黄礼铺，福建省金门岛英坑乡人，1862 年（三十岁）与乡亲结伴，前往长崎创设泰昌号，从事海陆物产进出口贸易。1884 年黄礼铺因投资上海祥泰号亏损巨大，急火攻心而猝然辞世。1891 年黄傅氏偕同讼师由沪赴日，控告泰昌号

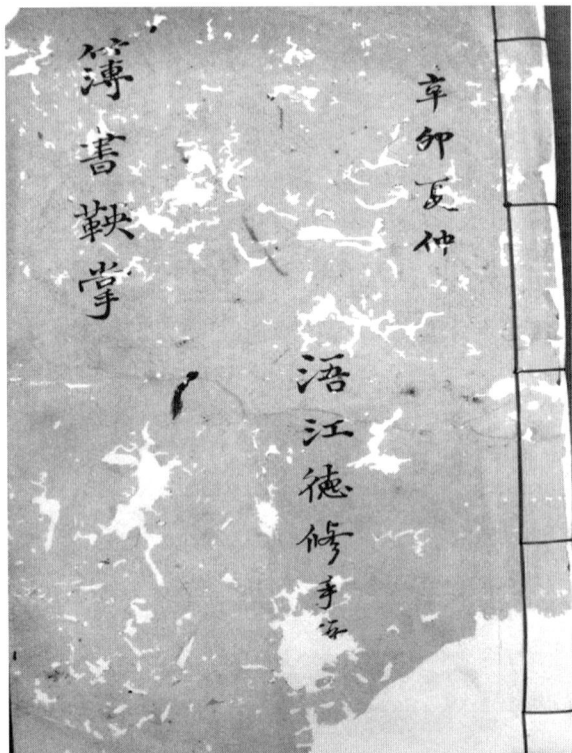

图 1-4-1　《簿书鞅掌》手抄本封面

执事（经理）陈瑞椿侵吞亡夫股利。陈瑞椿是黄礼铺表弟，究竟有无侵占表兄钱财？泰昌号营业利益如何？本章为还原历史真相，主要利用陈瑞椿堂弟陈德修辛卯年（1891）手抄《簿书鞅掌》文书（见图 1-4-1、图 1-4-2）、泰昌号账簿，将此诉讼背景、审讯过程，以及大清驻长崎理事府的裁判结果，详述于后。

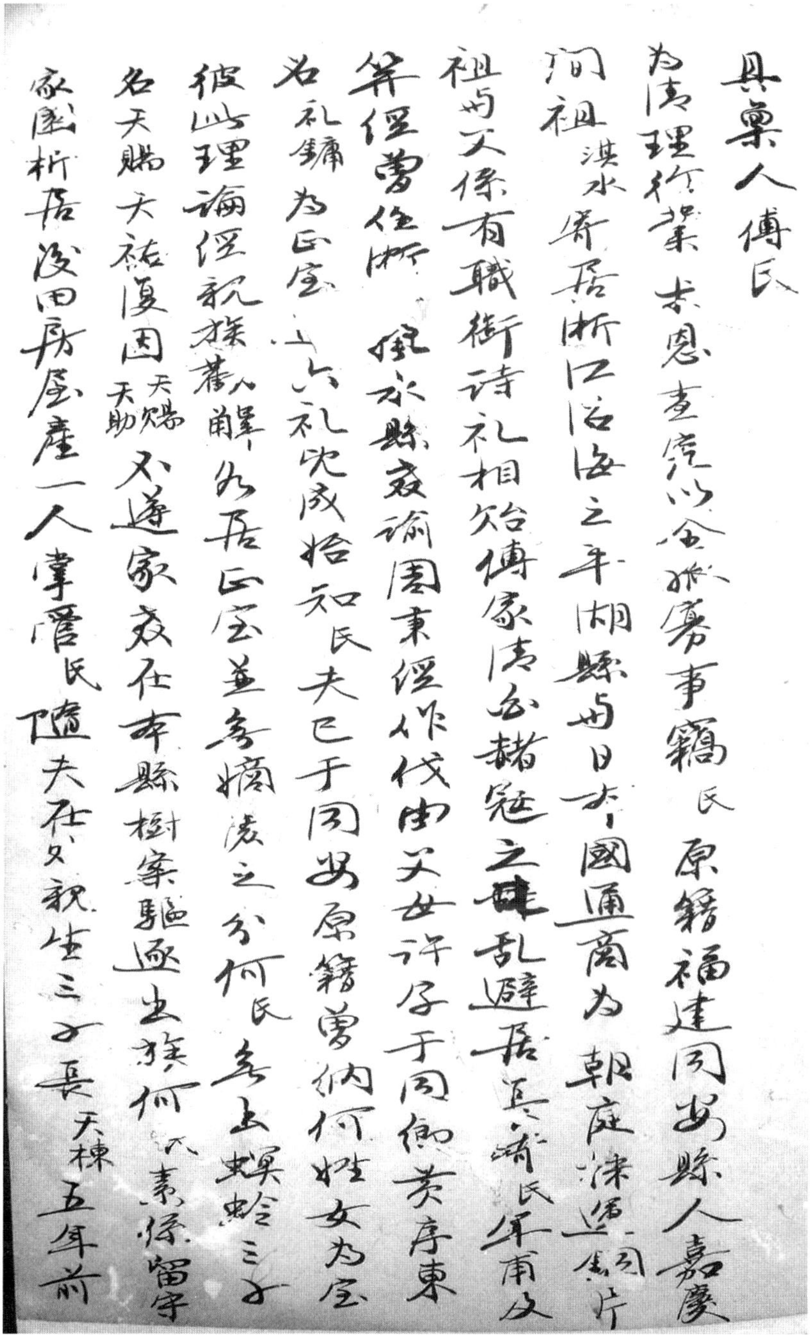

图 1-4-2 黄傅氏控诉状

一、泰昌号经营概况

清朝中国百姓的通货是铜币。乾隆以前中国铜产量不足,朝廷为了取得铸钱材料,多向邻国日本进口铜(时称洋铜)。有关日本对外贸易政策,江户时代德川幕府实施锁国主义,只许荷兰船、唐船(中国船)于长崎一港贸易。1688 年德川幕府为取缔基督教,并限制中国人与日本人接触进行走私贸易,特别建造了"唐馆",1689 年唐馆竣工后,即强制中国人入馆居住。同年唐船进港数量太多,日本为了管理铜出口贸易,逐渐地限定来崎船数及交易额。1715 年日本颁布"正德新例",规定贸易总额不得超过 9000 贯,船只限制 30 艘,每船各发一张"信牌——长崎通商照票",唐船必须持有"信牌"方许入港进行交易,如无此证便强制原船回返本地。[①]

中国办铜方面,康熙、雍正时代中国所需铜材是以公帑招商方式采办洋铜,洋铜商可以预先支领官银,购置丝绸、棉织品、药材、砂糖、大豆、染料、瓷器、书籍等日本嗜好品,委托牙行或洋行申报出洋手续,经过地方官查验没有违禁行为,便可从乍浦港出航渡日。洋铜商在长崎港上陆,则按日本贸易制度交换铜、海参、鱼翅、鲍鱼、海带、杂货,等待船只返航,上缴朝廷定额的铜斤后,余铜及其他船货就可自由的贩卖牟利。不过,公帑招商办铜效益不佳,朝廷官员为求改进,改招自备资本的民商承办。于是,自乾隆朝起,迄咸丰十一年(1861)为止,形成官商、民商并行,代替朝廷采办洋铜的情形。[②]

值得留意的是,安政六年(1859)日本对外开放神奈川(横滨)、长崎、箱馆(函馆)为自由通商港后,到 1871 年中日两国尚未建交的十余年间,已有不少水手、船工、客商随同洋铜商前往长崎,他们有的依附洋商,有的充当洋

①　大庭修:《唐船图考证》,朱家骏译,北京:海洋出版社,2013 年,第 22 页;刘序枫:《德川"锁国"体制下的中日贸易:以长崎"唐馆"为中心的考察(1689—1868)》,朱德兰、刘序枫执编:《港口城市与贸易网络》,台北:"中央研究院"人文社会科学研究中心,2012 年 6 月,第 88~90 页。

②　刘序枫:《清康熙—乾隆年间洋铜的进口与流通问题》,汤熙勇主编:《中国海洋史论文集》第 7 辑,台北:"中央研究院"人文社会科学研究中心,1999 年,第 96~103、107~110 页;刘序枫:《清政府对出洋船只的管理政策(1684—1842)》,刘序枫主编:《中国海洋史论文集》第 9 辑,台北:"中央研究院"人文社会科学研究中心,2005 年,第 362~368 页。

商买办,延续进行中日贸易。[1]

据金门黄氏族谱记载,黄礼铺,字序东,福建省金门岛英坑乡人,先祖第五世黄友溪,诰赠内大臣谏议大夫。第六世黄月池,曾任兵部尚书兼内大臣谏议大夫。第七世黄奇硕,曾任兵部尚书兼内大臣谏议大夫。第八世黄钟峨,曾授长泰知县。第九世黄汝贤,封赠武义大夫。第十世黄克宪,诰赠武义大夫。第十二世黄仁捷,封赠奉政大夫。反映黄氏一族人才辈出,世世代代有很显赫的功绩。黄氏第十二世建立昭穆(辈分):"仁义礼智信,祖武喜克绳。绵延光世泽,荣耀播家声。"第十三世黄义宏,又名黄义煐,1796年生,1860年殁,讳黄义吉,诰封中宪大夫。[2]

黄义宏与侄儿礼廷做过商船伙长(掌管海上航行、罗盘者),19世纪前半叶赴日参加长崎贸易,累积了不少财富。第十四世黄礼铺为人豪迈,乐善

图 1-4-3　泰昌号租借长崎大浦 22 番地

(2014 年旧香港上海银行长崎支店纪念馆展示图)

---

① 朱德兰:《明治期における長崎華商泰昌号と泰益号との貿易ネットワークの形成》,收入九州国际大学社会文化研究所:《纪要》第35号,1994年,第21~23页。

② 黄义宏、黄礼廷、黄礼铺简历,参见张璋全编辑:《英坑黄氏族谱初版》(未出版),2005年,第11~20页;萧永奇:《金门英坑黄氏百年记事录》(未出版),2006年,第1~2页。谏议大夫,古代朝廷重要官职,秦朝设置,唐代为正四品官,明初废止。宋代武义大夫为武官官阶。清代中宪大夫为正四品官,奉政大夫为正五品官。有关古代官职,参见《中国历代职官辞典》:www. gg-art. com/dictionary/dcontent_b. php? bookid,2014年11月11日阅览。

好施，胆识出众，自少追随堂亲习商，日本对外开港后，看到长崎商机，因而联合金门乡亲黄命官（黄荣性）、黄深渊（黄礼烟，黄义宏三男）、陈达明（黄礼镛表叔），挚友沈佛信（同安人）、萧天用（海澄人）、萧廷钦（萧天用堂亲）等人，1862 年一同出资 7000 银元（洋银，约合 3990 日元），向英商 Francis A. Groom 租借长崎居留地大浦二十二番（指门牌号码），创立合股公司泰昌号，积极地从事中日土特产贸易活动①（见图 1-4-3、图 1-4-4）。

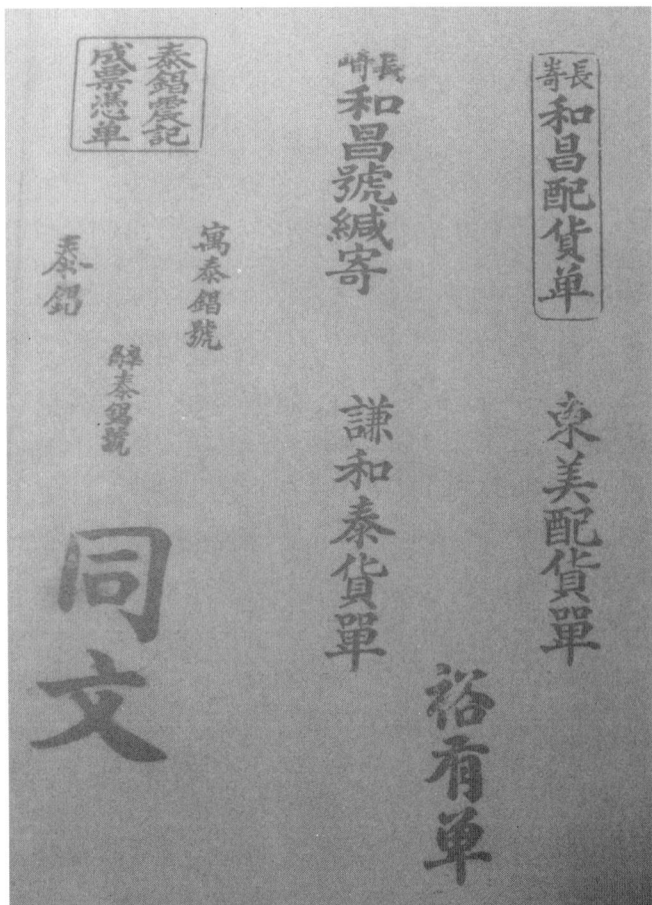

图 1-4-4　泰昌号印章及其往来户印章

（陈东华先生提供）

---

①　朱德兰：《明治期における長崎華商泰昌号と泰益号との貿易ネットワークの形成》，第 23 页。

据泰昌号账簿记载,1862—1874 年各年营业盈余如下:

壬戌年(1862)除去开销、股东吃红外,净利 3421.303 片。

癸亥年(1863)前十个月营业成绩除了股东吃红外,净余 3054.851 片,累计母利 10466.154 片,股数共十股,分别为:黄礼镛四股、萧天用半股、萧廷钦一股半、陈达明一股、黄荣性一股、黄深渊一股、沈佛信一股,资本总额莺洋(墨西哥银)10000 元[①](见图 1-4-5)。

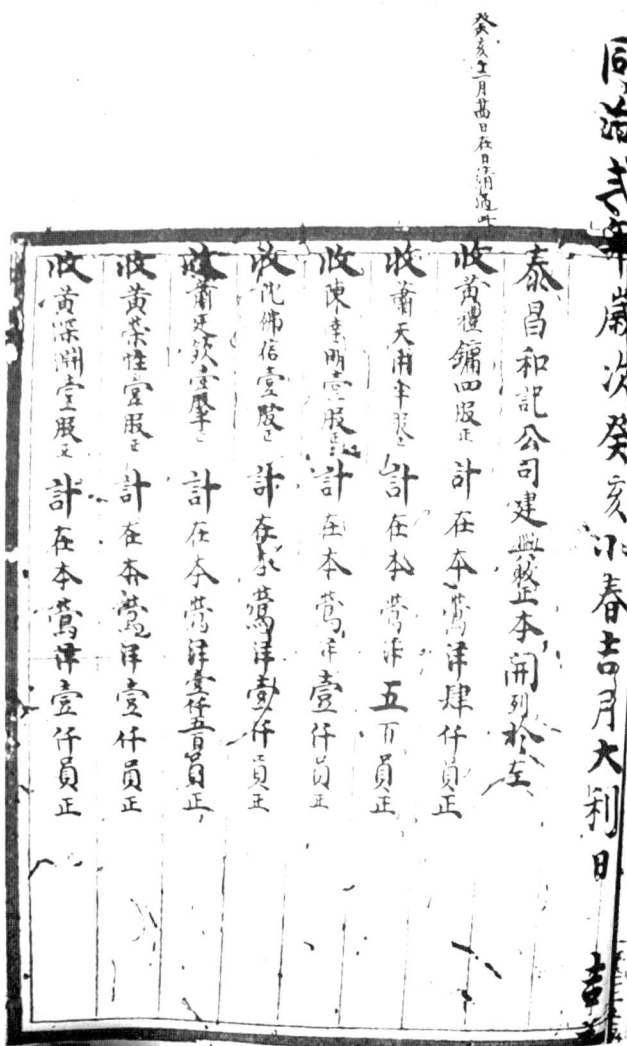

图 1-4-5　泰昌和记公司 1863 年资本结构

资料来源:《长崎华商泰昌号账簿:一本万利》,癸亥年(1863)。

---

① 《长崎华商泰昌号账簿:在本结簿》,壬戌年—癸亥年(1862—1863)。

甲子年(1864)除去开销、抽红外,净余 6573.49 片。

乙丑年(1865)净余 5811.519 片。

丙寅年(1866)净余 6795.711 片。

统计 1864—1866 年经营利益 19180.299 片。

1866 年底股东股份及分红如下：

黄礼镛四股(又称守记户)3200 片。

萧天用半股(源记户)400 片。萧廷钦一股半(钦记户)1200 片。

陈达明一股(1865 年病故,股金归侄儿陈发兴账户)800 片。

沈佛信户一股 800 片。

黄荣性一股(黄命记户)800 片。

黄深渊一股(渊记户)800 片。

丁卯年(1867)除去开销、抽红外,净余 6440.754 片。

戊辰年(1868)余利 5665.71875 片。

己巳年(1869)余利 14348.6102 片。

庚午年(1870)余利 1286.47545 片。

辛未年(1871)余利 4566.1395 片。

壬子年(1872)余利 3660.2715 片。

癸丑年(1873)余利 2325.053 片。

甲戌年(1874)余利 5545.7047 片。

上列收益如与泰昌号低阶员工月薪 3 片、高阶员工月薪 10 片做一对照,则可察知其营业成绩十分优异。[①]

言及泰昌号员工,1862 年长崎官厅登录四名,即陈达明、黄荣性、萧懋盛(萧懋思)、黄礼镛,其他股东分驻上海、宁波,形成分工体系。1863 年登录六名,即陈达明、黄荣性、萧懋盛、黄礼镛、陆六义、黄深渊。1864 年除了陈达明、黄礼镛(妻傅氏同居寄留)担任经理外,另有六名员工,即黄荣性、萧懋思、陆六义(妻陆氏同居寄留)、黄深渊、林阁使、萧炎使。1865 年陈达明去世,员工十名左右,庄客(客商)十余名,寄留号内人数三十名(包含女眷三名)。1866 年正月黄傅氏兄傅攀杏到泰昌号任职,二月陈发兴继承亡叔陈

---

① 《长崎华商泰昌号账簿：在本结簿》,壬戌年—癸亥年(1862—1863)；《长崎华商泰昌号账簿：一本万利》,甲子年(1864)；《长崎华商泰昌号账簿：堆金积玉》,乙丑年—甲戌年(1865—1874)。

达明股份,担任帮办,号内员工共十八名。①

1869 年泰昌号人事组织如下:

执事(经理):黄礼镛、萧仰斋、陈发兴、黄荣性(四名均属闽南籍)。

司账(会计):陆芝珊、庄丙南(二名皆为江苏籍)。

通事(汉、日语翻译):黄如松(黄礼松,黄礼镛堂亲)。

报关员:傅攀杏(闽南籍)、董液先(江苏籍)。

伙计:黄廷恭(闽南籍)、黄梭(闽南籍)、陈光回、萧慈(闽南籍)、杨光响(闽南籍)、黄爱(闽南籍)、黄锐智(黄礼镛侄儿)、林盖、黄炉官(闽南籍)、顾少溪(江苏籍),共十名。

客商(水客):冯颜卿(江苏籍)。

另有同居寄留人:黄礼镛妻黄傅氏、萧文乐(萧仰斋子)、陈文宾(陈文彬,陈发兴堂弟)、黄壬癸(黄礼镛族亲)、黄君静(黄礼镛族亲),共五名。②

表 1-4-1　泰昌号合股名称变化

营业分期	合股名称	营业年度	股东总数	股份总数	黄礼镛股数	合股金额
	泰昌号	1862	5 人 1 户	7	4	银 7000 元
创业期	泰昌和记公司	1863—1874	7 人	10	4	银 10000 元
扩张期	泰昌永记公司	1875—1886	6 人	9	4	13500 两银
重整期	泰昌振记公司	1887—1891	5 人	8.5	4 *	12750 两银
衰退期	泰昌震记公司	1892—1901	史料缺载	史料缺载	史料缺载	10000 日元

备注:＊股东名称"守记"＝黄礼镛家族代号。

资料来源:《长崎华商泰昌号账簿:在本结簿》,壬戌年(1862)。《长崎华商泰昌号账簿:一本万利》,癸亥年(1863)、乙亥年(1875)、丁亥年(1887)。《长崎华商泰昌号账簿:置配货总》,己亥年(1899)。

1872 年大股东黄礼镛前往上海开设长泰号(后改称祥泰行),将长崎泰昌号交给经理萧廷钦、陈发兴执掌。陈发兴,字瑞椿,号国樑,1840 年生,金门岛新头乡人,是黄礼镛表弟。陈发兴待人诚信、勤劳负责,帮办业务不到

　①　长崎县立图书馆编:《幕末·明治期における长崎居留地外国人名簿Ⅰ》,长崎:长崎县立图书馆,2002 年,第 6、39～40、79～80、176、213、226 页。

　②　长崎县立图书馆编:《幕末·明治期における长崎居留地外国人名簿Ⅱ》,长崎:长崎县立图书馆,2003 年,第 413 页。

五年，便脱颖而出，成为号内核心骨干。①

如表1-4-1所示，泰昌号自1862—1901年歇业为止，经营近四十年，期间起起落落，营业变化划分四阶段，即创业期、扩张期、重整期与衰退期。

二、黄傅氏控告陈发兴

泰昌号是19世纪后半叶长崎著名的贸易行。据辛卯年（1891）陈瑞椿堂弟陈德修（又名文政、百政、陈达明子）手抄《簿书鞅掌》记载，傅淇水，福建省同安县（今属厦门市）人，嘉庆年（1796—1820）寄居浙江沿海平湖县（今平湖市）与日本国通商，为朝廷采运铜材，长子傅心斋继承家业，二人均有铜商职衔。傅心斋办铜曾经遭遇船难，在长崎得到泰昌号的照顾。傅心斋有一独生女，经由浙江丽水县教谕周秉经做媒，许配黄序东（黄礼镛）为妻。惟，傅心斋为女办完婚礼，得知黄礼镛原籍（金门英坑）已有一妻何氏后大怒，透过亲族居中劝解，双方达成共识，同意傅女、何女不分嫡庶，各居正室。黄何氏（1835—1919）不能生育，螟蛉三子：长男天助、次男天佑、三男天赐。黄礼镛在外经商，天助、天赐不遵家教，在同安闯祸，被驱逐出族。1864年农历八月黄礼镛带新娘黄傅氏到长崎同居，让黄何氏留守家园，掌管田地屋产。黄傅氏育有三子：长男天栋（生年不详，1886年病故）、次男天眷（1875年生）、三男天祥（1882年生）。另产二女，一女夭折，仅留其一。②

1891年农历三月黄傅氏偕同讼师寇从仁、姜星轩，从上海乘船直航长崎，向驻崎大清理事府（中国领事馆）张桐华大人告状。黄傅氏泣诉：

> 同治二年，氏夫（黄礼镛）贸易长崎，与同乡萧（萧天用）、陈（陈达明）、沈（沈佛信）及族中等七人股分，开泰昌和记行，立有合同议单，各执一纸为凭。今特照样粘抄呈览，合计资本一万圆（十股），氏夫十之持四，后萧用记（萧天用）半股、沈佛信一股，归并五股半名下，泰昌行事归氏夫秉公经理，获利颇丰，由是广置房屋，增筑码头，利益源源，股东悦

① 陈德修：《簿书鞅掌》，辛卯年（1891）手抄本；陈东华：《長崎居留地の中国人社会》，长崎县立图书馆编：《幕末·明治期における長崎居留地外国人名簿Ⅲ》，长崎：长崎县立图书馆，2004年，第497页。

② 陈德修：《簿书鞅掌》，辛卯年（1891）手抄本；长崎县立图书馆编：《幕末·明治期における長崎居留地外国人名簿Ⅰ》，第79～80页。黄礼镛家族，参见张璋全编辑：《英坑黄氏族谱初版》，第16～17页。

服。十一年,夫来上海另创长泰,后改新祥泰行,因长崎泰昌行无经理之人,就托向在行中办事之陈瑞椿主持一切,而以股东萧廷钦佐之。旋因上海新祥泰收歇,亏折颇多,至今蒂欠为累。①

接着又道,光绪八年(1882)黄礼镛与乡友到神户创设森泰行,因神户、长崎距离遥远,交通不便,难以兼顾两地事业,故将泰昌号业务托付陈瑞椿执掌。讵料"天有不测风云,人有旦夕祸福",光绪十年(1884)二月十九日黄礼镛突患重症,病危前交给黄傅氏一纸合同,气若游丝地说:

> 我逝之后,泰昌行业以(已)属于尔,日后即执此据以收股利,抚我孤,嫁我女,余心可安,善自藏之。②

言毕即阖眼辞世。同年六月黄傅氏携子扶柩还籍,择地安葬,并在老家守制三年。光绪十四年(1888),黄傅氏三男天祥入塾读书,女儿预备出嫁,由于学费、嫁妆没有着落,故而去函催促陈瑞椿汇寄股利。

光绪十五年(1889),黄傅氏送次子天眷到上海闽帮经营的福裕南行习商,因未收到股利,陈瑞椿也无只字说明情由,满腹疑云,遂偕同讼师赴崎提告,迫他迅速清理股账,以防有何勾串侵吞情弊。陈瑞椿被黄傅氏控告,随即拍电召唤金门黄何氏、黄礼烈(黄礼镛弟,1840—1898)来崎。黄何氏面禀张桐华她是礼镛元配,已经遗失亡夫的合同,恳求官宪准许,由她继承亡夫产业。黄傅氏认为黄何氏前来争产与陈瑞椿有关,大动肝火,频频促请张大人传唤陈瑞椿到案,彻底查究亡夫所遗股利、土地、屋产数目,以期保全孤寡生活。③

三、张桐华开庭审讯

泰昌号是黄礼镛、陈达明、萧廷钦等人合股创立的商号。光绪十七年(1891)大清驻崎理事官张桐华受理此案后,四月十六日传谕陈瑞椿先将积年账目结算清楚,然后择日开庭审讯。四月十九日张桐华裁示,陈瑞椿需将泰昌号账目详细覆算。又传讯黄何氏,结果发现黄何氏所控之说与黄傅氏

---

① 陈德修:《簿书鞅掌》,辛卯年(1891)手抄本。

② 陈德修:《簿书鞅掌》,辛卯年(1891)手抄本。

③ 陈德修:《簿书鞅掌》,辛卯年(1891)手抄本;张璋全编辑:《英坑黄氏族谱初版》,第17页。

大相径庭，为了查明实情，便令陈瑞椿、林长森邀请三位公正华商一同结算积年账册。

张桐华认为陈瑞椿是黄礼镛表弟，理应感念黄礼镛生前知遇之恩，死后照顾遗眷才是，号内账目即使亏空，也该让表嫂明白底细，以免引起误会，怀疑陈瑞椿一手把持，含混账目。张桐华探知黄礼镛为人慷慨，同帮、族亲多受其惠。泰昌号资本以他持股最多，挪用资金也以他为最，黄傅氏既然握有遗嘱，手持合同专程来崎，要求清查账目，股东就应按股稽核，不该借故推延，置之不理。何况陈瑞椿办事有年，阅历丰富，倘若经理商务公正，问心无愧，那么，何须畏惧黄傅氏，不尽速公开账目？依此推理，就令陈瑞椿邀约公正商家与黄傅氏相见，详细厘算账目，俾使原告明了底蕴。①

四、陈瑞椿出面澄清

光绪十七年（1891）四月二十八日陈瑞椿回禀张桐华大人，泰昌号创于同治二年（1863年）②，起初是叔父陈达明与表兄黄礼镛经理，1865年陈达明病故，改由黄礼镛、萧廷钦经理。1872年黄礼镛到上海设店，长崎泰昌号业务难以兼顾，故委托萧廷钦主持，自己居副帮办。期间如果回乡探亲，便以轮替方式经营店务。然而，黄傅氏控告陈瑞椿各节，认定店务全由他一人经手，此与事实不符。陈瑞椿澄清，泰昌号股本之中，黄礼镛占40%，萧用记、沈佛信二人抽出一股半，店内开销均从公款支付，各项账目进出都有凭证，不容黄傅氏据为己有。又谓，泰昌号营业多年，往来客户甚多，人欠欠人颇称繁集，倘若此时彻底清查，势必账目毕露，引起欠人者纷纷挤着来追，人欠者反倒不易收回的苦境，况且股东挪用最巨者也是黄礼镛，鉴于清账攸关大局至甚，故请张大人允许，等待股东全数到齐再作核查。③

① 陈德修：《簿书鞅掌》，辛卯年（1891）手抄本。
② 据账簿记载，泰昌号创于同治元年（1862），见《长崎华商泰昌号账簿：在本结簿》，壬戌年（1862）。
③ 《长崎华商泰昌号账簿：一本万利》，乙亥年（1875）；陈德修：《簿书鞅掌》，辛卯年（1891）手抄文书。

五、展延清账期限

尽管陈瑞椿提出推迟核账的要求,但黄傅氏坚持已见,一再催促理事官清查,张桐华不耐其烦,限定陈瑞椿三日内交出泰昌号账册。陈瑞椿回禀,泰昌号已让司账庄丙南整理账簿,惟各埠往来账项繁多,仓促间无法清理完毕,加以当事人萧廷钦来信通知,近日也将抵达长崎,因此恳请大人谅察,准予展延半个月。光绪十七年(1891)五月十三日张桐华批复:

> 据禀展限各节,实属有心延宕,谕令该号结账,迄今月余,未见司账人等,岂竟置若罔闻,况该董事为积年经手之人,责无旁贷,即萧廷钦已到,亦不得藉端推诿。至账目总以现在经手及司账人为凭,股东不过按股稽核摊派,双方争持,尤当从速总晰纲领,缕分条目,延公正人眼同核算,彼此自释嫌疑。该董事固执己见,一味拖延,显系经手多年,此中保无有不实不尽之弊。兹特从宽以七天限期,无论萧廷钦等到与未到,赶将账目仍遵前批,与傅氏妥为结算,倘仍任意藉端延宕,诚属有心抗违,立即提讯研究,并将该号积年账簿及司账人等传提到案,以凭核办。①

即谓同意宽限七天,但陈瑞椿认为时日太短执行仍有困难,遂于五月二十三日再度陈情。陈瑞椿云,泰昌号发展迄今已有二十九年历史,创业之初是由大股东黄礼铺及陈达明担任经理,光绪元年(1875)黄礼铺为扩展通商点,自赴上海创业,开设祥泰号,将泰昌号交付萧廷钦经理,陈瑞椿从旁辅助。1888年冬,萧廷钦有事返乡,委托陈瑞椿执掌店务。陈瑞椿强调,泰昌号财力雄厚,虽说有一万元资本,但各股东早已挪用过额,其中黄礼铺营运上海店亏损最巨,周转头寸尤其频繁。上海祥泰号乃黄礼铺私设,黄礼铺商借挪款,萧廷钦、陈瑞椿念他是泰昌号内大股东,且祥泰与泰昌两号声气相通,商业往来密切,为了顾全大局,总是替他设法调度银根。岂料,祥泰号亏空越陷越深,终致步入关门境地。经陈瑞椿盘点结算,祥泰号银行利息归泰昌号垫赔,其他挪用账项归黄礼铺股东名下。陈瑞椿顾及泰昌号经营有年,号内资本已经空虚,倘若一旦清算,宣告停业十分可惜,鉴于各股东皆知号内底细,愿意共渡难关,让资金缺口留待日后徐徐弥补,所以1884年黄礼铺

---

① 陈德修:《簿书軄掌》,辛卯年(1891)手抄本。

去世,黄傅氏要求汇款之际,陈瑞椿仍然勉强支应,汇寄少许。

直到前年(1889)黄何氏着黄礼训(黄礼镛堂弟,1834—1890)[1]来告:"傅氏在籍席卷典股逃居海上,切嘱本号不可付伊之项。"陈瑞椿得此信息,时值景气低迷,营业出现赤字,因而中止给付。不料,陈瑞椿停止汇款年余,招致黄傅氏误解,挟怨提告,迫他迅速清账还钱。

陈瑞椿表明,泰昌号资本早已透支,如将账目摊开进行清理,则不免人欠者一时难以讨回,欠人者反被人追索不止,影响大局至甚。鉴此,除禀报大人延缓清查账目外,另拍电报催促萧廷钦尽早渡日,以免丑事外扬。岂知黄傅氏仗恃讼师能说善辩,挟同寇从仁为护身符,寇某也不明就里,竟于公堂大肆咆哮,讨账急于星火。[2]

六、黄傅氏清查账册

辛卯年(1891)五月二十七日陈瑞椿请长崎华商代表聚集八闽会所开会,会中报告泰昌号营业概况,并缴呈戊子年(1888)起由他经手的四年账簿。

首先,六月二日黄傅氏、寇从仁查阅泰昌号三十六本账簿附黏单据,发现"置产"一项记载:

> 新地房屋四幢,承租户名施静斋、叶可殿、忠和皮箱店(租二幢)。
>
> 广马场一番、二番、三番,房屋三幢。
>
> 新地砖栈二幢,承租户德泰号。
>
> 泰昌号自用店屋、栈房数间。

指出泰昌号有房屋十余间,每年房租收入 3000 余日元,经扣除地税、修缮费,及乙亥年(1875)至丙戌年(1886)十二年房租未列外,统计陈瑞椿共侵黄傅氏租金 13000 余日元。

其次,浮账一项,讼师寇从仁指陈,上海祥泰号倒闭,亏损 6000 余日元,黄礼镛认亏 3000 日元已于 1880 年注销,其余亏损应该分派股东公摊,但 1886 年黄礼镛名下重复列入,共计支出 3000 余日元。

再次,呆账方面,黄傅氏指出:乙亥年(1875)泰昌永记公司 2901.709 日

---

① 张璋全编辑:《英坑黄氏族谱初版》,第 20 页。

② 陈德修:《簿书鞅掌》,辛卯年(1891)手抄本。

元、壬午年（1882）日高名下 505.182 日元、癸未年（1883）慎德项目1537.539日元、庚辰年（1880）安吉名下 454.652 日元，这四笔账均列黄礼镛支用，共计支出 5000 余日元。

黄傅氏指控陈瑞椿侵吞黄礼镛上述利益二万余日元。另有十二年零散账尚未查核，倘若结算，迄庚寅年（1890）底为止，本利共存 23000 余日元，泰昌号股数总共八股半，黄礼镛占四股，应分配一万余日元，扣除支用数千日元，尚有留存一万数千日元。除此之外，黄礼镛名下购置栈房五间，均存泰昌号内，每年栈房租金 200 余日元，此款历久也未曾结付。综上账条，黄傅氏叩求张大人明察，从严追讨押缴。[1]

七、商帮共同查账

针对原告指摘历历，张桐华没有全盘采纳，为求公正判决起见，辛卯年（1891）六月三日裁示如下：

> 德泰等众商号知悉，照得泰昌号与傅氏轇轕账目一案，……缘黄礼镛合股创立泰昌资本较多，为人亦复慷慨好义，里党戚族咸受其惠，至今称之，临殁以合同检授傅氏，令守遗业而抚遗孤，亦属天理人情之顺，本理事访闻既确，尔众商应无不周知。陈（瑞椿）董事既系积年经手之人，理当于黄礼镛殁后，无论号内盈亏，逐年将红账开寄，并随时酌量接济，庶死生均知衔感，傅氏亦何至跋涉来崎兴讼。既经禀控清查，理应将逐年结总开出清单，与傅氏当面指驳抵算，彼此了然，各无疑议，……为此，谕仰众商号定期邀集同人或赴公所或就近在泰昌号，令陈瑞椿并司账人将详细账目逐款与傅氏当面驳抵算结明晰，双方须平心静气，听凭中证剖决，毋许负气争诟，庶几眉目可清禀复前来，以凭讯断。尔众商详核账目自系熟练，且近在同帮深知底细，所宜苦口尽心秉公调处无负委任。[2]

据此，六月十日广东商帮董事冯镜如与商号永同孚、万昌和、三江商帮董事张政和，福建商帮诸商与泰昌号经理陈瑞椿、账房庄丙南、黄傅氏及其代理人寇从仁、姜星轩等先后抵达八闽会馆，一同清查账册。经详细查阅，

---

① 陈德修：《簿书鞅掌》，辛卯年（1891）手抄本。
② 陈德修：《簿书鞅掌》，辛卯年（1891）手抄本。

发现金额最巨者为"屋业"与"庆泰过账"两条。

所谓"屋业"，意指泰昌号本无余银可以购置不动产，乃先挪用别款陆续购置，然后对外出租，以租金来扣抵还账。屋业设有"置产"专户，截止到丙戌年（1886）底，除了偿还买房价钱外，还剩 2800 多日元。不过，1886 年有股东承购夹板船及煤矿，因折损本钱 3000 多日元，故将余款并拉他款抵销。要言之，置产相关收支皆有簿据可查，屋业账条应属确凿无疑。

"庆泰过账"方面，陈瑞椿解释，过账在前，非他经手，需待萧廷钦到崎之后面质方知。陈瑞椿强调，泰昌号所有账项都循规蹈矩，并无弊端可摘。惟，历年存本结至去年（1890）年底为止，虽号称有 22300 余日元之额，实际上各股东已经挪用一空，及欠人人欠等项尚未扣除，是以，所谓营业盈余 22300 余日元，只不过是纸上风光而已。[1]

八、傅攀杏提告

意外的是，光绪十七年（1891）六月十四日住居广马场十五号的傅攀杏（黄傅氏兄）、傅福田（傅攀杏堂弟）来到理事府，突然控告陈瑞椿侵吞租金，要求张大人主持公道。傅攀杏云：

> 窃身父傅心斋前在长崎采办铜斤事务，嗣因洋船失事，于同治年间在泰昌行内为外埠坐庄客，往来天津一带向无贻误，亦无亏空等情。于癸酉年在长崎广马场第六番地租地一幢，每年地租洋五元七角六分，盖房一间一厦自己居住。光绪元年十月份全家回华之时，租人居住，每月房租金三元五角，其地基簿契据一本即存泰昌行内铁柜内，租金即托泰昌代收。不料，陈国樑（陈瑞椿）心怀不轨，身屡函问租金，均不裁答。嗣于光绪十四年正月十一夜，该房被火，陈国樑亦不知会，肆行翻盖租人，有意夺人血产，昧吃租金。自光绪二年起十四年止，照初时算租金每年 42 元，共计 462 元。光绪十四年起十七年止，租金每年算金 60 元，共计金 180 元，除地租十五年，共洋 86.4 元，总共吞吃租金 555.6 元正。身不得已叩求宪台作主，饬传陈国樑到案，追缴地基簿契据，并偿吞吃租金以恤商民，则荷鸿恩无尽矣。[2]

---

① 陈德修：《簿书鞅掌》，辛卯年（1891）手抄本。
② 陈德修：《簿书鞅掌》，辛卯年（1891）手抄本。

傅攀杏的父亲傅心斋,福建省同安县(今属厦门市)人,1823年生,1850年左右随父(傅淇水)采办日本铜,后因洋船失事,借居泰昌号,改以客商名义发展天津、长崎间土特产进出口贸易。傅心斋有三个儿子,傅攀杏排行三男,俗名三官、三使,1847年生,1866年到泰昌号就业,1869年出任报关员一职。[①]

针对傅攀杏、傅福田的控诉,光绪十七年(1891)六月十五日张桐华传唤泰昌号司账,要他将商号外欠内存及各股东挪用款项,连同购置房产年月、价值、租金等,逐一开列清单呈进禀告,不容迁延含混。又,"庆泰过账"项目,张桐华要萧廷钦来崎之后,立即公同诘问清楚,两案一并禀复。

六月二十二日黄傅氏向理事府递状,哭诉来崎旅费全靠借贷,迄今为止,审讯已过三余月,生活陷入困境,请求张大人体恤下情,从速判决。第二天,张桐华传谕广东、三江、福建三帮商家公同复查,核对陈瑞椿经手之账有无错误。[②]

九、陈瑞椿反驳

辛卯年(1891)七月九日陈瑞椿为黄傅氏、傅攀杏、傅福田告他霸吞屋产一案,答辩如下:

> 泰昌号有广马场第六番市房一间,其源确来自傅心斋之手。缘同治己巳年,心斋结欠号中金99.537圆,甲戌年又借去136.655圆。同年其子三官,即攀杏亦结欠179.526圆,共计欠金415.718圆,皆无力偿还。及乙亥年,心斋携眷回沪(上海)之时,原将该房抵偿,并出地基簿交号内收纳。彼时论该房所值不过数十金,盖该屋既敝,租金亦微,奚堪抵此巨款。因念傅姓与黄礼镛股东葭莩亲,犹怜其境况甚窘,姑应允收之,作为号内公业。迄今事越十七年,犹以该房所值之微不敌所欠

① 长崎县立图书馆编:《幕末·明治期における長崎居留地外国人名簿Ⅰ》,第108、213页;长崎县立图书馆编:《幕末·明治期における長崎居留地外国人名簿Ⅱ》,第413页;长崎县立图书馆编:《幕末·明治期における長崎居留地外国人名簿Ⅲ》,第314、461页。泰昌号各伙往来账中,傅三官入账57.03片(日元),见《长崎华商泰昌号账簿:堆金积玉》,戊辰年(1868)。

② 陈德修:《簿书轶掌》,辛卯年(1891)手抄本。

之数，难以对销，故该屋与傅氏欠款两户账中，均以暂悬未为转换，岂知此番因与黄傅氏涉讼，呈出账簿为彼等所见，致其觊觎之心。盖伊等乃一气贯通，辄敢以霸吞捏词诬陷。窃思傅氏如果非以该房抵欠，则板（攀）杏岂待十七年后始为饶舌。但该房抵欠当时，原为通容（融）情面，今板（攀）杏既欲收回该房，只望将所欠本息照数核算归还，（陈某）当历年所收取租金对算，俟其找缴清楚，即将该房与还，两无轇轕。惟置情理而不论，恃其健讼笔刀，突然启衅玩法，刁狡莫斯为甚。[①]

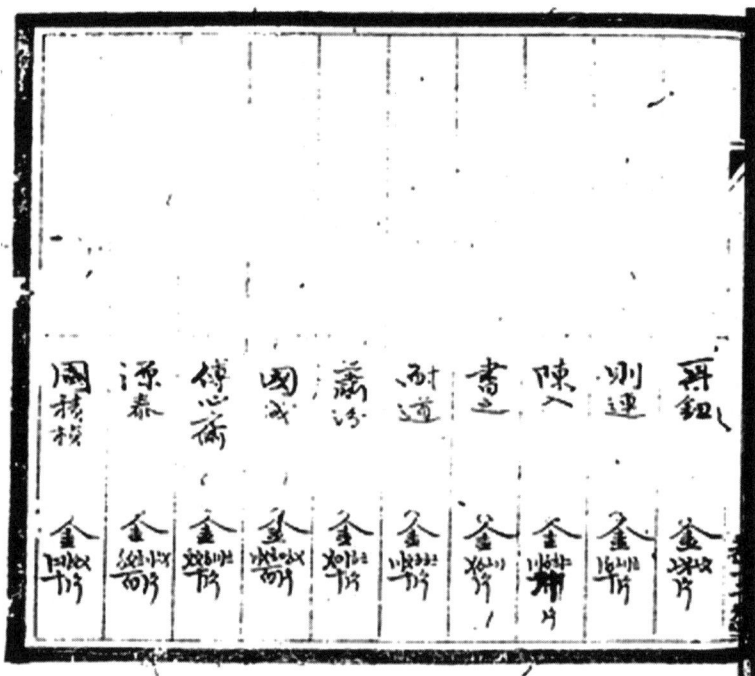

图 1-4-6　泰昌号账簿记载傅心斋欠 99.537 片（左列第 3 条）

资料来源：《长崎华商泰昌号账簿：堆金积玉》，己巳年（1869）。

图 1-4-6 账簿记载，1869 年傅心斋欠泰昌号 99.537 日元，此条加上后续几笔欠款，总共积欠 415.718 日元。1875 年傅氏家族返国，无力偿还，泰昌号顾念傅心斋与黄礼镛有姻亲关系，同意欠债用广马场六号房产抵偿，此事经过十七年傅家从未表示异议，如今告他霸占屋产，实在居心叵测。陈瑞

---

　　① 陈德修：《簿书鞅掌》，辛卯年（1891）手抄本。

椿恳请官宪邀集众商、泰昌号股东及黄傅氏一同查账,还他公道。众商认为言之有理,咸表赞同,遂订七月十日午后二点于八闽会所集合,再度核查账册。陈瑞椿深恐只请福建帮协同查账,会让人有乡帮偏袒己方之嫌,无法尽善周全,故请张大人另传三江帮、广东帮商家共同参与核账工作。

十、众商评议

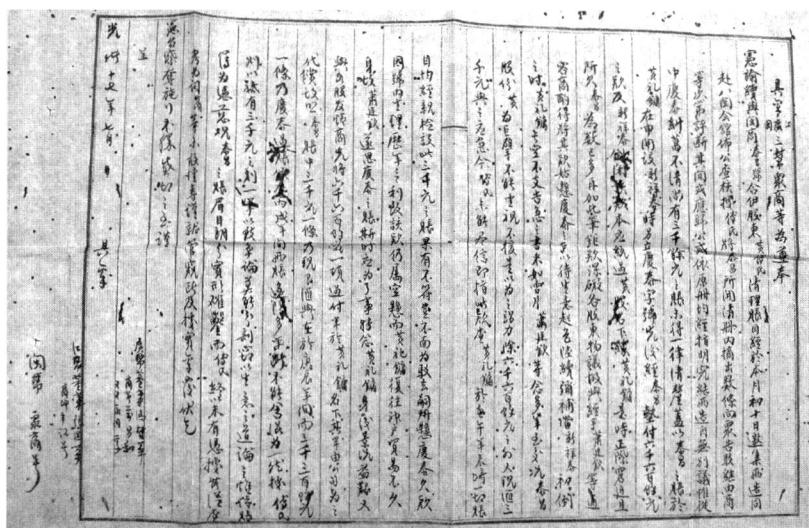

图 1-4-7 长崎华商禀覆理事官信函

　　辛卯年(1891)七月十日、十六日各帮商家齐集八闽会所。起初,黄傅氏摘列数条盘诘众商,众商都一一评断解说分明,三帮代表禀报泰昌号账目"眉目朗分,实形确凿"(见图 1-4-7)。惟泰昌号汇付黄礼铺 3000 日元一项,账簿有记载,但黄傅氏以此款项没有汇寄凭证,不肯承认。另,黄礼铺出资五股,萧仰斋出资十股,陈瑞椿出资二股,三人合购栈屋十七间,黄礼铺应得五间,众商建议拈阄分派,以示公平。黄傅氏、陈瑞椿赞成,事后黄傅氏却突然变卦,不肯阄分。讼师寇从仁临时提议,先将应得半年租金交给黄傅氏使用,栈屋方面,待日后与泰昌号账目一起统计照分。双方协调未果,礼铺元配黄何氏赶到会场阻止,声称亡夫产业应归她来继承。萧仰斋见二妇争吵不休,互不相让,便向黄何氏解释,泰号先前许诺黄傅氏的租金,已经列入账目不能不给,经婉言劝说良久,才算平息了一场争产纠纷。

另,傅攀杏、傅福田控告陈瑞椿霸产吞租一案,经众商调查,发现傅攀杏父子先后借欠泰昌号 400 余日元,傅心斋返乡之际,因无钱偿债,只将房屋抵还,斯时该屋价格很低,陈瑞椿顾念旧交,并未追讨。如今傅氏兄弟欲讨回房屋,众商愿意联署为证,允诺他们若将本息算还前欠,便让泰昌号核算租金,归还房屋。[①]

十一、最终判决

辛卯年(1891)七月二十一日午后二点,长崎理事府传谕原告、被告到案听候判决。讵料原告销声匿迹,没有出庭。1892 年二月二十八日,本案裁判文(见图 1-4-8)记述:

> 奏派驻札长崎正理事府张(张桐华)为批判事。照得黄傅氏控追泰昌号司事陈国樑清算账目一案,迭经谕令闽商在八闽会所公同查核,嗣由众商再三覆算,据陈国樑及司账人庄丙(炳)南呈出各账,当众指晰,尚无蒙混之情,公覆在案。嗣因黄傅氏疑各账尚有不实,领去历年各账簿自行覆算,致案悬多日。现在傅氏又擅离长崎,并不听候传讯,业经展限三次,仍不投案,实属有心延宕,应即照例先行断结。
>
> 查此案泰昌账目经在八闽会所公同查核,虽无浮冒,惟陈国樑、萧廷钦二人于黄礼镛殁后未照(会)孤儿寡妇,不即将账目虚实详细告知,以致酿成讼累,实属咎由自取。今依众商所论,从重断令陈国樑、萧廷钦二人抽还股份本利银一千元,另津贴序赞账银一千元,共成二千元,归黄礼镛名下所得,以示薄惩而恤孤寡。其泰昌所欠外款与现存房屋账目等项,及生意或开或歇,均归陈国樑、萧廷钦二人料理清楚,以后泰昌生意盈亏与黄礼镛名下无涉,着即将该项缴案给示悬挂,以清讼藤。黄傅氏既匿不到案已逾三限,其前所控各节应作情虚畏审,所领去历年各账簿,及收存黄礼镛名下泰昌号合同契据一件,均应断为废纸,如有棍徒执持讹诈,许陈国樑、萧廷钦指名秉控可也。此判。[②]

可知大清驻崎理事官张桐华为使本案水落石出,真相大白,不仅让熟悉

---

① 陈德修:《簿书鞅掌》,辛卯年(1891)手抄本。
② 陈德修:《簿书鞅掌》,辛卯年(1891)手抄本。

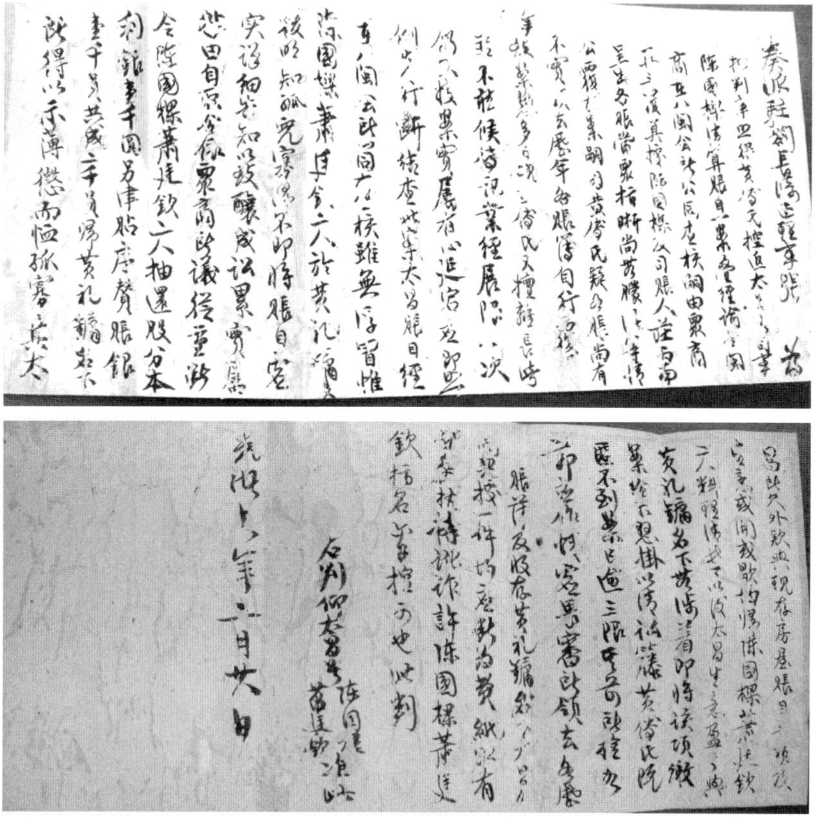

图 1-4-8　大清驻长崎理事官判决书

账务的福建、三江、广东三帮商户代表出面,协助原告、被告一起查账,还让原告当面质问,被告直接辩驳。张桐华要众商公同核账,重视人证、物证的办案过程,堪称执法公正客观、方法缜密周全。

结　　语

　　综上所述,1891 年黄礼镛遗媚黄傅氏控诉陈瑞椿一案,可知陈瑞椿经手泰昌号账目条条清楚,并无任何蒙混侵占股利情事。而张桐华虽洗刷了被告冤情,但认为陈瑞椿、萧仰斋在黄礼镛死后,未将账目虚实告诉黄傅氏,引起一场轩然风波,亦属怠忽职责,咎由自取。为此,裁罚陈、萧两人2000日元,以资抚恤孤寡。

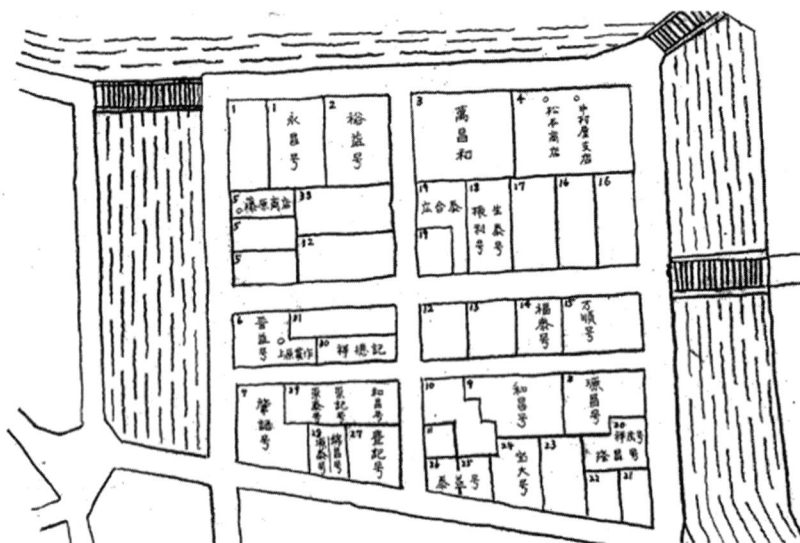

图 1-4-9　长崎新地町 25 号、26 号泰益号位置图

资料来源:引自《长崎上海—番地入地图》(陈东华先生重制)。

图 1-4-10　长崎华商泰益号商业账簿

(长崎历史文化博物馆典藏)

反观原告,黄傅氏将账簿取走自行复核后,也许出于自己控告不实,颇失颜面;滞留长崎太久,生活负担沉重;畏惧陈、萧反控"诬告"、"诽谤名誉罪"等多重因素的考虑,所以没有出庭,悄然返国。由此推论,理事署划归黄礼铺名下的 2000 日元罚金,可能是由黄礼铺另一遗孀黄何氏领取。[①]

陈瑞椿、萧仰斋损失一笔讼事钱财后,并未丧失斗志,1892 年两人重整旗鼓,积极地推展泰昌号商贸活动。遗憾的是,1899 年萧仰斋病故,泰昌号丧失一翼,业绩明显地下降。1901 年夏,泰昌号缴纳福建会馆厘金极少,仅仅 15.548 日元而已。1901 年秋,泰昌号闭门歇业,陈瑞椿父子独资创立"泰益号",从此开始,揭开了陈氏家族在近代长崎华商史中崭新的历史篇章[②](见图 1-4-9、图 1-4-10)。

---

① 陈德修:《簿书轶掌》,辛卯年(1891)手抄本。
② 泰昌号 1892—1901 年缴纳会馆厘金变化,参见山冈由佳:《長崎華商経営の史的研究——近代中国商人の経営と帳簿》,京都:ミネルヴァ書房,1995 年,第 182～187 页。

下　编

在地扎根（1901—1940）

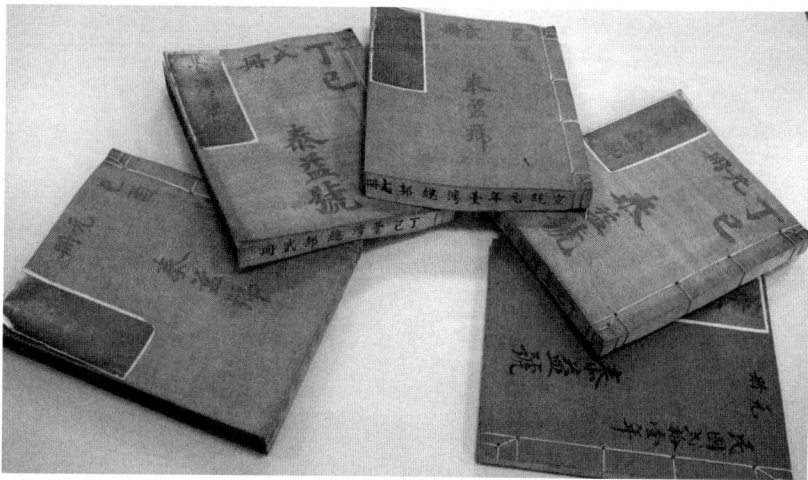

长崎华商泰益号商业账簿

第五章

商业生活

在计算机、文书处理机尚未问世的时代,华商每天将经营中所发生的经济活动,以"苏州数码"〡、〢、〣、乂、〵、亠、〧、〨、夂、0代替"汉字数码"一、二、三、四、五、六、七、八、九、〇,将账项依照性质差别,区分为"收"、"付"、"存"、"除"四类,此一记录、计算庞杂数字准确的能力,是得益于商家代代相传的记账文化,和日积月累的学习功夫。①

现存泰益号账簿始自 1901 年,终于 1939 年,页面印有一定的格式,封面多覆以蓝色绸布纸,上面标记名称与订立时间,结构是以"三账"为基础(见图 2-5-1)。三账包括"原始记入簿"、"转记账簿"、"决算账簿"三种,主要记录资本结构、借贷、商品交易、固定资产等变化。

值得留意的是,"转记账簿"汇集了《各费总簿》、《万商云集》、《万宝朝宗》、《银行总簿》四种。其中,《各费总簿》是探索泰益号成员金钱流动方向的重要线索。

有关泰益号账簿的研究,迄今为止,当以山冈由佳(许紫芬)《长崎华商经营史的研究——近代中国商人的经营与账簿》一书最具代表性。不过,比较遗憾的是,山冈由佳的著作并未利用"转记账簿"探讨泰益号陈氏家族的商业生活。② 本章为拓展研究议题,主要利用《各费总簿》账目,以泰益号经营高峰期 1917 年为例,针对泰益号的社交网络、陈世望父子的长崎家庭生活、陈世望的金门家乡生活、陈世科〗的商业生活等项,作一深入的分析。

---

① "收"、"付"、"存"、"除"是中国复式记账法,俗称"龙门账",有关其起源,参见李锦彰:《晋商老账》,北京:中华书局,2012 年,第 42～54 页。

② 山冈由佳:《長崎華商経営の史的研究——近代中国商人の経営と帳簿》,京都:ミネルヴァ書房,1995 年,第 29～28、89～134 页。

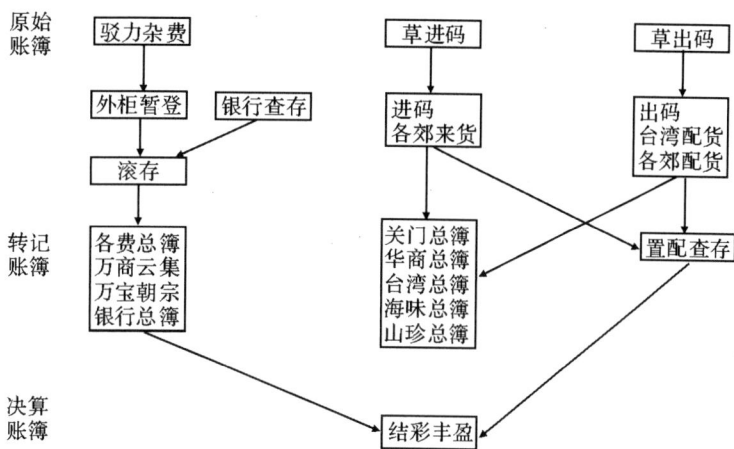

图 2-5-1　泰益号账簿结构

资料来源:据山冈由佳:《长崎华商经营史的研究——近代中国商人的经营与账簿》,京都:ミネルヴァ書房,1995 年,第 103 页重制。

一、泰益号的社交网络

20 世纪前半叶长崎华商行号中,泰益号是家声誉崇高的家族企业。泰益号第一代店主陈发兴(字瑞椿,号国樑),26 岁赴日经商,1903 年 63 岁返乡养老,1908 年农历二月病故,享年 68 岁。1908 年农历三月长崎华商预定举办一个告别式,缅怀陈瑞椿在日 37 年对推展中日贸易及领导福建会馆的贡献。商帮代表于祭奠传单上记载:

> 启者福建帮前任董事诰授奉政大夫陈公国樑先生于二月廿一日酉时在籍寿终,其哲嗣世望、世科君经商东瀛,一时不能奔丧,特于五月三十日午前为先生百日之期,谨于福济寺延僧诵经设像举哀。达(潘达初)等追溯芳徽,缅怀硕德,洵不愧淑人之誉,乃无愧长者之称,凡我戚世乡谊,悼哲人之既萎,念惠泽之犹存,理宜虔备香楮,躬诣祭奠,届期惠临,勿速是荷。

> 长崎梁肇三、苏道生、沈炽昌、潘达初、孙世忠、缪玉庭、黄聪明、范

茂桐同启①

长崎华商五月三十日在福济寺延僧诵经礼忏，设像祭奠。告别式当天，前来哀悼者甚多，有关各界致赠挽联、祭轴、素烛锡箔、奠仪情形，兹将物品内容及名录罗列于后。

长崎商业银行，送白纺绸挽联一对："内政外交合中东权衡两尽，骈作子述贤乔梓经济齐名。"

沈炽昌、潘达初、缪玉庭，合送蓝呢祭轴一幅："山颓木坏。"合送湖色缎挽联一对："倪孙后福，琼浦创宏规，方期椿树长荣多享；苫块余哀，珂乡推硕德，不料杏花初放顿深。"

升昌裕、丰记号，合送湖色挽联一对："惠泽，溯浮海来崎，稔知兴利三帮同沾；人琴，奈归田养老，何遽置身千古遥想。"

林金雀、林芝英、徐君调、徐文泉、张加铄，合送蓝摹本缎祭轴一幅："福寿全归。"

周清任、陈华岳、鲍演照、邬友栋、曾宗敏、毛作稣，合送日本花缎祭轴一幅、日本花缎挽联一对。祭幛："福禄全归。"挽联："蚤岁见机，优养林泉娱晚福，数十年董治商权看望孚桑枝秀挺桂兰还羡；霎时闻讣，呼号海国吊英灵，千万里睽违道范正秋水溯洄暮云悬结不图。"

恒丰号、广丰号、同记号，合送日本花缎祭轴一幅、挽联一对、素烛一对。祭幛："高山仰止。"

李九把、魏世美、孙广谨、方振椿、黄信相，合送蓝摹本缎祭轴一对："德高望重"。

林文吉、林祥瑞、梁丕焕、黄朝宗、陈宗敏、陈启亭、翁章典、宋子铭，合送蓝摹本缎祭幛一幅："齿德并尊。"

庆记号、振隆号、茂隆号、益隆号、福泰号、第一楼、赠记号、生泰号、公大号、张加松，合送蓝摹本缎祭轴一对。祭幛："寿登蓬岛。"

邮船会社东条三郎、裕昌张济庆，合送蓝呢祭幛一对、清香玉烛。祭幛："千古遗风。"

镰田昌一，送红绉纱无字联对。

李杏芳、柯锡光、张序笙、胡酉山、丁芳策，合送白绸联对一付、香烛、面

---

① 《颍川陈府丧纪》，光绪三十四年(1908)。

饱（面包）。挽联:"兰言盈吾耳,忆昔年任事三帮敬业乐群犹觉;蓬岛吊英林,痛此别竟成千古瓣香束帛忍瞻。"

倪鹤青、俞子常、王京文,合送湖色日本缎挽联一对、清香素烛。挽联:"大雅云亡梁木坏,老成凋丧泰山颓。"

三山号、四海楼、崇记号、林乾仕,合送日本花缎祭轴一对:"骑鹤西归。"

东昌豫号(来自上海)、苏本立、叶逯,合送日本绉纱祭轴一幅:"急公好义。"

船本万次郎、林熊八郎、中岛荣三、福地定吉、松本库治、田中吉次郎、的野嘉代二、川崎真五郎、针尾伊七郎,合送日本花缎祭幛一对:"五福全归。"

永生隆、裕和盛、厚祯祥、新其昌、德昌义、延寿堂,合送金浆摹本缎祭轴一幅:"千古遗风。"

德岛德藏、矶部保藏、黑濑民藏、永见丰次郎、志满谷竹三、前川末次郎、柳仁平、稻松幸太郎、千千岩爱吉、金子辛太郎、尾谷利三郎、近藤常藏,合送日本花缎祭幛一幅:"德厚传香。"

上海李兰生、上海郑光廷,合送蓝呢祭幛一幅:"福寿全归。"

神户苏金泉,送湖色缎祭幛一幅:"哲人其萎。"

长崎长和号,送素烛一对、蓝呢祭幛一幅、清香一束。祭幛:"福寿全归。"

吉林省裕升庆扬俊亭、长崎时中学堂教员孙世忠,合送蓝洋缎祭幛一幅:"耆型硕望。"

福建会馆,送满汉祭菜一席,璧(璧返),蓝缎祭幛一幅:"五福攸归。"

城岛胜助、加藤重奉、入江米吉、林繁松、松尾小十、大和隆七、中村佐八郎、宫川忠三郎、富田直一、大津礼太郎,合送日本花缎祭幛一幅:"五福全归。"

王辉慊、冯斗山、郑其香,合送日本花缎祭幛一幅:"天不慭遗。"

太昌号、宾记号、德泰号,合送蓝缎祭轴一幅:"驾返蓬瀛。"花绸挽联一对:"福寿膺箕畴胡, 旦竟成千古;俭勤遵朱训幸,前徽勿替后人"。

小仓屋,送白花绸无字联对一付。

黄聪明,送湖色缎祭幛一幅:"典型尚在。"送满汉五牲祭菜一席,璧(璧返)。另,赠送乐人吹手全堂。

源昌号苏道生,送祭菜一席。

梁肇三亲翁,送满汉五牲祭菜一席,璧返。

三井银行,送白糖一盒。

正金银行,送素烛一盒。

前田屋,送素烛一盒。

大嶋屋,送素烛一盒。

洪腾安,送五彩糕饼二座。

毛子简,送清香素烛。

倪德忠,送银箔两方。

裕和,送清香玉烛。

长兴号,送清香玉烛。

向井屋,送素烛一盒。

晋大衣店,送清香素烛。

天传,送素烛一对。

稻松元治郎,送素烛一盒。

纶记号,送清香玉烛。

平山浅吉,送仙花(鲜花)。

卢伯琴,送清香素烛锡箔。

陈泽卿嫂,送清香素烛锡箔。

松本武助,长崎贸易商同业组合长,送金二十元。

十八银行,送金八元。

商船会社柿井田,送金五元。

栗冈利吉、肥冢常助,合送金八元。

永记号,送金四元。

中村贤治,送金三元。

港屋,送金二元。

合盛号,送金二元。

太田母,送金二元。

太田芳太郎,送金三元。

神户商业银行向井,送金一元。

北岛松太郎、中尾勘一郎,送金二元。

李续生,送金二元。

高松戈次郎,送金二元。

统计共收祭轴二十二幅、现金六十四元、挽联七对、香烛锡箔不计其数。

此外,尚有:

李鹤延、袁凤龄、李俊漳,合送清香玉烛银箔。

永见丰次郎、北川,合送奠仪四元。

长川喜代太郎,送奠仪二元。

松尾九藏,送素烛十二包。

林熊八郎,送奠仪六元。

青木,送奠仪一元。

梁肇辉、梁诚正(金门梁顺意),合送奠仪十二元。

田代隆七郎,送奠仪二元。

长崎李鹤延、孙世忠、袁凤龄、李俊章、扬俊亭,送祭轴一副。

松尾福三郎,送奠仪金五元。

五月三十日同乡、同业、亲朋好友到福济寺祭拜,名单如下:

> 陈秀峰、周伯伊、沈明久、缪玉庭、潘达初、欧阳仁、倪鹤青、徐君调、苏道生、萧幼斋、张济庆、黄守庸、鲍演昭、周鹤林、范茂桐、梁肇三、林芝英、徐文泉、郑永超、张子华、柯锡光、张加焕、陈天贵、李杏芳、张恒坤、叶尧阶、丁芳菜、施梦记、曾舜俞、孙次韩、邬子松、毛城梅、毛子简、升昌裕(友出席)、宾记号(友出席)、郑其香、永生隆、李续生、厚祯祥、德昌义、扬俊亭、林安庆、三益隆(少东出席)、林祥瑞、林江水、盛隆号、茂隆号、生泰号、三山号、公大号、崇记号、延寿堂、张加松、林兆漳、卢伯琴、四海楼、洪腾安、赠记号、黄朝宗(来自大连)、宋胜庸、翁章典、陈麒麟、曾宗敏、梁肇炎、梁顺来、陈金树、陈启亭、福泰号、林熊八郎、镰田昌一、入江米吉、金子辛太郎、柿井田、北岛松太郎、田代、宫川、志满、福三郎、中村佐八郎、前田、小仓、柳屋、冈本、岩田、江岛、加藤、江口、矶部、尾谷、稻松元三郎、高见松太郎、川原、针尾、德岛、北川之助、川崎、中尾、近藤、播吉田中、千千岩爱吉、稻益、石崎、中岛荣三郎、福地、的野、九藏、大津礼八郎、黑濑、松延、松本武助、永见丰次郎、肥家常助、菊地卷二郎、入来、船本、前川、林商、松本守太郎、高松、中村贤治、李九把、魏世美、孙逸之、黄信相、蔡水湿、陈永宰,共计一百二十七名。

由上祭奠名录可知,泰益号社交网络广泛,交往对象繁多,包括金门家乡亲友、上海同业、大连同业、长崎华商商帮(三江帮、广东帮、福建帮)和长崎在地日商。

向来,"人际关系"是建构"商业网络"的基盘,"商业网络"为商业竞争的利器。陈瑞椿生前积蓄"点多面广"的人脉网，无疑的，对泰益号事业欣欣向荣，贸易网覆盖东北亚与东南亚，起到积极的作用。

二、陈世望父子的长崎家庭生活

陈世望（见图 2-5-2），乳名妈映，1869 年生，1940 年殁，陈瑞椿长男，终身没有加入日本籍，生平重要经历如下：

1903 年 34 岁，继承父业，接任长崎泰益号第二代店主。日本赤十字社正会员。

1905 年 36 岁，日俄战争捐献 100 元，荣获长崎县知事荒川义太郎颁赠木杯一组。

1906 年 37 岁，江苏水灾，捐银 800 两。

图 2-5-2　陈世望佩戴荣誉勋章肖像
（陈东华先生提供）

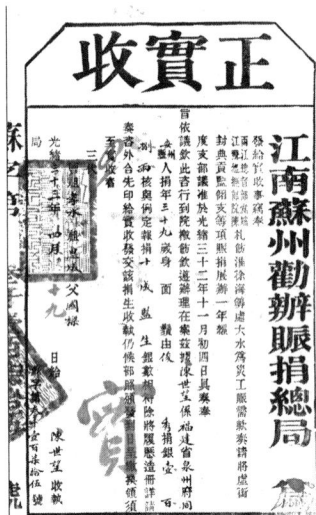

图 2-5-3　陈世望由俊秀捐银 108 两报捐监生单据（陈东华先生提供）

1907 年 38 岁，赈济苏州（上海三余号经手），农历四月报捐监生并加同知职衔（见图 2-5-3、图 2-5-4）。

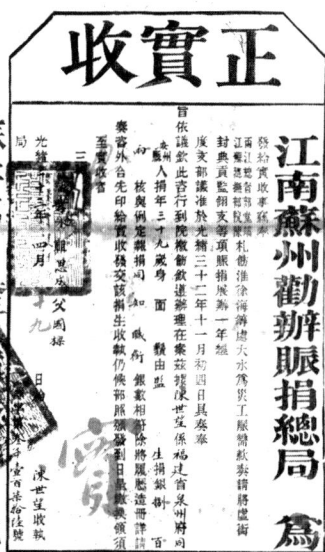

图 2-5-4　陈世望由监生捐银 800 两报捐
同知衔单据（陈东华先生提供）

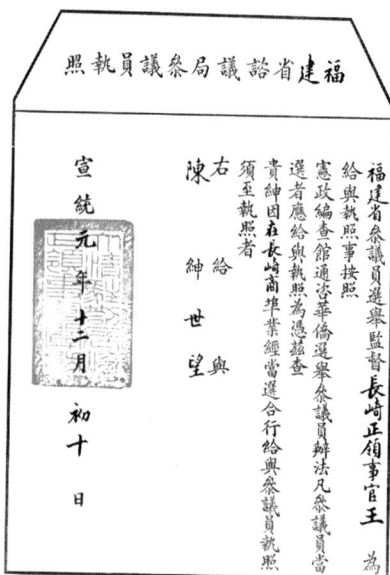

图 2-5-5　陈世望当选福建省咨议局参议
员证书（陈东华先生提供）

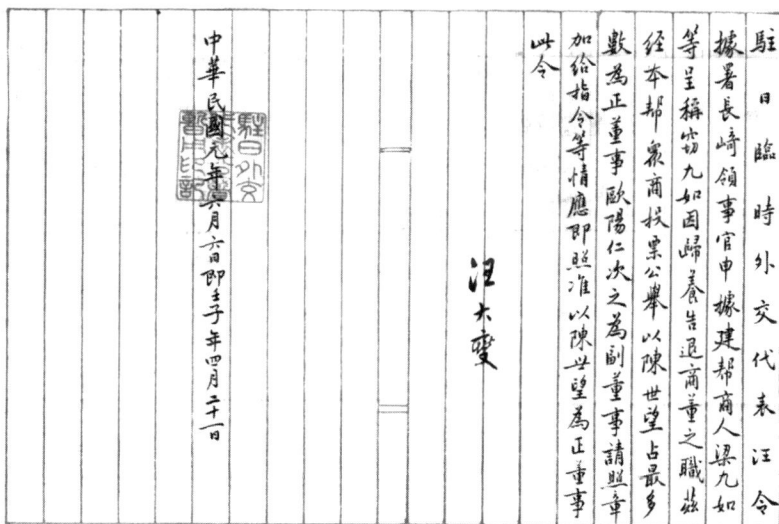

图 2-5-6　陈世望 1912 年担任长崎福建帮正董事证明
（陈东华先生提供）

1908 年 39 岁,清朝派任长崎华商总会协理。

1909 年 40 岁,当选福建省咨议局参议员(见图 2-5-5)。

1910 年 41 岁,当选长崎中华商务总会董事。

1911 年 42 岁,当选长崎福建商帮副董事。

1912 年 43 岁,当选长崎福建商帮正董事(见图 2-5-6)。

1913 年 44 岁,担任中国红十字总会名誉赞助员。

1915 年 46 岁,对中国捐款 500 元,获得公债局总理梁士诒、财政总长周自齐褒奖。

1923 年 54 岁,中国农商部委任长崎中华总商会会长(见图 2-5-7)。担任长崎时中小学(华侨学校)董事。

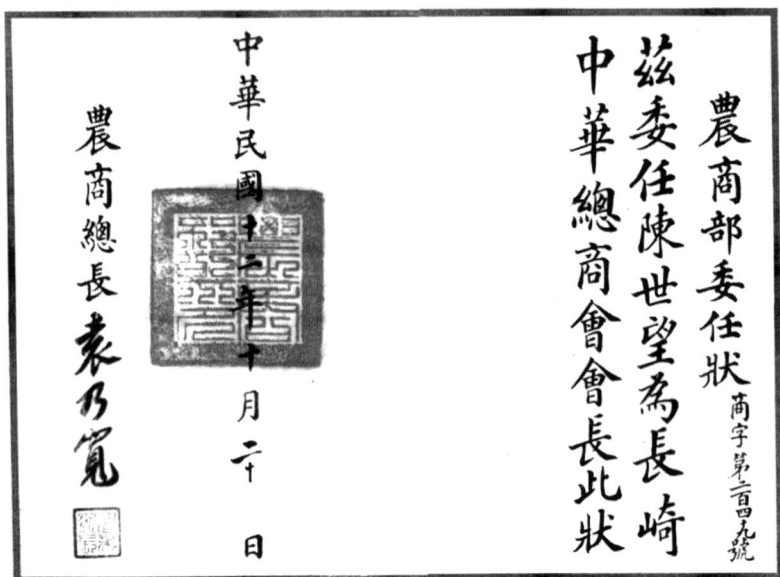

图 2-5-7 陈世望荣任长崎中华总商会会长

(陈东华先生提供)

1924 年 55 岁,担任中华学艺社第一回捐赠委员会委员。旅日华商阪神特别队名誉副队长。[1]

有关陈世望的长崎生活,并无具体完整的史料记录。尽管如此,如由《各费总簿》及若干私人信函里,仍可重建其历史图像。

《各费总簿》为泰益号员工的收支流水账,账目包括福食、辛金(薪资)、杂费、家用、购置器物、房租等费。

所谓"福食",是指泰益号员工的伙食费、一名厨师和一名帮佣工资。厨师、帮佣主要来自金门,厨师月薪1913年5元,1917年6元,帮佣月薪3元,逢年过节各有一个红包。福食之中,菜钱每隔十天结算一次,米钱每月结算一次。

福食经费来自泰益号营业收入,历年开销以1911年最低,约占各费支出总额的2%,1924年最高,约占各费支出总额的12%,年平均来说,福食约占各费支出总额的5.6%。[2]

值得一提的是,店主为使员工不乱花钱,将积蓄汇回家乡,保管了员工的薪资。员工所需衣服鞋袜、剃头、日用品,均从个人薪资中扣除。员工三餐共食时间约在早上八点、中午十二点半、晚上六点半。店主一家用餐时间约在早上六点半、中午十二点、晚上六点。书记每晚整理、登记账目,从字迹来看,不同时期担任写信、记账的有孙逸之、宋胜庸、董运筹、陈金钟、曾秀峰。[3]

在长崎,陈世望有八间不动产,分别位于新地町八番地(指门牌号码,以下同)、九番地、十二番地、二十四番地、二十五番地、二十六番地(仓库)、二十九番地(仓库),及广马场六番地。[4]泰益号店面设于新地町二十五番地,是一栋二层木料结构房子,一楼营业,二楼住家,自用仓库设在新地町二十

---

① 山冈由佳:《長崎華商経営の史的研究——近代中国商人の経営と帳簿》,第33页;《长崎华商泰益号账簿:各费总簿》,丁未年(1907)映记(陈妈映)项目;"江南苏州劝办赈捐总局",光绪三十三年(1907);"驻沪江南苏州赈捐局",光绪三十三年(1907);"农工商部为札委事案",光绪三十四年(1908)。(长崎福建会馆理事长陈东华先生收藏。)

② 《长崎华商泰益号账簿:各费总簿》,癸丑年(1913)、丁巳年(1917);山冈由佳:《長崎華商経営の史的研究——近代中国商人の経営と帳簿》,第174~175页。

③ 《长崎华商泰益号账簿:各费总簿》,癸丑年(1913)、丁巳年(1917);笔者访问陈团治女士(陈世望孙女,1917年生)记录,2009年7月31日于高雄陈苏玉女士宅;《长崎华商泰益号账簿:各费总簿》,丁巳年(1917)。

④ 山冈由佳:《長崎華商経営の史的研究——近代中国商人の経営と帳簿》,第56~57、178页。

六番地。其他不动产有一间充当员工宿舍,有一间租给店员(魏世美家族),剩余四间出租给华商及日本人。1941—1945年太平洋战争时期,长崎华商贸易活动萎缩,斯时泰益号是靠房租收入维持生计[①](见图2-5-8)。

图2-5-8 泰益号第三代在店号前留影

(1959年拍摄,陈东华先生提供)

"杂费"反映店主日常生活与活动样貌,经费来自营业收入。历年杂费以1909年开支最低,约占各费总支出的8%,1927年花费最高,约占各费总支出的39.65%,从年平均来看,杂费开销约占各费总支出的19%。[②]

杂费项目庞杂,支出包括:水电燃料费、赠礼、宴请宾客、红白事、年中祭祀与节庆、店主零用、店号购物、店主社交开支、慈善捐款及其他,共计十项。如表2-5-1显示,丁巳年(1917)杂支金额里,购物1265.9元,约占支出总额的23.1%,消费居冠。店主零用1184.5元,约占开支总额的21.6%,消费居次,宴请宾客1029.6元,约占支出总额的18.7%,排列第三。

"人情义理"、"礼尚往来"是中国人、日本人联络感情,建立人际关系的重要元素。如表2-5-1所见,泰益号店主陈世望交际广、应酬多,社交活动相当频繁。进一步说,1917年赠礼59次花费847元、宴请宾客44次开销1029.6元、红白帖21次支出111.8元、祭祀节庆8次花费123.8元、文教活

---

① 笔者访问陈团治女士记录,2009年7月31日于高雄陈苏玉女士宅。

② 《长崎华商泰益号账簿:各费总簿》,丁巳年(1917)。

动 33 次开销 206 元、公益捐款 11 次开销 117 元,以上社交频率共计 135
次,支出 2435.2 元,约占全年消费总额 5488.6 元的 44.3%。

表 2-5-1　泰益号日常生活消费结构(1917)

单位:日元

类别	水电燃料	赠礼	宴请宾客	贺礼奠仪	祭祀节庆	店主另用	购买物品	文化教育	慈善捐助	其他
次数	40	59	44	21	8	51	65	33	11	6
金额	446.5	847	1029.6	111.8	123.8	1184.5	1265.9	206	117	156.5
占消费总额的比重	8.1%	15.4%	18.7%	2%	2.3%	21.6%	23.1%	3.8%	2.1%	2.9%

资料来源:据《长崎华商泰益号账簿·各费总簿》,丁巳年(1917)杂费账目制作。

有关陈世望的生活内容,1917 年《各费总簿》杂费账目记载:

[账簿上栏]

三月十日收,神户泰益号送源昌号、德泰号礼,来金 12 元。

[账簿下栏]

元月初四、初九付,五牲(猪羊鸡鸭鱼)、三牲(猪鸡鱼),24 元。(初
四接财神,初九拜天公。)

元月初四日付,高木(高木义贵,高木银行行长,以下同)送友鱿鱼
4.5 斤、大面鱿 3 斤、虾米 1.5 斤,共 4.6 元。

元月初四付,高木送友大面鱿 3 斤,1.44 元。

元月初五付,新瑞兴办干贝 5 斤送高木,5 元。

元月初九、初十付,送高木鲍鱼 2 斤、大面鱿 3 斤,共 4.49 元。

元月十一日付,送友鲍鱼 1.5 斤、海参 1.5 斤,共 4.5 元。

元月十八日付,买柴薪,25 元。

元月二十日付,送高木鲍鱼 2 斤,4.4 元。

元月二十日付,电灯一月份,6.8 元。买柴薪,6.3 元。

元月二十日付,买糕饼送神户店(陈世科,5 元。

元月二十日付,电灯四天费,1.2 元;自来水费一月份,2.67 元。

元月二十日付,二十天结零用,27.26 元。

元月二十日付,送长崎德泰号长寿(店主欧阳仁)祭轴,11.22 元。

元月三十日付,买敬神五牲二次,18 元;十天结零用,26.71 元。

二月一日付,买关(关税局)纸,1.7 元;商会会费一二月份,6 元。

二月一日付,十天结零用,20.31 元。

二月八日付,合请日商春酒,36.55 元。

二月十日付,电灯二月份,6.8 元;初二用三牲,5 元。(初二拜土地神。)

二月十七日付,买柴薪,23.45 元。

二月二十日付,送日本邮船会社人员,3 元;电灯二月份,2 角。

二月二十日付,故欧阳仁四七诵经派摊,6.79 元;自来水费二月份,2.67 元。

二月二十日付,请津田勘四郎合家,"道之尾"洗汤(泡温泉),23.76元;邮局信箱九月份,8 元。

二月二十日付,十天结零用,11.73 元。

二月二十九日付,合送领事母生日礼派摊,1.51 元;故苏道生(曾任三江帮董事、长崎时中小学校长、长崎中华商会会长)立碑,捐 5 元。

二月二十九日付,请吉成客,9 元;电灯三月份,6.8 元。

二月二十九日付,请大阪商船会社,18.1 元;商船会社出傧纸,6 角。

二月二十九日付,十天结零用,17.12 元。

闰二月十日付,食鸡饭,4.1 元;宴华楼请客菜,17.8 元。

闰二月十日付,光永酒一二月,13.6 元;十天结零用,25.97 元。

闰二月十日付,合送野口旗,2.38 元。

闰二月十一日付,对上海德大号代签字费,1.78 元。

闰二月二十日付,自来水费三月份,2.67 元;清明节菜,8.7 元。

闰二月二十日付,送商船会社蛋糕,3 元;カルルス请商船会社菜,26.15 元。

闰二月二十日付,送道桂嫁女,2 元;印信、簿子 20 本,14.8 元。

闰二月二十日付,十天结零用,13.57 元。

闰二月二十九日付,商会会费三四月份,6 元;送小松生日礼,2 元。

闰二月二十九日付,电灯四月份,6.8 元;请商船会社,12 元。

闰二月二十九日付,厨司添菜,8 角;十天结零用,12.86 元。

三月三日付,上海鼎记号办花毯一条送高木义贵,16.3 元。

三月三日付,送津田勘四郎鱿鱼12斤,4.41元。

三月七日付,本行门司油漆工,44.44元。

三月八日付,春日屋请商船会社,38.84元。

三月十日付,量水器,1.5元。

三月十日付,祭祀西山墓菜,2.4元;公请田中,派摊6.83元。

三月十日付,十天结零用,18.68元。

三月十一日付,上海德大号代办水笔、针、电信,共17.52元。

三月十一日付,上海德大号代办信纸60刀,25.92元。

三月十一日付,上海鼎记号代办缎腰边送高木义贵,14.86元。

三月十一日付,上海鼎记号代办藕粉6匣,1.16元。

三月十六日付,上海鼎记号代办缎腰边送银行、自用锡箔,共21.63元。

三月二十日付,办菜三桌,19元;十天结零用,37.11元。

三月二十二日付,上海德大号代办缎腰边送津田勘四郎二条,26.77元。

三月三十日付,请客菜,7元;自来水费四月份,1.67元。

三月三十日付,电灯五月份,6.8元;电灯添一支,7角。

三月三十日付,厨司添菜,12元;请商船会社,6.8元。

三月三十日付,陈永头至上海船票,7.5元;请清客(中国客)福酒,9.5元。

三月三十日付,十天结零用,42.2元。

春季对除收来外结用去金993.4元。

［账簿上栏］

六月二十日收,长崎和昌号答礼,来金24元。

［账簿下栏］

三月二十日付,送陈永头海参3斤,2.46元。

四月十日付,送大阪商船会社小幡,20元;送田中5元;买饼,3元。

四月十日付,送日本邮船会社福本,2元;厨司添菜,5.18元。

四月十日付,十天结零用,44.84元。

四月十日付,请春酒,请邮船、商船会社艺妓二次,40.68元。

四月十日付,量夫借去,3元。

四月十三日付,买柴薪12080斤,62.8元。

四月二十日付,宴华楼春酒添菜,168.17元。

四月二十日付,合送王万年祝寿,4元;送源泰子婚礼,2元。

四月二十日付,新地町淘井,5元;捐助上海图书馆,20元。

四月二十日付,十天结零用,16.71元。

四月二十七日付,上海德大号代办棕印,4.36元。

四月二十九日付,电灯,7.2元;风扇,9.25元。

四月二十九日付,证券印花税,6.9元。

四月二十九日付,十天结零用,14.8元。

五月一日付,上海鼎记号代办纱料送高木,43.48元。

五月十日付,寄信印花税,3元;自来水费五月份,1.28元。

五月十日付,实业报纸、大阪新闻、北岛借去5元,共5.75元。

五月十日付,五月节糕米,2.58元;糖4斤,8.8角。

五月十日付,十天结零用,11.39元。

五月二十日付,大阪新闻六月份,4角;蛤亭请台湾客,8.62元。

五月二十日付,送永记旗,4元;买德安豆油,3元。

五月二十日付,石桥糕饼,1.26元;五月十三日添菜,12.94元。

五月二十日付,光永酒,11.4元。

五月二十日付,十天结零用,10.58元。

五月二十九日付,上海鼎记号代办痧药,9.7角;添菜,4.5元。

五月三十日付,送瓢记(姻亲何德瓢),33.7元;回家旅费,21.3元。共55元。

五月三十日付,寄瓢记代送表兄(何德蹉),10元。

五月三十日付,证券印花税,2元;寄信印花税,3元;买灯送津田,5元。

五月三十日付,代电信,7角;买栗冈灯送高木,4元。

五月三十日付,电灯,7.2元;前田海参,7元;印花税,2元。

五月三十日付,商报,1.5元。

五月三十日付,十天结零用,15.66元。

六月十日付,取公大号杂物,159.45元。

六月十日付,邮局印花税,3元;俱乐部餐,3元;助票费,5角。

六月十日付,十天结零用,28.76元。

六月二十日付,门司新闻,2.4元;长崎日日新闻七月份,5角;实业新闻,1.42元。

六月二十日付,光永酒,8.13 元;德安酱油,1.1 元;风扇,9 元。

六月二十日付,宴华楼请客、厨司添菜,20.8 元。

六月二十日付,十天结零用,6.16 元。

六月二十日付,送和昌号祭轴一个,26 元。

六月三十日付,印花税,5 元;商会费七八月,6 元;电灯七月份,7.6 元。

六月三十日付,中岛虾差额,6 角;送津田勘四郎暑礼,40 元。

六月三十日付,零用,8 元;送小礼,4.8 元;俱乐部七月份,1.5 元;送鲍君生子礼,1.5 元。

六月三十日付,十天结零用,15.85 元。

夏季对除收来外结用去金 1023.91 元。

［账簿上栏］

七月十日收,神户泰益号寄还吊礼,来金 10 元。

［账簿下栏］

七月十日付,福济寺及本行五牲,8.8 元;添菜,3.52 元;周岁用,8.1 元;五牲菜席、献门口,16.95 元。

七月十日付,十天结零用,3.98 元。

七月十日付,邮局印花税,3 元。

七月十一日付,春若屋请高木,20.34 元。

七月二十日付,大阪新闻八月份,5 角;福建联合会入会,20 元。

七月二十日付,日本邮船会社印花税,5 元;中元节菜,11.2 元。

七月二十日付,十天结零用,12.52 元。

七月二十九日付,邮局信箱上半期,8 元;自来水费六月份,1.67 元。

七月二十九日付,自来水费七月份,1.44 元;岭南楼请高木,27.6 元。

七月二十九日付,电灯九月份,7.6 元;十天结零用,5.05 元。

四月十八日付,送客虾米 2 斤,1.1 元。（补登记）

六月十四日付,送盐务局鱿鱼 3.5 斤,1.54 元。（补登记）

六月二十日付,送高木鲍鱼 1.5 斤,3.75 元。（补登记）

六月二十二日付,送邮船会社夫工虾米 1 斤,6.5 角。（补登记）

六月二十九日付,送神户泰益鲍鱼 5 斤,12.5 元。（补登记）

八月十日付,送神户泰益号鸡蛋糕 10 盒,10 元。

八月十日付,买祥茂号扁虾送神户泰益号,8.2 元。

八月十日付,邮局信箱下半期,8 元。

八月二十日付,厨司办中元节菜三席,35元。

八月二十日付,中元节买粉糖做糕,7.34元。

八月二十日付,送乳母,2元;送北岛,5元;纳邮局印花税,3元。

八月二十日付,普度捐缘,9.5元;零用,8.5元。

八月二十日付,王万年生子礼,1.5元;俱乐部餐费,1.5元。

八月二十日付,宴华楼请客,24元。

八月二十日付,邮局印花税,5元;出口关纸,2.5元。

八月二十日付,福建联合会宴,4元;十天结零用,20.14元。

八月十六日付,修理榻榻米,41.49元。(补登记)

八月十七日付,光永酒,46.15元。(补登记)

八月二十日付,证券,5元;印花税,10.2元。

八月二十日付,岭南楼请公大号,12元;自来水费八月份,5.45元。

八月二十日付,日本舞宴票,送黄为山、庆岛,7.3元。

八月二十日付,厨司办菜请和昌号、长益号,18元。

八月二十日付,中秋办菜,9元;商会会费九十月份,6元。

八月二十日付,福建联合会聚餐,2元;门司新闻九月份,4角。

八月二十日付,十天结零用,19.33元。

八月二十三日付,送张江海鲍鱼2斤,4元;送友人香菇2斤,2.8元。

八月三十日付,大三汽车带台湾杂物运费,4.94元;时中小学运动会赏,5元。

八月三十日付,俱乐部餐费,1.5元;十天结零用,9.18元。

八月三十日付,长崎节庆,舞踊六条街赏钱,6元。

九月十日付,福建联合会聚餐,新历10月二次餐费4元。

九月十日付,送锦昌生子礼,1元;送和昌旗工,1.8元。

九月十日付,自来水费九月份,1.89元;十天结零用,19.12元。

九月十七日付,本多柴薪8700斤,73.95元。

九月十九日付,上海鼎记号代送上海茂记号奠仪,8.22元。

九月二十日付,佛祖诞福济寺三牲,6.28元;汇票5本,5元。

九月二十日付,光永酒,13.6元;厨司添菜,8.93元。

九月二十日付,寄信印花税,1.03元;十天结零用,44.01元。

九月二十日付,重诚舍汇票5本,4元。

九月二十四日付,神户泰益号代送神户复兴号王敬济奠仪,10元。

九月三十日付,电灯十月份,7.6元;俱乐部十月份餐,1.5元。

九月三十日付,买自来水管二条,14.7元;自来水费十月份,1.26元。

九月三十日付,十天结零用,20.66元。

秋季对除收来外结用去金794.37元。

[账簿上栏]

十月一日收,代福建会馆来金28元;张氷雪、张江海公大号鞋,7.58元;神户绸税,7.4元。共金42.97元。

[账簿下栏]

十月三日付,上海德大号代办墨30个、信壳600个,11.28元。

十月三日付,天津水灾助赈捐30元。

十月三日付,公大号代上海杂物税,6.5角;火炭860斤,30.2元。

十月三日付,十天结零用,13.47元。

九月十三日付,对中村送去扁虾1斤,8.3角。(补登记)

九月十九日付,送友鲍鱼1.5斤,3.75元。(补登记)

九月十九日付,送友扁虾1.5斤,9.3角。(补登记)

九月二十一日付,送北岛鲍鱼2斤,5元。(补登记)

九月二十一日付,送银行扁虾2斤,1.24元。(补登记)

十月六日付,送银行一办鱿4斤,2.2元。

十月十一日付,送银行一办鱿2斤,1.2元。

十月二十七日付,送银行一办鱿6斤,3.6元。

十月十五日付,陶朱公书,2.7角。

十月十七日付,宴华楼请客八月十四日至十七日止,133.3元。

十月二十日付,公请播吉派摊,2.22元。

十月二十日付,邮费,4角;电灯十一月份,7.6元。

十月二十日付,僟纸,1.5元;商会会费十一、十二月份,6元。

十月二十日付,公请上海来新闻记者团,2元;添菜,8.8元。

十月二十日付,十天结零用,18.44元。

十月二十九日付,送故欧阳仁灵柩回里礼,5元;福建联合会餐费,4元。

十月二十九日付,自来水费十一月份,1.17元;十天结零用,20.16元。

十一月一日付,厨司添菜,1.2元;俱乐部餐会,1.5元。

十一月一日付,买加力鱼 25 斤送神户泰益号,17.74 元。

十一月一日付,电灯十二月份,7.6 元;十天结零用十一月二十日止,10.34 元。

十一月二十九日付,光永酒,30 元。

十一月二十日付,冬至节办菜,7 元;松尾年礼票,5 元。

十一月二十日付,岁暮银行布票,164 元,现金 136 元。

十一月二十日付,送高木年礼鱼,23 元;送会社麦酒(啤酒),5.75 元。

十一月二十日付,德安酱油,4.4 元;买关纸,2 元;十天结零用,30.06元。

十一月二十六日付,上海鼎记号办绉纱绸 6 尺,4.5 元。

十一月二十七日付,上海鼎记号办账簿、信纸、烟具,35.31 元。

十二月一日付,添菜,6.5 角;俱乐部新历十二月餐会,1.5 元。

十二月一日付,十一月三十日福建联合会餐费,4 元;电灯一支,8.5角。

十二月一日付,商会新年宴会派摊,2 元;カルルス请陈世科,10 元。

十二月一日付,十一月二十一日至三十日止结零用,31.64 元。

十二月十日付,火炭 11 包,32.8 元;自来水费十二月份,8.7 角。

十二月十日付,上海代办账簿、零物税,3.74 元;送津田会社周年礼,20 元。

十二月十日付,十天结零用,118.57 元。

十二月十五日付,德大办杏仁油、水烟、电信,6.34 元。

十二月十六日付,买柴薪 8000 斤,72 元;敬神三牲,5.29 元。

十二月二十日付,送梁顺意女嫁礼,5 元;电灯七年(1918)一月份,7.6 元。

十二月二十日付,贺河原生孙礼,5 元。

十二月二十日付,八幡地藏造墙,捐缘 30 元。

十二月二十日付,カルルス请陈世科,16.4 元;酱油,3.3 元。

十二月二十日付,合送寿隆母奠仪派摊,2.23 元;十天结零用,33.27元。

十二月十三日付,送高木鲍鱼 2 斤,5 元。(补登记)

十二月十五日付,自用玲刺参 2 斤,1.1 元。(补登记)

十二月二十二日付，德大代办药丸、墨、信纸、水笔、陈皮，47.16元。

十二月二十六日付，宴华楼请客，十月十七日、十二月二十六日，136元。

十二月二十九日付，台北源顺号办来米粉10斤，5.4角。

十二月二十九日付，台北源顺号办来乌山羊1头，23.22元。

十二月二十九日付，买加力鱼7尾送神户泰益号，16.6元。修理灶工费8.3元。

十二月二十九日付，宴华楼请客菜、鱼翅，10.5元。

十二月二十九日付，送张镜清母奠仪，2元；送西村子婚礼，5元。

十二月二十九日付，福济寺五牲，本行谢神添菜，10.13元。

十二月二十九日付，台湾办来山羊诸费，6.65元；新年菜用，54.68元。

十二月二十九日付，和昌寿金，4.8元。

十二月二十九日付，十天结零用，29.85元。

十二月二十九日付，公大号取杂物，182元。

十二月二十九日付，三成店取杂物，25.7元。

十二月二十九日付，俱乐部宴会，1.5元；餐会，1.5元。

十二月二十九日付，送东升，30元；送中村（中村梅子），30元；送何玉美，20元。

十二月二十九日付，蔡水湿六月十日、八月三日二次前往下关、釜山费用，250元。

十二月二十九日付，上海鼎记号九月十五日代办杏仁油、铜杓、鞋子，13.03元。

冬季对除收来外结用去金2085.95元，四季合并结用去金4899.67元。

十二月二十九日付，福记由世望买物过去500元，再共结用去金5399.67元。[1]

以上资料反映泰益号的社交对象有中国官员、日商、华商、金门乡亲，社交地点有道之尾温泉乡、宴华楼、カルルス（Karurusu＝和风料亭桥本，位于长崎市中川町，樱花、温泉名胜）、春日屋、泰益号本店等处。要言之，陈世望

---

[1] 《长崎华商泰益号账簿：各费总簿》，丁巳年（1917）杂费账目。

为联络感情，创造商业机会，是以赠礼、送金、请客、捐款、出席社团活动等多元方式，建立其纵横无尽的社群网络关系。

（一）陈世望的长崎家庭

陈世望家族人口庞大，长崎、金门各有一个家（见图2-5-9）。泰益号映记账目主要记载陈世望和日本妾中村梅子、养子永义、养子永福在长崎的生活开销。

中村梅子，长崎人，略通汉语，容貌娇美，1882年生，1942年殁。有关她和陈世望的结缘，起源于1905年她在一家料理屋卖艺，一天适逢陈世望宴请宾客，两人一见钟情，不久有了身孕。1906年冬陈世望返乡期间，梅子因为早产，婴儿夭折，生了一场大病。梅子卧病一段时日，身体康复后，囊空如洗，为了生活，不得不抛头露面重出江湖卖艺，但因入不敷出，告贷无门，只好和鸨母同往神户，向陈世望义弟陈世科诉苦求援。[①]

1907年春，陈世望返抵长崎，十分怜惜梅子的遭遇，即纳她为侧室。梅子产后不能生育，抱养两个日本男孩，世望按照金门新头陈氏昭穆（辈分）"孝思百世永念祖宗"，分别取名永义、永福。

表2-5-2　陈世望长崎家庭消费结构（1917）

单位：日元

类别	购物	杂项消费	医疗保健	探亲借支	衣饰鞋袜	家人零用	赠礼请客
次数	16	16	7	3	6	9	2
金额	1774.2	1144.2	380.2	579.8	46.2	440	257
占消费总额的比重	38.4%	24.8%	8.2%	12.5%	1%	9.5%	5.6%

资料来源：据《长崎华商泰益号账簿：各费总簿》，丁巳年（1917）映记账目制作。

陈世望总管家庭财务，费用来自他的薪资、亲友借贷偿债、银行利息、万泰账户投资利益。长崎家庭支出包含衣饰鞋袜、人寿保险、医药、购物、杂支、中村梅子零用、养子零用，以及陈世望探亲差旅等费。如表2-5-2所示，陈世望长崎家庭1917年开支4621.5元之中，购物使用1774.2元，花费最

---

① 朱德兰编：《长崎华商泰益号关系商业书简资料集：神户地区商号（1890—1959年）》，东京：日本文部省科学研究费补助国际共同研究，No.04044157，1993年，第305页。以下简称《神户地区商号商业书简资料集》。

多,杂支使用 1144.2 元,位居第二,世望回国探亲,返乡途中向同业借支 579.8 元,约占消费总额的 12.5%,排列第三。

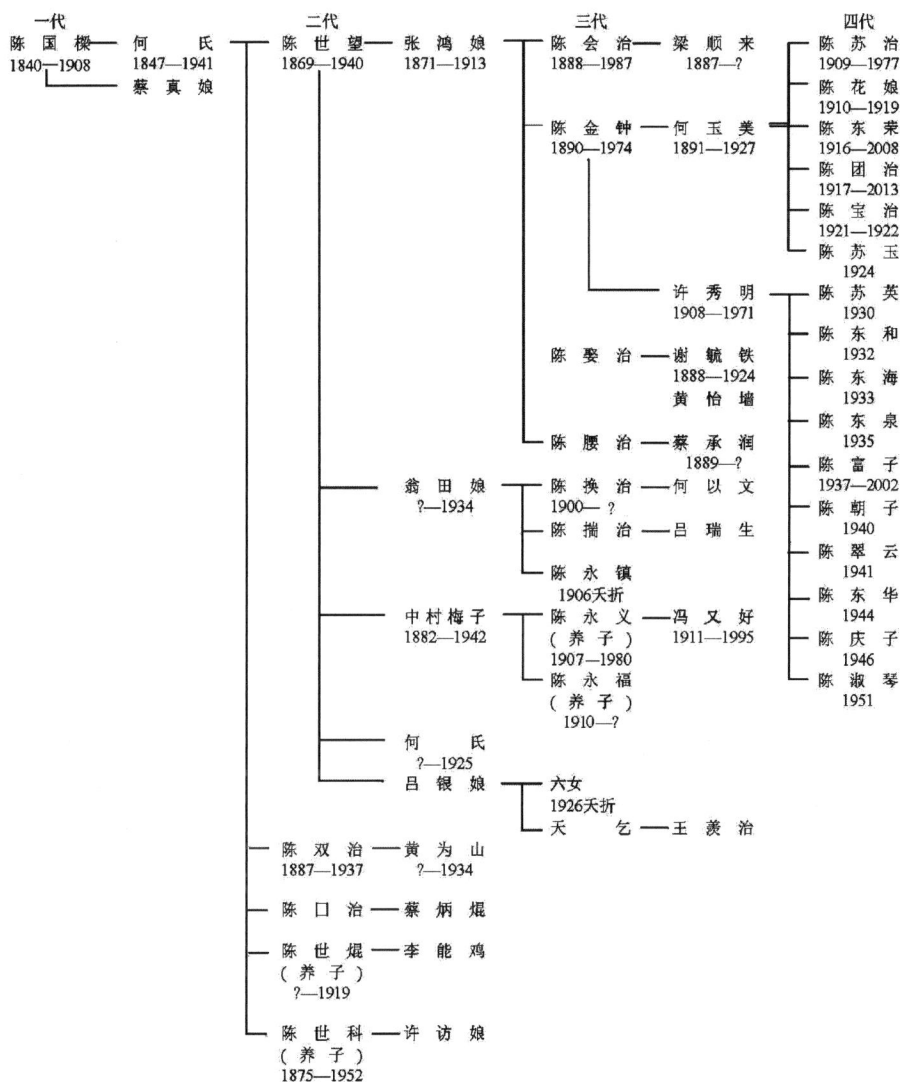

一代	二代	三代	四代

一代
陈国楶 1840—1908 —— 何氏 1847—1941 / 蔡真娘

二代
陈世望 1869—1940 —— 张鸿娘 1871—1913
翁田娘 ?—1934
中村梅子 1882—1942
何氏 ?—1925
吕银娘
陈双治 1887—1937 —— 黄为山 ?—1934
陈口治 —— 蔡炳焜
陈世焜(养子) ?—1919 —— 李能鸡
陈世科(养子) 1875—1952 —— 许访娘

三代
陈会治 1888—1987 —— 梁顺来 1887—?
陈金钟 1890—1974 —— 何玉美 1891—1927
许秀明 1908—1971
陈娶治 1888—1924 —— 谢毓铁 / 黄怡增
陈腰治 —— 蔡承润 1889—?
陈换治 1900—? —— 何以文
陈揣治 —— 吕瑞生
陈永镇 1906夭折
陈永义(养子) 1907—1980 —— 冯又好 1911—1995
陈永福(养子) 1910—?
六女 1926夭折
天乞 —— 王羡治

四代
陈苏治 1909—1977
陈花娘 1910—1919
陈东荣 1916—2008
陈团治 1917—2013
陈宝治 1921—1922
陈苏玉 1924
陈苏英 1930
陈东和 1932
陈东海 1933
陈东泉 1935
陈富子 1937—2002
陈朝子 1940
陈翠云 1941
陈东华 1944
陈庆子 1946
陈淑琴 1951

图 2-5-9　金门商人陈世望家系

资料来源:据朱德兰:《长崎华商贸易史的研究》,东京:芙蓉书房,1997 年,第 64 页重制。

有关陈世望长崎家庭生活消费,兹以 1917 年五、六两个月份为例,将其账目记载于后:

五月十日付,延寿堂药,5.41 元。

五月十九日付,上海德大号代办货物,10.66 两,折合日币 18.38 元。

五月三十日付,藤瀬药,20 元。

五月十日付,买物,10 元。

五月三十日付,对日妇(中村梅子),支 100 元,买物 100 元,自己零用 30 元。

六月十六日付,支用,50 元。

六月二十日付,裁缝源森工资,5.85 元;自己支用,40 元。

六月二十六日付,上海德大号去,350 元。

六月二十六日付,上海德大号去,300 元。

六月三十日付,拖鞋税,5.2 元;眼镜,2 元。

六月三十日付,小孩物品,10 元;对日妇,10 元。[①]

以上账目反映陈世望衣着开销颇省,自己零用较多。陈世望对中村梅子索取零用钱出手大方,可说是"有求必应"。20 世纪 20 年代,陈世望每月支给梅子 30 元零用金,这个数字约为独子陈金钟的半个月薪资。另还支付梅子买布做衫、看病买药、对神社捐款、参加妇女联谊会、请客送礼、岁末送人红包等费。陈世望在医疗保健方面,中、西医药都用。[②]

本来,"男主外,女主内"为战前中日两国共通的社会价值观。然而,中村梅子走在时代前端,常常出门参加社交活动。究其原因,除了有陈世望的宠爱外,出身艺妓的她,熟稔社交文化,想帮丈夫扩展人际关系,恐怕也是原因之一。

陈世望爱屋及乌,对栽培养子永义颇为费心。陈永义 1917 年于长崎时中小学(华侨学校)毕业,1918 年跟随义兄金钟返乡,和乡亲小孩同入伍德宫学习四书五经,在金门生活了几年。1923 年陈永义到南开中学升学,陈世望寄存天津万聚栈 1000 元,供他读书、生活。陈永义高中毕业后,返日考

---

①　《长崎华商泰益号账簿:各费总簿》,丁巳年(1917)映记账目。

②　《长崎华商泰益号账簿:各费总簿》,癸亥年—戊辰年(1923—1928)映记账目。

进长崎大学商学科,在长崎接受了日本高等教育。①

(二)陈金钟的长崎家庭

陈金钟又名永声、玉振,1890 年生,1974 年殁,是陈世望的独生子(见图 2-5-10)。

陈金钟在金门受过私塾教育,年少旅居长崎,曾在名校海星中学读了一年书,休学后随父经营泰益号。金门儒学鼎盛,多子多孙和以孝传家为岛民普遍的家庭价值观。1906 年陈金钟十七岁,遵从父意与芳龄十五岁的何玉美结婚。何玉美(1891—1927),金门浦边乡人,生育三女一男:长女苏治(1909—1977)、长男东荣(1916—2008)、次女团治(1917—2013)、三女苏玉(1924—)。另收养花娘(1910—1919)、

图 2-5-10　陈金钟肖像
(陈东华先生提供)

生育宝治(1921—1922)夭折。② 何玉美体弱多病,1927 年于长崎去世,葬于稻佐山国际墓地。金钟 1928 年续弦,第二任妻子许秀明(1908—1971),金门后浦乡人,在长崎生育四男六女。有关陈金钟的家庭开销,兹将 1917 年金钟账目记载于后:

丙辰年(1916)除夕过来结欠 560.533 元。

[账簿上栏]

九月收,和昌托办台湾席布还来,101.18 元。

十一月收,经由台湾返家探亲费,300 元。

十二月收,全年薪俸,390 元;花红,60 元。

以上三条共金 851.18 元。

---

① 《金门地区书信》,1917 年农历三月二十九日何氏信函;《金门地区书信》,1917 年农历十二月九日陈永义信函;《长崎华商泰益号账簿:各费总簿》,癸亥年(1923)永义账目。

② 陈花娘、陈宝治名字刻于长崎稻佐山国际墓地"陈世望先生墓碑"。

［账簿下栏］

二月二十日付，买布做衫去16.21元。

闰二月十日付，制皮鞋，1.78元。

闰二月二十九日付，俱乐部三月费，3.5元。

三月十三日付，千代田人寿保险上半年期，79.1元。

三月二十日付，支用20元。

三月二十四日付，宋胜庸鞋一双去1.75元。

三月三十日付，俱乐部四月份费，1.5元。

四月十日付，支用30元。

五月十日付，前往台湾支去200元。

九月十日付，对源顺号支买零物、代办物去279.24元。

九月十九日付，千代田人寿保险下半年期，73.02元。

九月三十日付，裁缝源森去7.6元。

十月二十八日付，大同人寿保险上半年期，86.8元。

十月二十九日付，支用10元。

十一月二十日付，药费，9.2角。

十二月十日付，买布做衫去16.45元。

十二月二十二日付，上海德大号办鞋一双，2.05元。

十二月二十九日付，支用30元。

十二月二十九日付，对下关中利商店支用过去10元。

对除收来外，结欠去金579.273元。[1]

表2-5-3 陈金钟个人生活花费(1917)

单位：日元

类别	购买物品	杂项消费	医疗保健	休闲文教	衣着鞋袜	出差开销
次数	1	4	4	2	5	3
金额	1.75	90	239.84	5	44.09	489.24
占消费总额的比重	0.2%	10.3%	27.6%	0.6%	5.1%	56.2%

资料来源：据《泰益号商业文书：各费总簿》，丁巳年(1917)金钟账目制作。

---

[1]　《长崎华商泰益号账簿：各费总簿》，丁巳年(1917)金钟账目。原史料登记结欠577.273元，经笔者复算，更正为579.273元。

反映时年二十八岁的陈金钟,全年除了缴纳俱乐部会费 5 元外,少有社交活动支出或有追逐时尚的消费(见表 2-5-3)。

陈东华是陈金钟的儿子,排行五男,据他回忆:"父亲早睡早起,生活作息规律,个性内向,沉默寡言。"[1]以此对照文献,约可了解陈金钟是位思想保守、心地仁厚,具有"温良恭俭让"素质的儒商。表 2-5-4 为陈金钟的长崎家庭消费结构,从中可以察知,全年开销最多的是乳母工资 88 元,购物 83.6 元居次,菜钱 10 元,妻子零用 10 元,医疗保健 9.63 元,生活过得十分节俭朴实。[2]

表 2-5-4　陈金钟的长崎家庭消费结构(1917)

单位:日元

类别	自来水费	购买物品	杂项消费	医疗保健	菜资	乳母工资	妻子零用	汇寄金门
次数		2	4	2	3	5	1	2
金额	8.4	83.6	63.1	9.63	10	88	10	40
占消费总额的比重	2.7%	26.7%	20.2%	3.1%	3.2%	28.1%	3.2%	12.8%

资料来源:据《长崎华商泰益号账簿:各费总簿》,丁巳年(1917)金记账目制作。

三、陈世望的金门家乡生活

陈世望的第一任妻子张鸿娘,金门盘山乡人,1887 年结婚,生育三女一男,即长女会治、长男金钟、次女娶治、三女腰治。金门社会重男轻女,陈世望为求瓜瓞绵延,1899 年与翁田娘结婚。翁田娘,金门半山乡人,生产四女换治、次男永镇(1906 年夭折)、五女揣治。1913 年张鸿娘病逝,翁田娘怀孕困难,世望再娶浦边乡何姓女子为妻。不幸的是,1925 年何氏骑驴外出,被对面来驴撞落跌地,伤及内脏引起肺炎而猝然病逝。同年,金门庵边乡有一名唤吕银娘的年轻寡妇,乃陈瑞椿挚友萧仰斋的媳妇。吕银娘和她独子天

---

① 笔者 2013 年 8 月 30 日在台北访问陈东华先生。

② 《长崎华商泰益号账簿:各费总簿》,丁巳年(1917)金记账目。

乞(又名永仁)没有依靠,世望便把吕氏母子带进陈家。1926年吕银娘为世望生产一女,然因奶水不足,就将女婴送给乡亲扶养。[①]

陈世望老母陈何氏(1847—1941)聪明贤惠,掌理金门家庭财政。1927年何氏年老体衰,不堪操劳,就将家政交给吕氏接管。[②] 金门家庭经费来自陈世望的储蓄、投资盈余、乡亲借贷偿债、同业暂垫款及陈世科补助款。

如表2-5-5所示,1917年陈世望金门家庭消费中,委托同业代汇金门家用1322.06元,占全年消费总额2787.6元的47.4%,位居重要位置,长崎代办乡亲货物1061.25元,占家用总额的38.1%,排列第二。

表2-5-5　陈世望金门家庭消费结构(1917)

单位:日元

类别	代办乡亲货物	同业代垫费用	寄赠家族食品	货物运输费用	捐助家乡修庙
次数	10	4	8	2	1
金额	1061.25	1322.06	92.95	21.34	290
占消费总额的比重	38.1%	47.4%	3.3%	0.77%	10.4%

资料来源:据《长崎华商泰益号账簿:各费总簿》,丁巳年(1917)家用账目制作。

有关陈世望金门家庭支出,兹将1917年家用账目记载如下:

丁巳年(1917)承丙辰年(1916)除夕过来结欠404.222元。

[账簿上栏]

闰二月收,交给政记(陈文政)过来银100元,折合日金117.5元。

闰二月收,神户泰益号代交耀仔(陈妈耀)过来银30元,折合日金35.25元。

四月收,政记(陈文政)过来银68.1元,折合日金79元。

八月收,永头(陈永头)在家取去布匹,过来大银195元,折合日金218.4元。

十月收,汇交水习(蔡承润)家过来银50元,厦门哲记号九月十一日代汇,折合日金69.25元。

九月收,汇支台北源顺号修理祖厝,款由银行,银150元,折合日金

---

① 《金门地区书信》,1926年农历九月二十八日吕氏信函。

② 《金门地区书信》,1927年农历九月十二日吕氏信函。

186 元。

九月收,世科对宫庙、移墓,寄附(捐献)200 元。

十二月收,业记每年过来 1000 元。

十二月收,万泰每年过来 1000 元。

以上共金 2905.4 元。

[账簿下栏]

元月初二日付,桃园丸寄厦转运米水力去 3 元。

二月二十日付,托永头(陈永头)支振义兴,过去银 500 元,折合日金 587.5 元。

三月十一日付,客年黄心意还过 20 元,折合日金 19 元。

三月十四日付,客年振荣结欠,过去银 14.39 元,折合日金 13.67 元。

三月十四日付,客年永头(陈永头)结欠过去银 137.57 元,折合日金 133.44 元。

三月二十日付,买布 11 匹,永头交带,13.5 元。

四月十日付,买辘花寄永头,1.05 元。

四月十二日付,蹉仔(何德蹉)三月一日寄厦,过去银 20,折合日金 23.2 元。

四月二十九日付,入江海参 10 斤,6.67 元。

五月二十日付,买柴鱼等物,去金 10 元。

五月二十四日付,入江白米 3 包,22.05 元。

五月三十日付,入江海参 10 斤,6.67 元。

七月七日付,汇支厦门哲记号银 400 元,折合日金 616 元。

四月二十九日付,去鱿鱼 5.5 斤,2.2 元;蚵干 2 斤,6 角;鲍鱼 3 斤,3 元,共 5.8 元。

八月二十三日付,去鲍鱼 4 斤,8 元。

八月二十三日付,去虾米 13 斤,6.25 元。

八月七日付,政记(陈文政)金耳坠一对,做送添媳礼,10.93 元。

九月十一日付,永头(陈永头)汇支厦门哲记号,即票银 70.53 元,折合日金 97.34 元。

九月十一日付,永头(陈永头)经手汇支哲记号,即票银 150 元,源顺修理祖厝款,折合日金 207.75 元。

九月十八日付,桃园丸由台至厦,交翁朝京缎线 2 包,去银 308.63

元,折合日金 369.86 元。

九月十八日付,桃园丸由台转厦,永头(陈永头)办缎线 1 包,去银 154.32 元,折合日金 185.18 元。

九月十八日付,桃园丸由台转厦,米 100 包,水力 18.34 元。

十月二十四日付,入江白米 2 包,27.51 元。

十一月二十七日付,厦门哲记号代永头(陈永头)棉纱 1 包、翁朝京绵纱 2 包,共 104.89 元。

十二月二十九日付,世望、世科合修本村(新头乡)宫庙,过去银 200 元,折合日金 290 元。

以上共金 3191.822 元,对除收来外,结欠去金 286.422 元。[1]

以上账目反映金门家庭所需主食品、副食品几乎都靠泰益号及其厦、台客户补给。金门乡亲陈永头、翁朝京买卖日本棉纱、色线,也需仰赖泰益号供货。

大体而言,陈世望父子每年轮流返乡一两个月。返金路线为:自长崎出发,途经上海、厦门,顺道拜访客户,厦门候船,转搭渡轮抵金。回日路线是:由金门渡厦,先往淡水、基隆拜访客户,再从基隆搭船经过门司,由门司搭乘火车返抵长崎。

陈世望停留金门期间,常给金钟写信,传授儿子经商之道。如,1909 年农历八月十八日信函记述:"宋胜庸书账须登记小心,外兼监督;徐君调各事一切拜托,德和(任德和)栈房各事拜托,魏世美栈房帮理并内外相帮,中村ウメ氏(中村梅子)注意门户。所有咱号采买货物须宜观局,按算认真注意。"[2]

1909 年农历八月二十一日书信言:"最要紧者,生理各事、采办货物须其留心注意,不时与君调伯(徐君调)商议,可行即行,可止则止,切不可以置之度外。"[3]

1909 年农历八月二十五日写信嘱咐:"号内生理或采或配或栈房捆装,须祈留意用心。马关(下关)、朝鲜各脯路出数、销路、市价须祈探查。厦门、

---

① 《长崎华商泰益号账簿:各费总簿》,丁巳年(1917)家用账目。
② 《金门地区书信》,1913 年农历八月十八日陈世望信函。
③ 《金门地区书信》,1913 年农历八月二十一日陈世望信函。

台湾市价则早晚咱就探知底蕴,俟免落人之后。"①

又如,1916 年农历十二月七日陈世望致金钟一信云:

　　前日接(蔡)水习来信云,南洋来电报,鱼脯有利可获,目下市价如廉,逢有上品货,可陆续买存以便十二月半后及正月陆续分配。此去旧年(农历年)将迫,台湾南地市(市况)必定委咱代办年物,须宜留神。如上海乃是托他代兑,年关时迫,各货须宜少谋。……德和(任德和)买木箱及草包绳索,宜另设栈内账簿,每次买入多少,到每月尾将各处配货簿查算,买入存栈多少,配出多少,计之便知其详,切不可潦草也。每买入各货或改捆装箱,祈亲自监督才知好歹,孙先生(孙逸之)、君调兄(徐君调)、宋先生(宋胜庸)、德和(任德和)、江海(张江海)、冰雪(张冰雪)、水习(蔡承润)、世美(魏世美),诸翁先生惟乞鼎力是所深托。世恩兄(邱世恩)、义贵君(高木义贵)、津田君(津田勘四郎),望代候安。②

反映陈世望返金探亲,日日惦念的是泰益号的生意。陈世望心不离商诚如他书信所言:"余虽在家,心在长崎也,此去清明节前后,海参上海历年价数大分(降价),咱须嘱走街(采购员)慎之慎之,望勿贪谋。"③

陈世望担心号内人员疏忽,与客户发生商业纠纷,因而叮嘱儿子:"咱承客委办货物,切须遵人客之单信,始无后日之患,切之慎之。咱前办叻(新加坡)之次豆,必早报兑来单可料,现在生理各处实真难谋。君调兄、德和兄、江海、孙先生、宋胜庸、魏世美、蔡水习、冰雪,诸先生祈鼎力办理。"④

综上,由陈世望传递陈金钟诸多信息里,应可了解"生活即商业,商业即生活"是他的人生哲学。

四、陈世科的商业生活

陈世望义弟陈世科(见图 2-5-11),长崎人,1875 年生,1952 年殁,本名高山七太郎,生父高山喜平,生母コト,排行三男。1911 年世科申请回复日本籍时,《神户又新日报》报道,陈世科八岁被一歹徒拐卖,经长期寻亲,终于

---

① 《金门地区书信》,1913 年农历八月二十五日陈世望信函。
② 《金门地区书信》,1916 年农历十二月七日陈世望信函。
③ 《金门地区书信》,1917 年闰二月五日陈世望信函。
④ 《金门地区书信》,1917 年农历十一月二十日陈世望信函。

在相隔二十七年后，与其亲生父亲见面。①

陈世科十八岁与金门人许访娘结婚，生育一子夭亡，一女名唤柔治，收养一男名叫胜东。陈世科二十一岁得到养父资助，只身前往神户创业，由于待人诚信、胆识超群，经营泰益神户支店仅仅数年，便累积了巨大的财富。

陈世科除了许访娘外，还有四名日籍伴侣。第一个女子名叫ハル（译音 Haru），1905 年在长崎相恋，可惜没有修成正果。第二个女性名叫胜子，1906 年结婚，生育二子，长男胜都，次男胜治郎。不幸的是，1915 年胜子罹患肺病咯

图 2-5-11　右边壮硕者为陈世科
（市川信爱教授提供）

血，病逝于北种子村。陈世科为抚育小孩，与第三个女子田中つた（Tsuta）结婚，遗憾的是，两人性情不和，1922 年协议离婚，夫妻关系只维持七年。1925 年陈世科与第四个女性山本タカノ（Takano）结婚，生育二女，分别取名芳子、萱子②（见图 2-5-12）。

陈世科的商业生活反映在他与义兄的往返书信里。如，1906 年农历八月陈世科返金探亲，致世望一信言：

别后西九月二十六号早到基隆，今午后一时入台北停足几天，会宴数次，及二十九号晚同诸契友二十余多人，南北艺妓五六名搭红头船出沪尾（淡水）。那夜天朗气清，熏风和畅，真是丝竹管弦之盛，饮酒咏歌之乐也。三十号早乘城津丸，七时半启行，越早十月一号六时着厦门，投宿柏原日本旅馆一日夜，二号早乃清历八月中秋十五日八时出（发）

---

① 朱德兰编：《神户地区商号商业书简资料集》，第 17 页。推测《神户又新日报》的报道，是陈世科申请恢复日本籍的借口。

② 《神户地区书信》，1905 年农历十月十日、1906 年农历八月二十四日陈世科信函；《高山七太郎除籍资料》，朱德兰编：《神户地区商号商业书简资料集》，第 519 页。

```
   一世                    二世                          三世
高山喜平 ——— 高山コト ┌ 高山勇太郎 —— 许访娘 ┌ 陈柔治        —— 恢春木
？—1918                │                      │  1894—1977      1892—1938
                       │                      └ 陈胜东
                       │                         （养子）
                       │                         ？—1933
                       ├ 高山七藏 —— ハル
                       │
                       └ 高山七太郎 —— 胜子 ┌ 高山胜都    —— 田上タチエ
                          （陈世科）        │  1906—1946      1907—1940
                          1875—1952        └ 高山胜治郎
                                              （陈东华）
                                              1912—？

                       ┌ 田中つた —— 高山玲华
                       └ 山本タカノ ┌ 高山芳子
                          1903—1968 │  1925
                                    └ 高山菅子
                                       1928
```

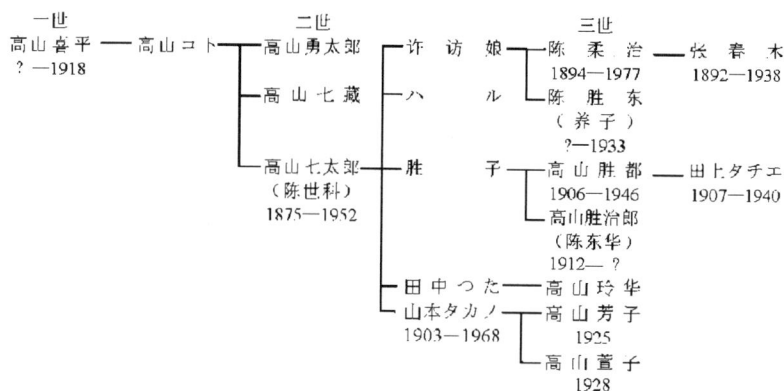

图 2-5-12 陈世科家系

（笔者制图）

金门，由后浦二时到家中。一路托赖福星返照，不仅无事而多得乐，此皆兄之赐也。所盖新宅尚未半成，约须至十月杪十一月初方能竣工。金钟侄完婚，尔须待其时也。婚费约须千余多元，盖各物昂贵耳。现厦（厦门）金价太俗，只九角二而已。大人（义父陈瑞椿）不甘向换，以存起价，嘱在崎如较宜之银，可先寄来多少，以便预购婚事之物也。厝东之菜宅地，如命已达大人，须造日本厝，据曰不可，欲起三盖廊云云。彼主意如是，上命不可违也。母亲嘱办桃红绉纱、湖水绉纱、三蓝绉纱、大红绉纱妇人衫长各一领，又账□（？）一个，要七丝罗湖色，办就速寄来，勿延，切切。前嘱付海味、白米，亦希速付望之。弟约再一二月就可返东，切嘱弟日妇须着守规，勿效他人出游也。[①]

可知陈世科从神户搭船到基隆，顺道访问台北，台北商人邀了二十几名同业、五六名艺妓，一同乘船夜游淡水河，以畅饮咏歌的方式接待他。陈世科离台之后搭船赴厦，再从厦门换船抵金。世科向世望报告，义父为金钟筹办婚事，正在建盖一幢新屋，新屋东侧有块空地，准备建造传统闽南式房舍。又嘱咐，金门物资缺乏，金钟结婚所需各色长衫、喜幛、海味、大米等物，需要长崎尽速采办运来。

1911 年陈世科为争取日本人才有资格申请的特约商品经销权，恢复了

---

① 《神户地区书信》，1906 年农历八月二十四日陈世科信函。

日本籍。1912 年他与大阪日商合作，顺利取得日商、英商多项制品经销权，如：有马矿泉会社生产炭酸水（汽水）在台特约贩卖权，神户烧陶及神户石原罐头在台特约销售权，英国蓝莺牌牛乳运销台湾特约贩卖权，兵库酒井商会制造豆饼、面粉、豆油、石油监督权，神户小幡海味与上田生鲜果子监督经销权等。①

陈世科营业范围广泛，由于商务繁忙，休息、运动不足，以致积劳成疾，得了一场大病。1918 年陈世科致世望一信，叙述逃离鬼门关始末：

> 弟病中屡蒙来谕慰问，又荷赐明鲍，足见厚爱，不胜感佩之至。自元月既望晋崎，看兄喘息之苦，斯时弟有一百八十三斤之肥大，过多脂肪尤恐外实内虚，自觉惊心，急急返神，立往城崎温泉发汗瘦形，入浴两星期，全无应效，身益肥胖无济，离温泉而回宅，日游再度山外，玩摩椰山运动之法，消瘦之术似乎得宜。二月十四夜赴种子岛，登山越岭，奔东走西，每日步行日本里有八九里至十二三里，流汗颇多，不上四十天，瘦失三十余斤，迨至归神身轻体快，实达目的。所谓乐极生悲者何也？盖弟平时无病，兼之此回运动为宜，愚想以为铜身铁骨，不惧风寒，不怕暑热。四月初间偶然伤感，初者不以为意，同月望后上京十余天，恰皇都感冒流行，似再重感咳嗽颇烈，仍置之度外。五月二十六日本宅入浴数时，裸体寒甚，又伤感后大发热，依然度外毫无延医服药。越至二十八日旅顺来电，弟父病亡，吃大忧惊，病益沉重，然同三十一号搭乘台南九赴旅顺参列葬式，有愧子道不孝罪名，是以不管死活带病奔丧。自乘船以来，不惟发热咳嗽，而且痰半带血，大便不通。六月三号午后至大连，即时乘车入旅顺。那夜诵经礼佛，一夜不眠以尽子礼，致之病势愈加，白痰概化红血，腹痛难止，头疼不堪，困苦何可胜言。同四号午后参列火葬式，又值旅顺肺炎猖獗，不知有否传染急性肺炎，病益危殆，眩眩沉沉，至此仍无服药。五号出大连，幸台南九延一天，致定搭原轮而回神，不然推迟后天乏船是也。该埠气候不顺，又无良医，一定死在大连必矣，幸而拖命，九号到本宅，形容已发热度四十左右。临时延一庸医，急性肺炎之危，误认伤感普通之疾，遷延五六天后，再请医学博士诊断，日已过症无救，三天内必死云云。举家大小无不惊惶，戚友店员无不忧

① 朱德兰编：《神户地区商号商业书简资料集》，第 426 页。

怀。此回之病实弟自取,夫复何言。当是时也,人事不省,奄奄一息,自分必死,幸托皇天之佑,托吾兄之福,以死而得生,暂暂(渐渐)痊可,现已愈十分之八九,目下尚有虚火少可未退,少可冷汗未除,兼之背后不时冷甚难堪,肺炎尚未痊愈,且因卧床六十外天,病难运动致胃坏痛,饮食难进,比较往时减食三分之二,多食必吐,夜中少眠,每日依然医生诊断一次,服药六次,苦难断根,医药罔效。弟自揣病源,紧即再二三个月,缓即非一年半载恐难痊愈耳。因兄忧念,故特奉明。[1]

陈世科体重183斤,因恐身体肥胖易患心脏病危及性命,故采泡温泉、登山、日行十二三里等方式减肥,经努力实践数十天,体重虽渐减轻,但却因为流感和突然接到生父病逝满洲的噩耗而病益沉重。陈世科抱病赶赴旅顺参加葬礼,返抵神户彻底检查身体,才知感染了十分危险的急性肺炎。陈世科生过一场大病后,才懂得什么是生活,深切领悟忙着赚钱伤了身体,倒不如保健长寿来得重要。1920年春他寄世望一信,叙述养生心得:

今弟贱躯托赖无事,不过天变之时似有不快之感,或稍稍鼻塞或些咳嗽,或数时之间,或无半天即愈如常。依旧每日登山,监督厝宅而及庭园。前月杪大雪纷纷之际,同诸店员中井君、稻田君、水湿侄、水竹等,及友人渡边君数人,午前十时半出发,对锚山踏雪远足,而由再度山经摩耶山登六甲山,高有三千六百尺,而之有马温泉入浴,散财五十余元,(晚)七时半离有马,原路归宅已近一点钟矣。若计日程不过往返十二里,若论登山步步跋涉,足有加倍一百五十余唐里。终日踏雪寒气迫人,冷风透骨无一退步,人人勇往可谓壮矣。斯日也,四方八面白雪皑皑无异银山,真好景色可谓乐矣。夫人虽曰万物之灵,乃系动物无论肥腴,若不时常适当运动,不病自病。请看下给(下等)劳动者,勇壮无病,而上等绅士居多疾患,何也?盖饮食丰富而乏运动,脂肪日满身体过肥之所致也。试审兄与弟之病大同小异,皆是之故也。况吾兄腹大如鼓,旧病未去,若不运动,弟实为忧。长崎空气不惟不佳,而且有山无路似难运动,俟至三四月之间可来神(神户)弟别墅养静数月,一即登山运动,二即赏玩山水,人生之乐无过于是也。待弟别墅竣工,那时当请驾来游是也。[2]

---

① 朱德兰编:《神户地区商号商业书简资料集》,第610页。
② 朱德兰编:《神户地区商号商业书简资料集》,第661页。

陈世科身体复原后,为了强健体力,不仅登山、监督建造别墅,还邀员工一起踏雪远足。1920年正月神户大雪纷飞,本来不宜登山,但彼等不畏寒风透骨,勇往直前。他们登上海拔3600米的六甲山时,每人都为自我挑战成功,置身于白雪银山之中而感动不已。陈世科时常挂念义兄的身体,1921年新历8月27日书信记述:

> 吾兄年逾五旬,玉体与天时常变幻,根本似未勇壮,不宜过劳,务早特别静养方能复元。今既有十余万之财产,算来新地第一家,不愧为男子,亦宜满足,所谓知足不辱,知止不殆,且幸金钟侄少年老成,将来纵不能进亦能守,吾兄可以安心,不可为区区之利而气死气活,头痛难禁,岂不闻儿孙自有儿孙福,莫为儿孙做马牛。请看当时长崎泰昌、德泰、盛隆、益隆、茂隆、怡德、升记、裕和、大兴隆、东源、振泰、振利,其他之余家何等奢侈,今日何在,死即死,败即败,走即走,贫即贫,无一好结果。目下福兴聪兄(黄聪明)、振成泉哥(徐文泉)流落神户,不生不死实在可怜。现时只有和昌一家尚有余产,然观炎兄(梁肇炎)生理似无热心,顺来(梁顺来)又无经验,虽有二昆仲,无异制造肥料机械,真是坐食山崩,将来不知如何结局,弟实为之寒心。斯时诸号诸君威风凛凛,今日尚且如此狼狈,所谓无不破之家,无不败之国,弟有鉴于此,故早看破世情,及劝吾兄趁早清火。语曰:"一日清闲,一日福也。"鄙见如是,不知吾兄以为然否耶。[①]

陈世科感慨长崎华商风光一时,如今纷纷凋零,有如过眼烟云。殷鉴不远,他劝告义兄有十余万财产已可知足,切莫为了逐小利而赔了健康。

值得一提的是,陈世科感念养家抚育恩情,经常汇款回馈金门乡亲。如,1919年新历11月28日陈世科致世望一信云:

> 今向神(神户)加岛银行买上金一千元正,票作三张夹此函呈,至祈请向贵地(长崎)十八银行受取为要。前次蔡连泽(泰益号员工)来神,有向尊库先支金百三十元正,此条祈照完彼之账为荷。惟此去届年在即,应用之物须宜预备,一金二百元正,此条祈代买加力鱼,按于来月十五过,分作二三回装汽车速达便前来应用,不可似前年缓装为要,此托。一金六百七十元,此条乃系送与诸人,芳名另列一纸,祈照收阅,除送如

---

① 朱德兰编:《神户地区商号商业书简资料集》,第695页。

嫂(中村梅子)及金钟侄而外,的伸(得剩)金六百三十一元正,费神买票转交母亲大人(陈何氏)收,其分发种种扰托,容后图报于万一耳。兹便特此布诧。……神户市山本通四丁目百一番屋敷ノ二十六高山七太郎

兹托转发诸人芳名开列于左:

母亲大人收茶果料,金 240 元

又许嘉成小径收扶助料,金 90 元

又三叔父文政香奠,金 20 元

又万叔收,金 20 元

又双妹(陈世望妹)收,金 20 元

又三婶母收,金 20 元

又大嫂亲,金 20 元

又大姨母英坑,金 20 元

清汉(陈妈耀子)收,金 20 元

又含笑(陈家女佣)收,金 5 元

又会治、腰治、娶治、换治、揣治侄女五名每 4 元,金 20 元

又永义、永福(世科侄)二名每 3 元,金 6 元

又亲堂十五家每 4 元,金 60 元

又本社苏王爷寄附(捐款),金 50 元

又浦边表亲四家每 5 元,金 20 元

以上 15 条计金 631 元,此条祈代买票寄家分发为托。

又如嫂(中村梅子)长崎,金 20 元

又金钟侄儿,金 10 元、三侄孙每 3 元,计 9 元,金 19 元

两条合金 39 元,总合共金 670 元正。[①]

反映陈世科年少在金门受到儒家孝道文化的影响,十分重视华人社会里的家族主义和乡土主义。

陈世科子女皆乏商才,为给子孙留下基业,他将神户泰益商行交给契友邱世恩经营,改往种子岛买地,投资农林产业。1922 年他的两个儿子胜都、胜治郎就读东京学习院园艺科,毕业后移居种子岛,从事樟木、松材、茶树、

① 朱德兰编:《神户地区商号商业书简资料集》,第 646 页。陈世科与陈世望的往返书信中,有关汇钱帮助养家及族亲之记录很多,不一一介绍。

葡萄树栽培事业。[1]

高野山坐落于和歌山县伊都郡高野町,面积 50929 平方米,标高 900 米,风景秀丽,人称日本第一灵峰,为日本历代皇室、贵族、战将、名人的长眠之地。1926 年陈世科托人买下一块地,十月自西禅院寄世望一信,叙述监造坟墓情形:

> 弟因监督墓碑工事,朝须六时出门,晚须七时半而归院,若非今日下雨寸刻不暇,兼之寒冷难举笔,以致覆信迟迟,谅之谅之。玉美侄妇如此病危,必须死虎做活虎治,不可度外,早去别府疗养,或者托天之庇,赖兄之福,无药而有尽亦未之知也。银价之跌,兄欲乘机博利,足见机智在先固是胜算,莫如从前所积,去年小儿胜都完婚,兼诸病费,而又建筑家屋,计之费消不下九万余元是也。今日碑费亦须一万元之左,以故目下尚积无多,不足应兄之博利也,宥之谅之。今吾兄年近六旬,而弟亦五十左,所谓来日长去日短,虽然身体称壮,无异风中之烛,利欲一途宜望渐止,专摄卫生,而建不朽之纪念为急务,否则纵积百万之金有何益处,岂不闻贤而多财即损其志,愚而多财即益其过,况儿孙自有儿孙福,莫为儿孙做马牛。弟素鉴于兹,此回故立高山家永代墓碑,盖高野山日本第一灵峰,水清山秀,风水甚宜,皇室御陵及公侯将相之墓概集于此,而长崎松尾己代治、肥冢与八郎、冈部吴服店、高见诸名士,及上海、支那等处之墓亦不少,真万代不灭之墓地也。弟之墓碑附近,尚有数百坪之好地,若要买收非万金不可,兄若为父母及陈家建立永代之墓者,弟愿出一半,鄙见如是,不知兄意如何。如果有意,请速来示,该地俾好托人买收是也。[2]

陈世科惦念侄媳妇何玉美病危,又忧心义兄忽略养生,因而频频提醒世望"贤而多财即损其志,愚而多财即益其过"、"儿孙自有儿孙福,莫为儿孙做马牛",传达他"知足即乐"、"知足是福"的人生观。

世科为给自己、家族做好后事准备,不惜花费万金,买下高野山数百坪土地,建造了颇具规模的高山家世代墓园。1932 年种子岛事业稳定,世科于鹿岛郡息栖村购买一幢农舍(别墅),决心远离尘嚣,接近大自然,后半生

---

① 朱德兰编:《神户地区商号商业书简资料集》,第 719、721、723、736 页。
② 朱德兰编:《神户地区商号商业书简资料集》,第 740 页。

过深居简出的农村生活。[①]

结　　语

　　泰益号是陈世望的家族企业,也是他以金门乡亲为骨干的"泛家族企业"。陈世望为使员工节约用度,存钱补助家计,除了保管员工薪酬、供应食宿外,还让他们轮流返乡探亲,劳资之间形成一种拟家族关系。

　　陈世望重视财务管理,每日金钱流动方向无论金额多寡必定逐笔记账。如从日常生活消费来说,社交费用所占比重最大。究其原因,源于泰益号洞察人际关系如同连接道路的桥梁,桥梁建得越多,越能产生交流四通八达、客户无限广的效益,所以十分重视社交活动。

　　陈世望有两个家,长崎家庭财政由他掌握,日籍妻儿在他细心爱护下,生活过得十分优裕。相形之下,独生子陈金钟信奉"贵自勤中得,富从俭里来"的古训,生活过得朴实节俭。

　　陈世望的金门家用由他负责,家庭财政先后由陈母何氏、妻子吕氏总管。陈世望返金期间,时时惦记商号生意,从他勤于写信传授金钟商道里,应可看出"生活即商业"、"商业即生活"是他的经商特色。

　　陈世科是陈瑞椿养子,在金门长大,自少习得中国儒学"孝道"、"仁义"文化。陈世科识广智深、眼光锐利,先到神户创业,经营泰益商行有成,继而将商业资本转为产业资本,投资种子岛农林事业。陈世科为从商便利,虽然恢复了日本籍,但一直不忘"饮水思源",经常汇寄财物反馈金门乡亲。

[①]　朱德兰编:《神户地区商号商业书简资料集》,第 769、775 页。

第六章

人员移动

2009 年金门县政府出版《金门县志》第 9 册《华侨志》第 10 卷记载：

> 长崎之八闽会馆及漳泉永会馆均为吾邑（金门）先侨陈发兴于道光年间所创设，任该两馆总理多年。八闽后改称福建会馆，其长子陈世望又继为主席多届。次子陈世科历任神户商务总会董事主席。……旅日邑侨皆从事商业，最著者，为清末叶先侨陈发兴之泰昌号贸易行，当时为吾闽旅居长崎之华侨首富。其子世望，继营泰益洋行，世科分号于神户，规模更大。[①]

图 2-6-1　陈瑞椿捐官穿着
官服留影
（陈东华先生提供）

这段内容一开头指出，长崎八闽会馆、漳泉永会馆是道光年间（1821—1850）金门人陈发兴所创，并担任两馆总理多年。然而，根据《金门新头陈氏族谱》记载，陈氏祖先来自泉州，前几代世系不详，第九世始知：

陈祝，字志保，生于康熙二十五年（1686），殁于乾隆十九年（1754），陈祝生育三子，长男陈礼、次男陈两、三男陈义。第十世陈礼生育两子，长男廷运、次男水。第十一世开始建立昭穆（辈分）："孝思百世永念祖宗，家学千年丕承

[①]　李仕德总编纂：《金门县志》第 9 册《华侨志》第 10 卷，金门：金门县政府，2009 年，第 389 页。2009 年版《金门县志》相关内容引自金门县立社会教育馆编辑：《金门县志》卷十《华侨志》，金门：金门县政府，1992 年，第 1321 页。

统绪。"第十三世陈百兴（见图 2-6-1），乳名发兴，字瑞椿，号国樑，1840 年生，1906 年捐官，1908 年去世，诰授奉政大夫。以此对照《华侨志》引文，应可察知清道光年间陈发兴顶多十岁，赴日创立同乡组织一说，实属误谬。[1]

正确地说，1865 年陈发兴继承叔父陈达明股份，1866 年（二十六岁）到长崎泰昌号工作，1869 年担任执事（经理）。1868 年闽商共同创建八闽会馆，1888 年发生火灾，为了重建会馆，商帮公推陈发兴为董事（总理），统领会务及兴建工程。1897 年八闽会馆竣工，改名福建会馆（又称福建会所）。[2]

1901 年泰昌号停业，陈发兴设立泰益号不久，便退居幕后，让长男陈世望执掌号务。1902 年陈发兴出资 2000 元，支持养子陈世科到神户设店，开展"泰益商行"事业。1903 年陈发兴返乡养老，1908 年于金门病逝（见图 2-6-2）。

图 2-6-2　金门新头乡陈国樑（陈瑞椿）坟墓
（陈东华先生提供）

20 世纪前半叶，泰益号处于商战激烈的时代，任用人才及收集情报十

---

① 《金门新头陈氏族谱》；《颖川陈府丧纪》，光绪三十四年(1908)。

② 长崎县立图书馆编：《幕末·明治期における長崎居留地外国人名簿Ⅰ》，长崎：长崎县立图书馆，2002 年，第 226 页；《八闽会馆总簿》，戊子年(1888)。

分重要。鉴于人员跨境移动相关议题较少受到大家关注，本章为填补既往研究的不足，拟就泰益号成员背景、职务、待遇，和其金门乡亲在各地收集、传递情报实况，作一详尽的分析。

一、人事组织与待遇

陈世望（见图 2-6-3），乳名妈映，1869 年生，1940 年殁，是泰益号第二代店主。在金门，"妈"字与"梦"字发音相同，是指父母梦想孩子长大成器，光耀门楣之意。世望受过良好的儒学教育，他遗传母亲的勤劳仁厚、父亲的精明能干，长年跟随父亲经理泰昌号，见多识广，累积了丰富的商场阅历和实务经验。[①]

图 2-6-3　陈世望肖像
（陈东华先生提供）

据泰益号账簿记载，1900 年泰昌号员工、薪资如下：陈发兴担任店主，月薪 10 元；萧幼斋（萧仰斋弟）、陈妈映（陈世望）担任采购，月薪各 10 元；施履平（闽南人）担任书记，月薪 15 元；李九扒（李九把，金门古宁头人）负责配货，月薪 10 元；陈妈登（陈世科）担任配货，月薪 7 元；魏世美（福清人）管理栈房，月薪 7 元。1901 年泰昌号收歇，大部分员工受雇于泰益号，成为陈氏家族企业的重要骨干。[②]

如表 2-6-1 至表 2-6-6 所示，泰益号共有七个年度雇用员工 11 名（含店主在内，以下同），有九个年度雇用员工 10 名，有四个年度雇用员工 9 名，四个年度雇用员工 8 名，有两个年度雇用员工 7 名，两个年度雇用员工 6 名。有关员工籍贯，孙逸之是苏州人，魏世美是福清人，徐君调和宋胜庸原籍同

---

① 笔者访问陈世望孙女陈团治女士（1917 年生，2013 年殁），2009 年 7 月 31 日于高雄陈苏玉女士宅。

② 《长崎华商泰昌号账簿：各友总登》，庚子年（1900）。

安澳头,其他人员全部来自金门。

金门人之中,陈金钟是陈世望独生子,陈永义是陈世望养子,黄为山为陈世望妹婿,谢毓铁、蔡水习是陈世望女婿,陈妈耀(陈世焜)、陈世华是陈世望堂弟,陈永头(陈永畴)、陈永宰是陈世望侄儿,陈念鲟是陈世望侄孙(陈金钟堂弟),梁维芳是陈世望外孙,何德磋、杨笃头(杨笃源)是陈世望表兄,黄信相、张冰雪、张江海是陈世望表侄,陈道生是陈世望三叔陈德修的儿子,黄水源是陈世望妹夫黄为山的儿子。要言之,泰益号是一家以陈世望为核心,以血缘、地缘纽带为基础的泛家族企业。[①]

有关工作待遇,陈世望根据年度营业成绩、物价波动、员工勤务表现调整薪资。进一步说,"映记"为陈世望代号,历年月薪如下:1906 年 20 元(年薪 240 元),1908 年 33.3 元(年薪 400 元),1917 年 50 元(年薪 600 元),1919 年 83.3 元(年薪 1000 元),1925 年 100 元(有闰月,年薪 1300 元),1929 年 66.6 元(年薪 800 元)。陈世望不吃红,前后调薪六次。

书记必须熟习珠算、商业尺牍,负责记账和写信,属于泰益号的重要干部。书记孙逸之的代号是"逸记",1906 年月薪 10 元(当年有闰月,年薪 130 元,分红 60 元),1908 年月薪 12 元(年薪 144 元,分红 120 元),1915 年月薪 15 元(年薪 180 元,分红 120 元),1917 年月薪 30 元(有闰月,年薪 390 元,分红 60 元)。1918 年孙逸之工作半年,因病辞职返国。孙逸之任职十三年,除了 1917 年增薪一倍外,三次调薪幅度均属平稳。花红方面,是按当年盈余多寡或交办任务轻重,岁末赏给两个月到十个月的红利。

"胜记"为年轻书记宋胜庸的代号。宋胜庸,福建省同安县(今属厦门市)人,1912 年跟随表姑丈公徐君调到泰益号就职,月薪 10 元(年薪 120 元,分红 30 元),1915 年月薪 15 元(年薪 180 元,分红 120 元),1917 年月薪 30 元(当年有闰月,年薪 390 元,分红 325.71 元),1919 年月薪 33.85 元(年薪 440 元,分红 260 元)。

1920 年商业景气低迷,泰益号自此年起取消员工分红制度。该年宋胜庸月薪 70.83 元,1921 年月薪 58.33 元,1922 年月薪 71.67 元(当年派往上海出差,花红 80 元),1923 年月薪 66.67 元,1925 年月薪 70 元,1926 年月薪 70.83 元,1928 年 58.33 元,1929 年金融恐慌,月薪减至 50 元。1931 年"九

---

① 朱德兰:《長崎華商貿易の史的研究》,东京:芙蓉书房,1997 年,第 64 页;笔者访问陈世望孙女陈团治女士,2009 年 7 月 31 日于高雄陈苏玉女士宅。

一八事变"爆发,泰益号受到排日风潮的影响,业务缩减,宋胜庸则因母亲去世返乡守孝,其后赴崎改任时中小学董事会会计。[①] 宋胜庸薪资有增有减,任职十九年间一共调薪十二次。

采购须有分辨货色好坏、熟悉商品市场的能力。1906 年魏世美担任采购,月薪 10 元(当年有闰月,年薪 130 元,分红 66.2 元),1912 年月薪 12 元(年薪 144 元,分红 50 元),1915 年月薪 15 元(年薪 180 元,分红 80 元),1917 年月薪 25 元(有闰月,年薪 325 元,分红 70 元),1918 年月薪 30 元(年薪 360 元,分红 100 元),1920 年月薪 41.66 元,1921 年病逝长崎。魏世美任职十五年间,薪资调整六次,每次调涨幅度大致平稳。花红方面,1920 年以前,魏世美工作繁重,每年都可获得不少红利。

"调记"是采购员徐君调的代号,1912 年月薪 10 元(当年就业半年,核薪 60 元,分红 30 元),1913 年月薪 15 元(年薪 180 元,分红 180 元),1914 年月薪 15.39 元(当年有闰月,年薪 200 元,分红 300 元),1916 年月薪 25 元(年薪 300 元,分红 240 元),1917 年月薪 40 元(当年有闰月,年薪 520 元,分红 150 元),1919 年月薪 50 元(当年有闰月,年薪 650 元,分红 400 元),1920 年月薪 100 元,1929 年月薪 50 元,1931 年因病辞职返国。

蔡承润,乳名水习、水湿,1889 年生,金门琼林乡人,为陈世望女婿。1907 年十八岁到泰益号工作,代号"水记",当年月薪 7 元(任职不到半年,核薪 40 元),1909 年月薪 8 元(当年有闰月,年薪 104 元,分红 60 元),1912 年月薪 10 元(年薪 120 元,分红 70 元),1913 年月薪 13 元(年薪 156 元,分红 200 元),1918 年月薪 15 元(年薪 180 元,分红 220 元),1919 年月薪 30 元(年薪 390 元,分红 160 元),1920 年离职,转往新加坡发展,该年薪资 367.77 元。蔡承润任职十四年,一共调薪七次。花红方面,蔡承润常到外地出差,每年均有丰厚的红利。

泰益号少东陈金钟的待遇如何? 也需做一对照。1906 年陈金钟月薪 7 元(当年有闰月,年薪 91 元,分红 40 元),1907 年月薪 8.33 元(年薪 100 元,分红 40 元),1909 年月薪 10 元(当年有闰月,年薪 130 元,分红 200 元),1913 年月薪 13 元(年薪 156 元,分红 150 元),1915 年月薪 15 元(年薪 180 元,分红 220 元),1917 年月薪 30 元(年薪 390 元,分红 60 元),1919 年月薪

---

① 《长崎时中学校收到福建会所夏季补助费 50 日元单据》,1938 年 4 月 12 日会计宋胜庸。。

50 元（年薪 600 元，无分红），1923 年月薪 60 元，1925 年月薪 61.53 元，1926 年月薪 70.83 元，1928 年月薪 61.53 元，1929 年月薪 50 元。统计 1906—1932 年间，一共调薪十二次，每次调整幅度不大，分红与书记相仿。

综上泰益号员工职务，可以了解该号有经验丰富的老将，也有初学商道的年轻人。有关情报调查与传递情形，兹依泰益号相关人员移动方向，由北而南阐述于后。

二、杨笃源赴海参崴出差

1904—1905 年日俄战争爆发，海参崴军用米增加，陈世望为掌握商机，特派店员杨笃源前往海参崴贩售日本米。

杨笃源，又名杨笃头，金门官澳乡人。据杨氏族谱记载，官澳杨氏昭穆始自亮节公，第一至第四十六世辈分："亮佛淑贵日敦敬枳，克肖廷恒简自齐圣。广渊明允笃诚忠肃，恭懿宜慈惠和戴高。履厚根本固深积善，行仁荣华发达。"杨笃源是第二十一世，生于咸丰十一年（1861），与陈世望有表亲关系。[1]

光绪三十一年（1905）大清驻长崎理事府核发一份"护字第八十四号"文件，上面记载：

> 大清驻札长崎理事府下（下绥昌）为给发护照事。照得本港居留泰益号杨笃源年四十四岁，身中、面赤、须末，福建省同安县人，兹因搭坐蒙古里轮船前往俄国海参崴埠△△号贸易，理合照章请给护照，等因准此，合行发给护照，仰该商收执，以便沿途验照放行。须给护照者光绪三十一年（1905）十月十五日，右照仰该商杨笃源收执，限回日缴销。[2]

1905 年农历十一月杨笃源卖完米后，于十二月二十一日返崎。[3] 1906 年杨笃源再赴海参崴卖米，闰四月十三日致店主一信言：

世望表弟青照：

> 敬查本初十日曾修泰字拾字信一封，由公司轮投递，谅必早呈尊鉴矣。及于初十日接崎十五日发米云翰，拜悉一切，示以所伸（剩）之米赶

---

① 杨诚华编纂：《金门县官澳杨氏族谱》，金门：许氏族谱文献资料珍藏出版，2005 年续修四版，第 111 页。

② 《护照》，陈东华先生提供。

③ 《海参崴地区书信》，1906 年农历一月七日梁顺意信函。

速卸售收算早回，当尊其听。至于日前同利之米二号三百包，经自领兑万顺栈价一吊九五，头号五十包价二吊三五，尚未磅清，昨天先（先算）二号五十包，大想不日必能出清，俟其出楚，那时自当赶收其项后轮带回，免介。然斯价太宜，本不欲卸，无如尚伸（剩）不多，加之住崴（海参崴）花费浩大，姑即看破脱手。现时该埠各货情市（行市）多以亏本，百无一善，因各埠涌到之故耳。今庚崴地诸客家货积不少，且于银根俱各拮据，非去年可比。前轮永记所来之砖茶先售外国人，价二十三吊，被其退盘，后又再兑于永和栈，至今未收一文。福兴所汇来款金，而规兄恐付不出，东移西借，无处可寻，幸而二三家知交先为代设清草（清楚）。观此景况欲望升市，必然及秋想可能转否，不然崴地亦可想而知。非愚谬言，他家谅亦有信，详明可查，必悉底蕴，轮急乏陈，后容再报，并请夏安。

泰益本号诸翁先生均鉴

表兄杨笃源顿

丙年闰四月十三日寄

同利伸（剩）头号米二十包，不日有客自一概卸售，免介。[1]

同利号、万顺栈、永和栈三号均属海参崴福建帮，泰益号、永记号、福兴号则属长崎福建帮。长崎闽商因为海参崴福建帮可对他们提供住宿、市场情报、招客售货、居间结账等商业服务，所以不顾辛劳，积极发展跨洋远程贸易。遗憾的是，这回输出日本米、日本茶，受到海参崴存货量过多、价格下跌、交易冷淡、银根紧缩的影响，销售结果不佳。[2]

三、梁肇辉调查大连商况

梁肇辉，金门山后乡人，为长崎富商梁天就的侄儿。梁天就，又名梁有道，1834 年生，1864 年到长崎裕兴号工作，1875 年转入仁泰号帮办，1885 年独资经营客栈，店名"和昌号"。1888 年和昌号改营豆类、杂货贸易，初期规模不大，缴纳八闽会馆厘金只有 33.45 元。梁天就次男梁肇三（1860—1912，见图 2-6-4、图 2-6-5），一名梁合春、梁九如，精通日语，擅长交际，1890 年继承和昌号事业，商务渐次隆盛，1903 年缴纳会馆厘金 108.34 元，1910

---

① 《海参崴地区书信》，1906 年农历闰四月十三日杨笃源信函。

② 《长崎华商泰益号账簿：各费总部（总簿）》，丁未年（1907）。

年上升到 126.08 元,成为长崎华商之中令人瞩目的大商号。[①]

图 2-6-4　和昌号门前第一排中坐者为店主梁肇三

(梁长明先生提供)

---

　　① 　长崎县立图书馆编:《幕末·明治期における長崎居留地外国人名簿Ⅰ》,第 50 页;
长崎县立图书馆编:《幕末·明治期における長崎居留地外国人名簿Ⅲ》,长崎:长崎县立图
书馆,2004 年,第 121、340 页;山冈由佳:《長崎華商経営の史的研究——近代中国商人の経
営と帳簿》,京都:ミネルヴァ書房,1995 年,第 180、188、192 页;竹村长槌:《大典记念名鉴》,
长崎:九州日の出新聞社,1916 年,未编页。

1910 年梁肇三当选长崎福建帮正董事（商帮领导）。1912 年农历四月为返乡侍养老母,告退商董之职（见图 2-6-6）,商帮推选陈世望、欧阳仁（德泰号店主,福建省同安县人）分任正（见图 2-6-7）、副董事。1912 年夏,梁肇三归返长崎,同年（公历）10 月 23 日与世长辞（见图 2-6-8）,得年五十二岁。

图 2-6-5　梁肇三捐官穿着官服留影
（梁长明先生提供）

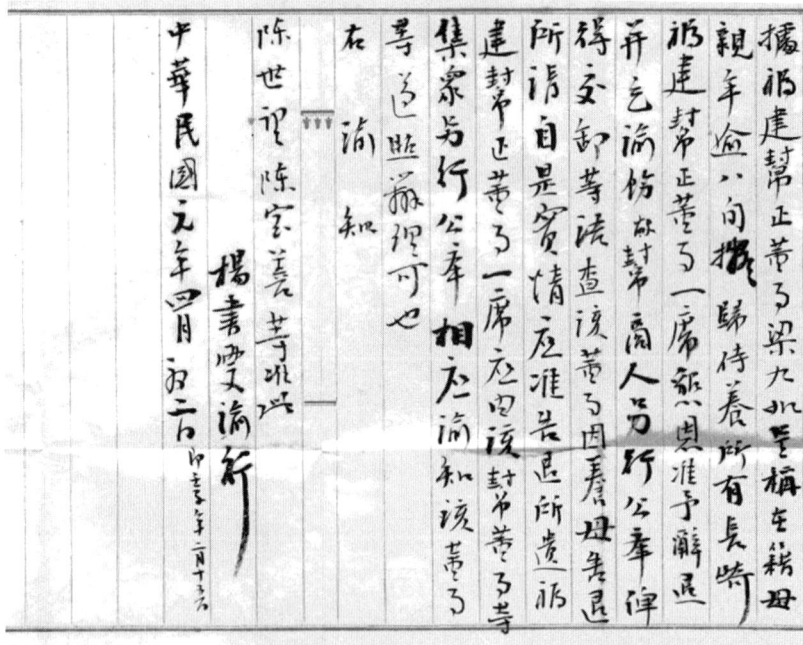

图 2-6-6　杨书雯谕知长崎福建帮梁九如（梁肇三）辞退商董文书

资料来源:驻日领事馆公函（陈东华先生提供）。

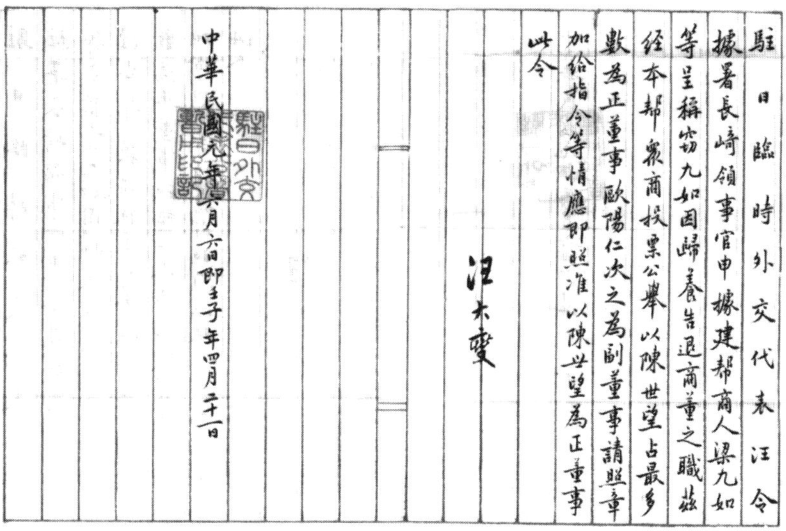

駐日臨時外交代表汪令
據署長崎領事官申據建幫商人梁九如
等呈稱竊九如因歸養告退商董之職茲
經本幫衆商投票公舉以陳世望占最多
數為正董事歐陽仁次之為副董事請照章
加給指令等情應即照准以陳世望為正董事
此令
汪大燮
中華民國元年六月六日即壬子年四月二十一日

图 2-6-7　陈世望 1912 年 6 月当选福建帮正董事文书

资料来源：驻日临时外交代表汪大燮公函（陈东华先生提供）。

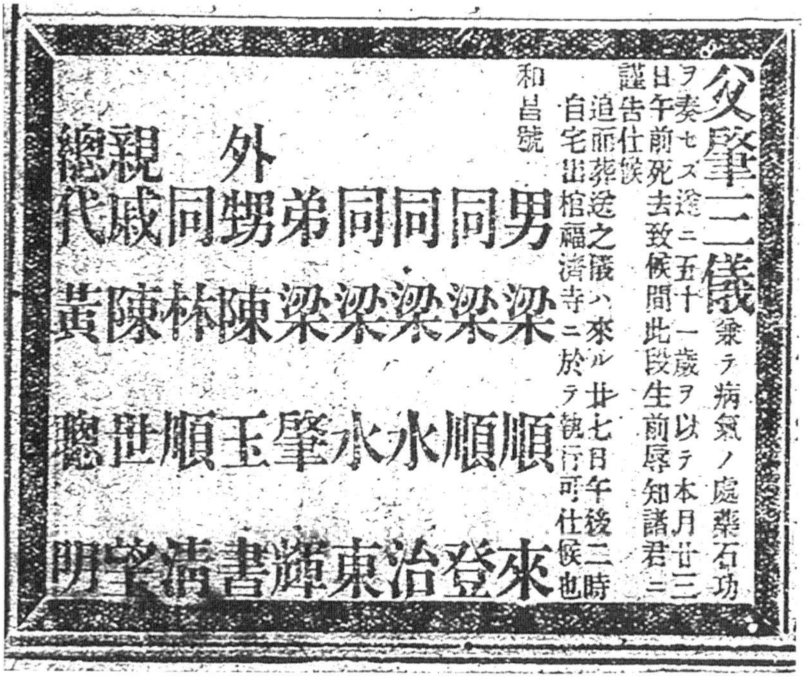

父肇三儀兼テ病氣ノ處藥石功
ヲ奏セズ遂ニ五十一歳ヲ以テ本月廿三
日午前死去致候間此段生前辱知諸君ニ
謹告仕候
追而葬送之儀ハ來ル廿七日午後二時
自宅出棺福濟寺ニ於テ執行可仕候也
和昌號
男　梁順來
同　梁順登
同　梁水治
弟　梁肇東
外甥　陳玉譜
同　林順書
親戚　陳世清
總代　黄聰明

图 2-6-8　1912 年 10 月 27 日梁顺来刊登梁肇三出殡广告

资料来源：《東洋日の出新聞》，1912 年 10 月 27 日，第 3253 号。

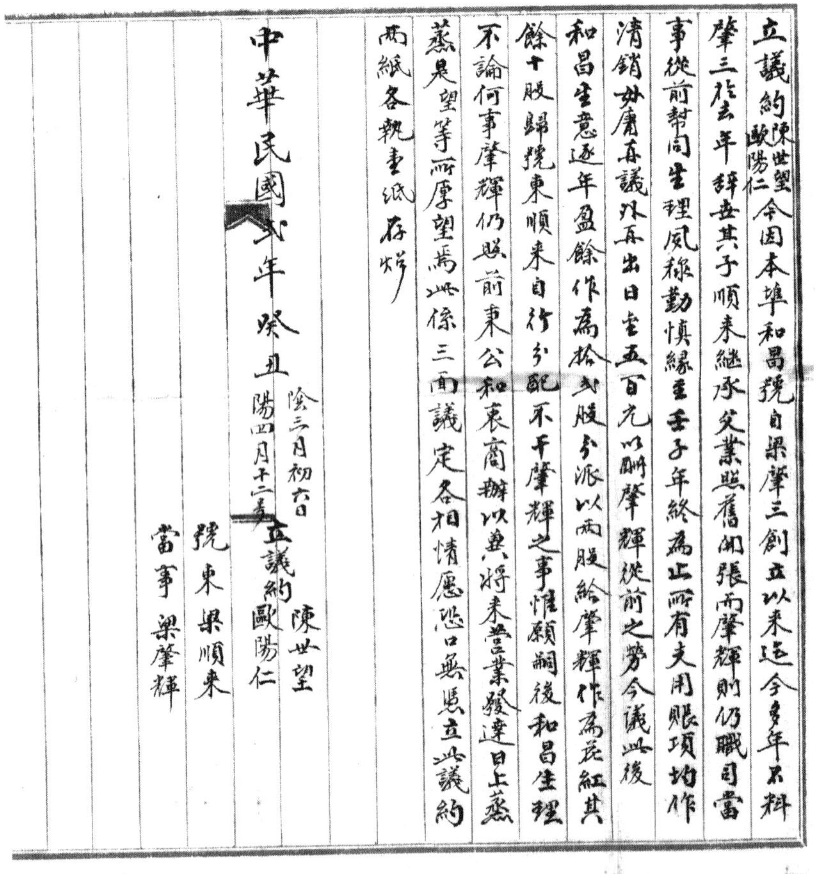

中華民國貳年癸丑　陰三月初六　陽四月十二□

立議約　歐陽仁
　　　　陳世望
堃東　梁順來
當事　梁肇輝

兩紙各執壹紙存炤

蒸是望等而厚望焉此係三面議定各相情愿恐口無憑立此議約

不論何事肇輝仍照前東公和衷商辦以興將來營業發達日上蒸

餘十股歸順來自行分配不干肇輝之事惟顧嗣後和昌其

和昌生意逐年盈餘作拾二股分派以兩股給肇輝作為和昌生理

清銷如庸存議外再出日是五百元以酬肇輝從前之勞今議此後

事從前幫同生理風稼勤慎緣是壬子年終為止而有支用賬項均作

肇三作古年辭世其子順來繼承父業照舊胭張而肇輝則仍職司當

立議約陳世望今因本埠和昌號自梁肇三創立以來運今多年不料

图 2-6-9　和昌号分红议约

(陈东华先生提供)

梁顺来（又名丕安，1887 年生）是梁肇三长男，陈世望女婿，二十五岁继承家业。1913 年福建帮商董陈世望、欧阳仁为使专业经理人梁肇辉（梁肇三堂弟）为和昌号效力，而与梁顺来、梁肇辉三面议定："此后和昌生意，逐年盈余作为十二股分派，以两股给肇辉作为花红，其余十股归顺来自行分配，不干肇辉之事。"（见图 2-6-9）制定了合情合理的分红制度。

大连南边与山东半岛的庙岛群岛遥遥相望，北边与辽东半岛的营口、丹东连接，自古以来是通往海上的重要门户。1898 年沙俄觊觎东北领土，强租旅顺、大连后，便于旅顺、大连成立了"关东州"。1905 年日俄战争的结果，促使日军侵占南满，取代了沙俄势力，"关东州"成为日本帝国的租借地。

1906 年日本设立"南满州铁道株式会社"（简称满铁会社），开放大连为自由港。大连是不冻港，背后有广大的东北腹地和南满铁路，19 世纪一二十年代在近代化港市建设的作用下，大连迅速成为东北地区贸易中心，及日本，朝鲜半岛，中国东北、华北的交通枢纽。[①]

1928 年梁肇辉到大连考察，农历九月十五日致世望一信云：

委查细详连埠（大连）各干盐鱼一节，敢不如命，接信之下遂即（随即）往访黄朝宗兄，同赴码头鱼场探查所出鱼干，细视非真正过鱼干之物，乃是代头（带头）柴鱼干，日本叫タラ（鲷鱼）之品，鱼体却于（与）过鱼约相似，实真不是也。照此鱼干恐难合台厦之路也，惟目下却有出盐白鱼，尾头却不少，每尾至少者半斤以上，乃十外两、一外斤之庄，前每百斤小银 8.5 元，刻升至 12.5 元、13 元，因兴化、上海去路颇广，又兼宁波贩槽在海中直向讨鱼船买去，故之奖（涨）也。况且出月步步见少，观之难降，而欲谋此连地（大连）之生理，只有此盐白鱼一宗，别却少也。至于出口费，每箱约百二三十斤，木箱装入捆送码头，每箱按之一二元，外加佣 1.5 分，多至 2 分，而出口有向水产出证明书，却免关税，则如台湾、长崎入口关税有无，此非在崎向关（海关）细查不可，此地实不知也。惟此盐白鱼旧年却有台人及日人谋办去台，今年未闻有办过。至于往基隆定期乃二十天一次，系是连（大连）开上海、福州、基隆，返回原福州、上海、青岛、天津、大连，大约连（大连）至基隆，须着半月之久未可，乃三只轮流，如此二十天一次，大约可知至福州每吨水脚 8 元，至基隆尚未查问，大约比之有多无少，容探实再详，总照此之价恐和台，故无电报知，水脚之事容探实。长崎、下关、基隆若干再当奉告。照此盐白鱼之价，为日本金以 119 之市，每百斤须着将近 11 元，再加费按 1 元及水脚至崎，谅着 13 外元，况且此盐物多失重，非可合谋也。运际不佳，到处均是无谋望，自叹自愧，况且初到此地，福聚昌平素无谋过，亦是不知，而弟人地生疏，亦难一时就谙，总是再探如何后详。细查建兴所云，下关时常配来盐鳁鱼，每箱 62.5 斤入，每百斤兑价日金 10 元进退，此物如崎便宜，按此若厚利，欲谋可先配几十箱或百箱前来试试。此地使代兑，行佣 3 分，上水车力入口免税，祈按之算有厚利者，欲谋配交建兴

① 郭铁桩、关捷主编：《日本殖民统治大连四十年史》，北京：社会科学文献出版社，2008 年，第 1、4～5、146、241～248 页。

托卖便可,总着三四元方能谋试市,贵者无利恐反亏耳,况且此鱼称闻每百斤磅秤有差,轻少八斤之额,祈知之。白果一物闻烟台有出,均由烟来,容探如何另报是也。至于此福聚昌乃大生理,逐日交易几百车,就咱小可之事,欲托甚是无味也。此系是做官派,姓彭财东耳。……①

泰益号情报来自自家调查、委托调查、金门乡亲及同业主动提供三种。梁肇辉赴大连访查,一面寻找商机,一面受陈世望委托,调查有关盐白鱼出产季节、价格、消费地,及日本盐鳀运销大连、大连交易习惯、定期轮船航路、大连钱钞汇市、商品行情等商业情报(见图2-6-10)。②

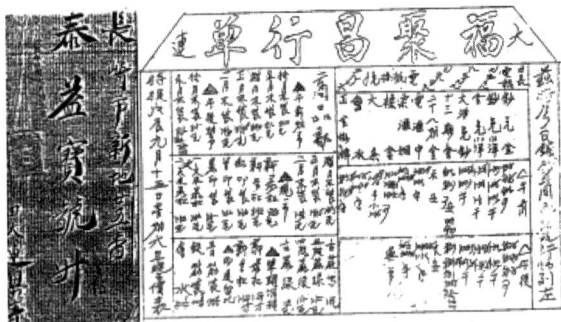

图2-6-10　1928年农历九月十五日大连行情单

资料来源:朱德兰编:《长崎及其他地区商号商业书简资料集》,第636页。

泰益号接到大连信息后,立即函请梁肇辉采购二十箱盐白鱼运交基隆顺美号发售。1928年农历九月二十八日梁肇辉装载神州丸一批鱼货运往基隆,有效的完成陈世望交办任务。③

四、陈世科移居神户

陈世科,本名高山七太郎,1875年出生于长崎筑后町,年少被陈发兴收为养子,在金门读书长大。陈世科天资聪颖,日语、闽南话说写流畅,1902

①　《泰益号商业文书》,1928年农历9月15日梁肇辉信函。

②　泰益号与大连客户交往始自1910至1936年,主要交易东北出产的豆类、豆油、豆饼、杂货、盐白鱼。参见和田正广、邵继勇:《大连、营口与北九州岛的交易网络》,刊载于市川信爱、戴一峰主编:《近代旅日华侨与东亚沿海地区交易圈——长崎华商"泰益号"文书研究》,厦门:厦门大学出版社,1994年,第253~262页。

③　《大连地区书信》,1928年农历九月二十八日梁肇辉信函。

年移居神户,创立"泰益商行"不过几年,就闯出一番事业。① 陈世科与长崎泰益本店互为表里,常对陈世望传递商业情报。如,1906 年公历 2 月 26 日书信言:

大兄大人足下:

昨奉一函,度早送报光照也。去年横滨一埠建邦(福建帮)各家因谋青糖(粗糖)硬扳不卸,逢市疲而价大落,巨亏数百万,故均瓦解无存也。查之该处糖、米广销于神户,目下台湾糖、米巨商有货无人委托,若向(若想)建业非常利益可卜矣。复兴敬祥兄(王敬祥)不只热意,昨来招谋,奈弟昔日存项与安受(王安受)、川记(台北川记号)连络生理拖去六七千元,时(实)如水洗,惜乎无项未敢应奉。渠云,大兄乃崎第一建邦(福建帮)富商,何怕无钱,硬派咱兄弟五千元,按招春(许招春)君五千元,他自按一万元,计之二万元为资本,议立招春君为支配人。事已定妥,咱若违议辞以乏项,第恐大失崎局面,故不得不允耳。事已如此,弟当调半助兄与份也。今事出于顾兄体面非弟敢自专也,幸勿怪之。

即请金安 泰益本号升

弟世科顿②

即谓横滨福建帮贩卖糖、米亏损巨大,台湾糖、米也广销神户,王敬祥(金门山后乡人,1888 年到大阪开设复兴号)③见台商乏人可以委托代销,为占得先机,打算联合王安受(王安寿,金门岛后宅乡人)、许招春(泉州人,经营基隆瑞泰号)④、陈世望、陈世科等人,共谋糖、米运销神户。

值得提出的是,跨海贸易的完成有赖交付商品的出口商、结付价款的进口商、处理航运文件的银行等三大支柱。所谓航运文件,是指发票(Invoice)、提单(Bill of Lading)、海上保险单(Marine Insurance policy)三种

---

① 朱德兰编:《长崎华商泰益号关系商业书简资料集:神户地区商号(1890—1959年)》,1993 年日本文部省科学研究费补助国际共同研究,No.04044157,第 157~158、162~163、194 页。以下简称《神户地区商号商业书简资料集》。

② 朱德兰编:《神户地区商号商业书简资料集》,第 268 页。

③ 中华会馆编:《落地生根——神户华侨与神阪中华会馆の百年》,东京:研文出版,2000 年,第 66 页。

④ 朱德兰:《台湾与日本之间米与海产品的交换:长崎华商泰益号的跨越海洋网络(1901—1910)》,朱德兰主编:《第四届国际汉学会议:跨越海洋的交换》,台北:"中央研究院",2013 年,第 205、222~223 页。

书类。其中,发票是由出口商签发,提单是由航运公司签发,海上保险单是由保险公司签发。航运文件必须完整,银行才能凭以结付货款。① 陈世科洞察银行信用与保险公司关系密切,为使陈世望获得较高的银行信用,遂寄世望一信云:

大兄大人足下:

拜陈者,顷读手教拜悉一切。谓设一人在台专理去货、会(汇)票两节,此事弟经筹之早矣,否则焉有遣蔡淞江由崎去台乎。彼此所见相同,将来必无意外后患,兄可高枕无忧矣。惟该使费兄负担三分之一,余皆神号支理可也。昨观各处新闻,日本全国银行信用一概停止,嗟乎我商家从此银源困难,生理不静而自静也。现台玄米六元余高,此因初次试新,故有是价,不可误以为实行情而贪进取也。当此来源不绝之,俟一日各号涌到,定有一时大落大宜之价,不妨举手放心宝食一腹无碍者何也,盖因内地(日本)米粮较之去年缺少多多,到那二百十日之际,青黄不接之间,决卜一番腾贵也。如此谋举自然胜算无疑矣。昨夜神户海上保险会社之副长(副社长)由火车要来崎与兄面商,保险托咱代理一节。到祈一面招呼,一面先查各埠出入口货保险料之多少,细陈一二,彼知底蕴可也。匆匆草此,并候金安。不一。泰益本号诸位先生均此

(1907年)七月十号
弟世科顿

保险家之来人姓名列左:
神户海上运送火灾保险株式会社常务取缔役田中省三氏。②

即对世望传达日本全国银行信用紧缩、神户米粮市场动态,及神户海上运送火灾保险公司老板欲亲至长崎拜访义兄等信息。陈世望和田中省三约谈保险事宜后,自1907年农历七月起成为神户海上保险会社的好客户。③

---

① 陈继尧:《海上保险》,台北:智胜文化事业有限公司,2012年,第14页。
② 朱德兰编:《神户地区商号商业书简资料集》,第343页。
③ 朱德兰编:《長崎華商泰益号関係商業書簡資料集:長崎·その他地区商号(1880—1962年)》,1994年日本文部省科学研究费补助一般研究,No.0645113,第754页。以下简称《长崎及其他地区商号商业书简资料集》。

五、泰益号店员坐镇下关支店

20世纪前半叶,下关港是日本渔民到朝鲜海域从事远洋渔业的一大根据地,及渔获物运销各地的重要集散地。[①] 陈世望看到这个商机,1906年派遣通晓日语的店员魏世美到下关内田传吉商店当客商,等待一段时日熟悉当地交易习俗后,考虑设立支店。

魏世美,1871年生,福建省福清县(今属福州市)人,1890年曾任泰昌号买办,1901年入泰益号,负责采购兼栈房管理工作。[②] 1906年农历五月七日魏世美抵达下关,邮递世望一信云:

> 仆刻午后二点半到下关,宿在内田传吉内,陆(路)途平顺,祈免锦介。他(内田)云,今晨早有打电话通知咱号内,新早米一百五十二包经已兑出,价四元八角,定明日过磅清楚,行用(佣金)一分起,上驳(卸货)每包四钱起,上栈每包一钱八厘,过磅夫工每包一钱六厘,入仓库每包一个月二钱五厘,如免入仓库者,起在仓库口十包每日一钱三厘。内田君今日去乡村,他伙友云,明日定必回来,如果回来与内田君相商,如何再奉信就是。[③]

即对店东传达下关港抽佣、搬运、入栈过磅等具体情况。

1909年世望在下关开设泰益支店,安排店员蔡承润、黄信相、谢毓铁轮流坐镇。店员寄留下关,每隔一两天就向泰益本店邮递一信。如,1911年农历六月二十九日黄信相报告:

> 今晨两接信、电,所详诸情均悉一切,承示鱼脯止办自当如命。至于鱼脯数日共到十余万斤,至昨日投票一概售清,而鲛脯中次之货乏人问津,一概售与肥料客,十贯三元八角,然小尾上上之货,市面与前相妨

---

① 和田正广:《戦前期・関門港と華商海上ネットワークに関する実証的研究:"門司新報"と華商文書"泰益号"を中心素材として》,东京:科学研究费补助研究成果报告书,No.06451113,1994—1996年度,第50页。

② 《长崎华商泰昌号账簿:各友总登》,庚寅年—辛卯年(1890—1891);长崎稻佐山国际墓地魏世美碑文。

③ 朱德兰:《长崎华商泰益号关系商业书简资料集:关门地区商号(1906—1938年)》,东京:文部省科学研究费补助,No.04044157,1993年,第1467页。以下简称《关门地区商号商业书简资料集》。

（仿），无甚奖（涨）落。而鲂仔脯比前较贵，因申客（上海客）争采之故也。至于今日又再到十万余斤，而货主出来招卖，然采客观货到旺，寒心不前，观此行情必定再落一二元未定也。此地因清商（华商）久在，是以行情不能大落，而内地（日本本土）市面实疲也。表侄亦观台湾及内地（日本本土）此去消路日少，是以未敢落手，故有假意要之，多采而还价贱也。至于仁记采买鲂仔脯数千斤，今配笠户丸想必托兑未定也。而北樱亦采不少，分配台南、上海，至于神户德泰托日人自前到关（下关），居在福岛店内争办配申，然此地邮船会社与糖会社仪位约定，而申什货（杂货）屡次退仪，而福岛一概配神（神户），而北樱亦然也。至于丰记及陆菊生亦采不少，昨日春丸只装三十箱而已，后尚伸（剩）之数七十外箱由崎（长崎）转配，五十箱由神（神户）转配，先此通知。关地（下关）生理为此数家竞争，得利实难，否则亏本未定也。今年所出新鱼脯，日、清各家为此竞争，亦亏本不少，得利惟有货主而已。至于盐花鲖（鲣鱼），此地乏货，市面甚笑，不论上下之货，价三元三角五，因各家亦有台南客号委办耳。至于筹州（对马）鱿鱼今年出数甚少，神户行情二十八九元，祈知之为要耳。①

黄信相，又名黄信尚，是金门英坑黄礼铺的孙子，1906 年任职泰益号，年薪 91 元，1909 年坐镇下关泰益支店，年薪 130 元（有闰月），花红 200 元。②

黄信相指出，下关港鱼脯到货量大，外埠买家有神户日商北樱商店、福岛商店，神户华商仁记号、德泰号，大阪华商丰记号及某店代表陆菊生，货主以投标方式贩卖鱼类。买家有时受到日本邮船公司与砂糖会社约定仪位，没有多余舱房可供载货的影响，标购到手的货不得不先运输神户、长崎，再转运台湾、上海。

蔡承润的祖先做过清朝布政大夫，③他的第一任妻子陈腰治是陈世望三女，第二任妻子是日本人。蔡承润反应敏捷，常到各地出差，因为见闻广

---

①　朱德兰编：《关门地区商号商业书简资料集》，第 1524 页。
②　张璋全编辑：《英坑黄氏族谱初版》，2005 年，第 17 页，未出版。
③　蔡承辉抄录：《琼林蔡氏前水头支派族谱》，金门：前水头，1986 年。

192

阔，所以1910年坐镇下关泰益支店，1911年担任下关泰益支店店长。[①] 1911年农历七月十一日蔡承润致世望一信云：

岳父大人尊前：

敬查日前奉呈片札，并交邮局带奉盐鲢鱼见本(样本)一包，想早送投尊阅。俱后初九日得接初八日发下手教一章，夹来鼎记行、德大行两信，均经读悉。然如要办高货均乏见到。安井商店昨日有到上中红鱙脯千余小包，随即投票，买客百斤价还十一元左右，此盘已足，无如卖主尚不肯允兑也。蚕豆知有去信嘱上海办配甚慰。昨日据买客云，若果宁波净货大粒，价有四元三角至四元三角五，正中粒亦有三元七八角可兑，务祈知之用意。嘱办鰛萍、鰯仔、鱙脯等货，鰯仔脯乏货，鰛萍只有一主十五叺(枡)，咱与卖主在街上作价七元五角，已完盘。该人回店，知被店中再卖乡村客，货已磅去，此亦莫法。熟鱙脯已照办就四包，兹配印度丸运台交鼎兴隆○亍上印中小尾白鱙脯三合一件，毛二百二十五斤，皮十九斤，净二百零六斤，又仝唛中尾红鱙脯三合三件，毛二百三十一、二百三十、二百二十四，共毛六百八十五斤，皮七十二斤，净六百十三斤。……盐鲢鱼有客招抛，新九月半内交货，价五元，此盘未知可抛否，务望示教。兹述熟鱙脯因内地市笑，所以卖主均皆扳硬，上中红鱙十二、十一元外，白色稍有烂肚，价亦叫十一元七八角，如中下庄九元四五角至九元内。黄智海昨有办进一主熟红鱙脯四十七叺(枡)，捆做十七件，百斤扯价按九元八九角。又办七件价八元五角，此庄与咱三件同类之货，该货并鲢鱼亦配印度丸运交台北去矣。顺此告知。昨今天气既回西方，想近日朝鲜船必能多到，价数回软，那时就有厚望也。兹顺夹进中利本单一纸、提单正副二纸，又，上海信数封，到祈尊收，好音教我荷荷。余容后申。并请金安万福　列位先生台升。

愚婿蔡水湿拜

辛亥(1911)七月十一日泐

此帮办入盐鲢鱼未悉配交何号，并是期印度丸咱配何货，亦望来教，又及。[②]

---

① 朱德兰编：《关门地区商号商业书简资料集》，第1492页；朱德兰编：《长崎及其他地区商号商业书简资料集》，第150页。

② 朱德兰编：《关门地区商号商业书简资料集》，第1529页。

反映下关港买客猬集,鳁萍、魦仔、鳀脯等货十分畅销,卖主有的用招标方式售货,有的和买客私下议价成交。1911 年农历七月十一日蔡水湿寄出此信不久,就接到泰益本店嘱托采购盐鲢鱼的电报,第二天回复:

岳父大人尊前:

　　敬启者奉呈寸函,内夹提本单度早送邀雅览矣。刻交去电话,所叙各情均皆知悉。盐鲢鱼善长商店今日有到ビル箱(啤酒箱包装)一百件,婿初时本拟按价五元至多五元一角欲买,不料日商出来作盘,百斤五元三角欲买,加仲须五元四角六分,日商并咱四家同分,咱按有二十五箱至三十箱,未知欲配交何号,故赶打电话请询,定能回音教我可料也。熟鳀脯昨晡(昨午)有到一俵,今既开盘中小上白色百斤十三元九角,兑日商去路,中小白鳀脯百斤按价十元五六角,纸袋一千二百包左右,兑黄智海按捆三十二三件,所兑之额将近三分之二,余者未成盘。(鳀脯)欲取上海庄,须此去多到,价数回软,那时观局办配就是。前日办配鳀脯货款,请祈回还是也。盐鲢鱼此去出数日多,逢有多到,价看四元七八角至五元,无不时常打电话告台,方有把握,此乃大定(大宗)之货,祈知之用意,兹逢车急,余事后详。并请谋安。

　　　　　　　　　　　　　　　　　(辛亥年)七月十二日晚
　　　　　　　　　　　　　　　　　愚婿蔡水湿百拜[1]

可知蔡水湿是和日商联合,以四家联合投标的方式包买整批盐鲢鱼,经分配二三十箱后,按照泰益本店的指示运交客户。蔡水湿又谓,下关有白色、中小尺寸不同的熟鳀脯,上等货价格较贵,适合日本销路,符合上海口味的鳀脯尚未上市,拟待货多价格回落,再观局采购,传达了下关鳀脯流通市场的信息。

关于长崎、下关泰益本支店的分工方式,1911 年农历七月二十四日蔡水湿报告:

岳父大人金安:

　　敬禀者,查昨日奉呈寸批,所告各节并夹去信相(黄信相)家书,定荷早投尊阅,回音教我可料。蚕豆今经报关起栈,候招兑如何再告。熟鳀脯昨到一主,计有四千余小包,今既成盘做九家平分,咱额五百余包,

---

① 朱德兰编:《关门地区商号商业书简资料集》,第 1530 页。

百斤按扯价十一元五角,约捆二十余箱,定明天配博爱丸运交鼎记行收兑,俟装妥如何由电话禀明。前今所到熟鳊脯现约存栈计有十万斤内外,此时采客甚多,况闻原头(源头)出数稀,致卖客不愿过贱,祈知之用意。盐鲢鱼所伸(所剩)之数,遵照配筑后丸去中可也。兹将办入熟鳊脯小办(小样)一包送呈,希望尊阅如何教我。台湾庄上按十元零角五分至九元五角,明后天台北丸行情单照按报告,盐鲢鱼此地后无再到。兹将神(神户)、阪(大阪)、台(台湾)、崎(长崎)诸号在关(下关)告知。协昌号、北樱商店,尚有一号专谋上海之家,未识何号。丰记阪庄、黄智海、吴庆祥赞岐丸来关(下关)。崇记号今来关宿在善长商店,并咱号共有八家。在地采办熟鳊脯、盐鲢鱼如此之多家,若无十分用神,不但无益而且有损耳。顺夹返神户、上海诸信,并本单两纸,到祈检收回音教我。余事后详。兹逢车便顺此走告。叩禀秋安

婿蔡水湿拜

(辛亥年)七月二十四日泐

泉兴提单今经寄去,本单崎列寄可也。①

指出长崎泰益本店从上海进口豆类,运交下关支店发售。下关支店负责调查、收集、传递情报。商业情报包括:上市海产品种类、质量、价格、卖主交易方式、竞买者背景、竞购数量、流通方向。蔡水湿经常观局低买高卖海产品,为了协助客户抢占先机,只要一出货,就把提货单寄交客户,与此同时还通知泰益本店将账单寄给客户,以便客户取货结账。

值得留意的是,下关华商常因海味行情变动急遽,舱位不足,不能装载货物,临时取消承购,而使卖方受害不浅。1917 年下关海产物商为防止这类交易纠纷,制定"下关海产物贸易商组合决议条件",交易规则如下:

一、当组合员是受注文者(订购方)之委托而代为谋办,故若应注文之货,如代为购妥之时,难料欲为船仓(舱)位不足等而不能装配,为此若生出损害者,乃注文者当要负担。

一、为船仓(舱)位欠缺不能装配定期船,如不得已代为装配临时船者,其运资之差额一切由注文者负担。

---

① 朱德兰编:《关门地区商号商业书简资料集》,第 1538 页。

一、为船仓(舱)位不足，或依货物之种类不得已被积在甲板上者甚多，此皆注文者要承认，如有所生损害者，乃注文者当要负担。

一、定买后之货物若变质，或为运送中致诸损害者，乃注文者当要负担。

一、近来凡注文者欲领货之时不存义理，以多方之枉情鸣诉，欲亏害于组合员者有增加之形势，倘尚默纵其然者，则不惟大贻弊恶，且有亏碍正直之商人非少，为恐缺憾，共交易之圆满，此时当由组合员直将其理由报明于组合事务所，而听于组合审议，如果认为不存德义者，将其氏名揭示于组合员之铺面，禁不能与其交易，且有对该注文者之所在地所发刊之新闻，广告其理由也。

以上大正六年(1917)八月五日下关海产物贸易商组合①(见图2-6-11)。

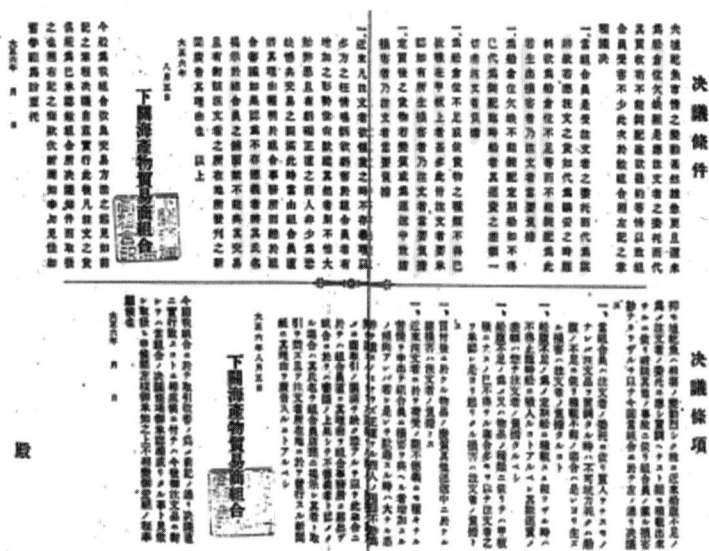

图 2-6-11 1917 年下关海产物贸易商组合决议条件

资料来源：朱德兰编：《关门地区商号商业书简资料集》，第 1593 页。

反映下关海产物贸易商组合为保护同业利益，是用集团组织的力量，要求中介贸易商要重视诚信，以利买卖双方共生共荣。

---

① 朱德兰编：《关门地区商号商业书简资料集》，第 1593 页。

六、宋胜庸行旅上海

宋胜庸，1889 年生，福建省同安县（今属厦门市）人，家族何时迁徙乍浦，史不可考。宋胜庸擅长珠算，楷书工整，文笔流畅，除了为泰益号记账、写信外，也替陈世望分担商帮事务，担任长崎福建联合会书记兼会计（见图 2-6-12）。[①]

宋胜庸每年路经上海回乍浦探亲之际，都顺道处理陈世望交办事务。如 1917 年农历九月三十日他向世望报告：

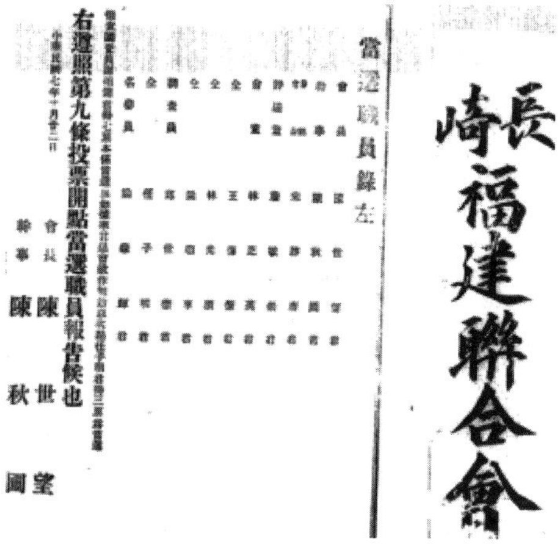
長崎福建聯合會

當選職員錄左

右選照第九條投票開點當選職員報告候也

會長 陳世望

幹事 陳秋圃

图 2-6-12　陈世望会长公告宋胜庸 1918 年当选长崎福建联合会书记兼会计

资料来源：《长崎福建联合会文书》。

世望东翁大人大鉴：

谨查于二十五日在申（上海）曾奉寸缄，所详各情谅必送呈台案矣。仆于是日午后转舟，越二十六日下午抵舍，途中平安，告舒锦介。二十八日接申鼎记转来钧谕，拜聆一是，承示令弟世科叔（陈世科）汇崎（长崎）一百六十金，嘱购白纺绸，该款由鼎记支付云云，敢不如命施行，惟舍下刻有微干，俟来月中拟当出申照采觅，俟倘有其友寄崎或与神（神户），再行奉闻。前由鼎记、德大办存之杏仁露、上海地图、铜水镖唛头皮及信壳等，倘先带到，乞便覆慰为盼。查德大年来生理比前丰富非浅，但茂记底蕴尚称稳当，而鹤伯（徐鹤笙，鼎记号店主）亦知其妥实也。至于捷裕处货件嘱勿谋与彼之开盘，谅东翁暨诸位深知情形矣。若论鼎记生理专司东洋一途，所有来货无不克勤效力以慰客心，至于本力亦足，故而来货可以堪配开盘者，想必胜与他家多矣。匆匆，余容后详。专此布奉并请财安。金钟世兄、御

① 《长崎闽南帮名簿》，1920 年；《长崎福建联合会》，民国九年（1920）。

奥样(中村梅子,陈世望日本妻)拜安

仆宋胜庸顿

九月三十日①

宋胜庸受托代办三件事：第一,向上海鼎记号支款,为陈世科采购白色纺绸；第二,向陈世望确认,先前委托鼎记号、德大号买存的杏仁露、地图、文具等,有无收到；第三,访查客户营业状况。经过一番调查,确认鼎记号专门进口日本货,资本足、服务佳,是一很值得信任的交往对象。

七、董运筹行旅厦门

董运筹,金门古坑人,1922年担任泰益号书记。1928年正月董运筹返乡探亲,二月二日途经厦门邮递世望一信,报告旅途见闻：

东翁大人尊鉴：

查客月廿七晚在申(上海)曾致寸楮,必已送邀尊览矣。晚于廿八日午前十一时在申乘庐州轮动身,至昨晚八时抵港,今早九时上陆,途中因昨早六时突起风浪,轮遂避泊于福州牛山(牛山岛,隶属平潭县),历二小时始再开行。当风浪大起之际,船顶一带无分贵贱皆成泽国,波臣之为虐危可怕矣。晚幸叨遐庇,略无晕船困苦之患,所带行李,惟海味及网笼稍受溅湿而已,容当通知尊府嘱其过晒是也。现厦颇称平稳,……水道已告普及,市区又在改正,多处街衢大路亦设有巡部,一切地方秩序,比晚前年东行之际,又另有一斑气象。古人云,离别三秋,当拭目以待。此言良可信也。以厦之迩况如此,诚无可不安之处,故于今午十二时发奉一电曰,"筹到平"三字,谅可照呈尊译矣。因恐邮(电)局嫌疑,故未落一"厦"字,想能会意可知。现厦如申江(上海)所到之船,海关免再开看,惟须经海军查验军装,因当戒严之际,凡有往来客商,枪炮之类分毫亦不准携带,苟有不遵,定当重罚,此即吾辈要归家,行李中所当注意者也。晚此次因承渠叔(吴昭渠,合利栈店主)乔梓,亲到船上接迎,所有行李系由别处路头上陆,故未经过海军视及耳。委向新哲记号支洋二百五十元业已取到,明日自可交于尊府,尚希勿介。当晚往哲记

---

① 《上海地区书信》,1917年农历九月三十日宋胜庸信函。

支款时,适清波先生(陈清波)及天来伯(庄天来)在号,当与谈些商况。渠云,昨曾接到一电,报丁香价三十元、二十八元,以此行情实难和算。现厦市只兑三十外元而已,良因淡水配来甚多,彼系倚兑押汇,其目的以速脱为妙,故每不顾本钱胡乱卸出,本属呆景气,又遭此野猴乱战,更难匹敌矣。且也彼系由基隆出配,笑市之际,立即注文,一日可到,以是速缓又悬殊不少矣。至于振隆乃新开字号,晚曾查询清波叔,彼言之略略,以新创生理,固(故)无内容底蕴之可言也。兹晚在庐州船中,遇一台人林式金君,彼系在台与知友张世祯君合谋海味生理,号曰怡德商店。张君专理内务,故书信往来大概用张君之名,而彼则专事外交,常往神(神户)寓于隆顺号柯炳富之处。晚曾为介绍,并述尊名。渠称昔日似有往来,因久忘记,此后如有往神,亦欲跨崎(长崎)一行。现如台北源顺、胜和、义芳等号,彼均了然胸中也。林君言论中谈及申江旅馆,曾为介绍,现有祥云公司者,系台人所开,地方平常,而语言可通,买卖便利,曾有给晚广告。兹特夹奉,晚意如金钟兄(陈金钟)等要由申而归,苟该公司有到船招呼者,不如寓此较为便利也。晚意如此,尚希裁而决之。日来尊体如何? 念甚。惟想吉人天相,必早矍然可知矣。草到尚祈示慰为盼。诸友委带物洋(物品、洋银)俟明日到金(金门)分发清楚,当有一番报告是也。夹交君调伯(徐君调)一函,祈即照呈为祷。今日厦市金票兑洋一元一分。肇辉叔(梁肇辉)所寄三十元经已兑换中银矣。匆匆。此请节安 诸翁均此

晚董运筹拜安
二月二日①

董运筹向陈世望传达四种情报:第一,厦门为近代化大都市,交通发达,市容一新,不过,时值实施军事戒严,海关查验客货相当严厉。第二,厦门广销日本丁香脯,惟长崎货物运输厦门不如淡水、基隆数量多,而且到货迟缓,不能和台湾来货竞争。第三,已遵嘱向新哲记号支取洋银250元,送交陈世望金门家族。第四,介绍台商林式金,并提供上海有一台商开旅馆,服务旅客相当周到的信息。

---

① 《厦门地区书信》,1928年农历二月二日董运筹信函。

八、陈世焜返乡定居金门

陈世焜，又名妈耀，金门新头乡人，生父陈文政是陈瑞椿堂弟，曾为泰昌号效力。陈世焜 1906 年到神户泰益商行担任台米磅秤出栈业务，1908 年返乡，过户给陈瑞椿当养子，1909 年应聘到长崎泰益号帮办。[①] 1913 年陈世焜返回金门定居，经营日本棉布、色线、杂货生意，常向陈世望传递家乡信息。如，1914 年农历七月十七日陈世焜致世望一信云：

世望家兄大人台电：

敬覆者，前日寄奉一札想必送到，内有各情必知其详矣。昨日过西近海之港边，忽然海水潮之数尺，地瓜被坏者不得其数之籔。近风声甚乱，南洋帆路不能转通，吾金（金门）十分之忧也。前草嘱采挓纱（方言，指毛线）及挓纱帽、上海诸药件，至切办来为要。况今四方花生收成明白，弟前带回松尾布店之青花布，价七角八分，今只伸（剩）者十七匹，此庄之布合消去路，望祈速办百匹付装是期为幸。白花布价一元一角三分，只伸（剩）者二十九匹，照前之价再减一角三四分，办四十匹，乌柳条布价八角五分，今伸（剩）者五匹，前价八角五分，今有兑之价一元二角外，只得之利每一角二三分。如前之价再分八九占（分）可采四十匹。白柳条布只兑五匹，幸勿办配。如乌柳条其价不能再分，亦免多采。况今沙尾、后浦两街只兑八角外至九角外。如货不同前帮，贤侄金钟寄线，办白线，色稍红，不能专白色也。如是未办甚妙，可改专白色线八捆、青色线二捆、乌色线拾捆，计二十捆，合作一件，一齐配交厦宜美号代为报关，其费现理。弟带回之乌色线在咱乡诸亲戚采尽也，尚有之挑出外乡而招兑。前弟本意欲往实叻坡（新加坡），因南地战争甚乱，能回不能进。日前厦门因在实叻坡度食之人，并恶人驳返八九百人，咱金只有几人，该内地之人也。今日止，弟计交敝父亲银一百四十元，每月足用者大约四十元，未知何处可以支来否？非家费之多，乃后毒之敝也，可惜而可叹，敝父亲只应发银而已，不能查之此银付去何用。兹有前后嘱办诸货，望祈速办配来应消为要，免弟在家乡无机而乏行也，恐碍其

---

① 朱德兰编：《神户地区商号商业书简资料集》，第 296 页；《长崎华商泰益号账簿：各费总簿》，丁未年(1907)。

体至切至嘱。咱举家俱获粗安,瑶(遥)想崎号必获清吉,见草祈转达况娘知情。前嘱问小径社只姈(舅母)做头一节,乃佛头与祖头一样,未知其实情。顺请魏世美、梅娘样(中村梅子)、孙先生(孙逸之)、金钟(陈金钟)、徐君调、水拾(蔡水习)、任德和、赖赐洪,在此钧安。

甲寅(1914)七月十七日

弟世焜泐①

说明金门如果花生收成好,将可带动乡民购买青花布、白花布、乌柳条布、白色线、青色线、乌色线等日货。陈世焜进口日货,通常委托陈世望将货运交宜美号,先在厦门报关,再运输金门。1914 年陈世焜想往新加坡发展,然因福建发生内战,南洋航路受阻而作罢。陈世焜书信又言,新加坡驱逐八九百名恶徒返厦,他们大多是福建内地人,金门人仅仅几人而已,反映一战以前福建人进出新加坡之盛况。

九、梁顺意赴新加坡

新加坡,旧名石叻(海峡之意,简称叻),早在 19 世纪莱佛士(Thomas Stamford Bingley Raffles,1781—1826)尚未登陆前,已有许多华人移居此地。② 1819 年新加坡开埠,莱佛士宣布为自由通商港后,吸引了许多商船来此贸易,福建沿海商民随之纷纷涌入,价格低廉的日本货更趁一战爆发,西欧商品退出南洋市场的机会,活跃地运销新加坡。③

新加坡从事进出口贸易商中,来自金门山后乡的梁顺意颇为特殊。梁顺意,本姓李,字诚正,少时因为家贫被梁家招赘,曾为和昌号担任买办。和昌号店主梁肇三的母亲陈大娘(陈肃容,1833—1917)是陈瑞椿姐姐,长男顺来娶瑞椿长孙女会治为妻。梁诚正为广结人缘,方便行商,便与梁顺来同辈,改名梁顺意。④

1920 年梁顺意到新加坡,寄居益顺号(店主梁上笏,金门人)内。1921

① 《金门地区书信》,1914 年农历七月十七日陈世焜信函。

② 庄钦永:《新加坡华人史论丛》,新加坡:新加坡南洋学会,1986 年,第 20 页。

③ 李美贤:《新加坡简史》,南投:暨南国际大学东南亚研究中心,2003 年,第 11～12 页。

④ 梁长明:《金门山后梁氏天就祖家谱》,金门:金门山后乡,2008 年,第 1～3 页。

年农历十一月梁顺意为泰益号销售两批海产品，第一批自长崎装载蜜几施果丸，运送中尾熟丁香脯九箱净重 1508 斤，中尾生丁香脯四件净重 820 斤，十月八日出发，十月二十一日抵达新加坡。第二批货自长崎装载春日丸经由门司港转换加贺丸，输出甲印中尾熟丁香脯四箱净重 625 斤，子印中幼尾熟丁香脯六箱净重 1034 斤，十月二十八日启程，十一月十七日抵达新加坡。[①] 梁顺意与陈世望互动频繁，常为陈世望传递信息情报。

1923 年中国对日发出废除"二十一条"条约通知，日本政府拒绝，各地华人激起强烈的排日运动。[②] 新加坡方面。梁顺意向陈世望报告：

> 世望仁兄先生阁下：
>
> 敬查于二月二十二日曾奉叻（新加坡）第五号草函一封，内并第首帮丁香脯十五箱，兑单一张，谅必早投台案矣。其货款 672.98 元，宝号必照付弟来往之账。兹者依前第六帮丁香脯十二箱，兑单列上，越后被客号效（交）涉丁香淡湿，弟无奈补赔叻银二十元完局，此条宝号定必收弟来往之账。前信弟详明，定无与弟受此克亏也。顺报叻地近日纷纷言说，华人全埠要抵制日货，因为青岛之事，但未审虚实否。宝号在日本定知北地之消息，如果华人要抵制日货者，蒙宝号赐信前来教我知晓，是托是托。宝号前后所存之项 758.58 元，汇自由票来支无防（妨）矣，汇票水 1117.5（元）。中尾好色丁香干干（干燥）价看三十元之普（谱），多者为难。海产之物与人难料矣。北海道二办鱿鱼每捆二粒，至叻兑价四十二元，因来者甚多，咱长崎鱿鱼千万勿谋为要为要，仅有丁香脯一货宝号自己把握矣。余事后信再详。并请泰益宝号财安 列位执事先生安好
>
> 癸亥（1923）农历三月初五日弟梁顺意泐[③]

又，1923 年农历五月六日梁顺意致世望一信云：

> 盖咱中华客商以及叻地（新加坡）抵制日货不易，现下叻地公办牙

---

①　《新加坡地区书信》，1921 年农历十一月二十九日梁顺意账单。

②　有关 1923 年排日运动，源于 1919 年各国在巴黎凡尔赛宫召开媾和会议时，在山东问题上接受日本要求，承认日本拥有德国在山东的各种权益，为此，中国掀起五四运动、民族解放运动。其后 1921 年华盛顿会议，虽通过门户开放与机会均等原则，但并未限制日本在华既得利权。参见今井清一：《日本近现代史》第 2 卷，北京：商务印书馆，1992 年，第 146～156 页。

③　《新加坡地区书信》，1923 年农历三月五日梁顺意信函。

（英国殖民政府）出来劝改我华商交易日货，而抵制党不敢出头，依（仅）有分单广告，候其正（政）府二十一条件取消，那时交易宝号生理广阔。逢有我中华客商批信托宝号代办货物者，那时蒙宝号费神，便笔教我知道是托，因弟自有把握耳。今递（随）此信内函去和昌一信，蒙祈分神照交，是托是托。[①]

可知新加坡英国殖民政府因恐华人抵制日货影响当地经济活动，故而有劝告华商照常交易日货的举动。梁顺意除代销长崎海产品外，每当返乡探亲之际，也为陈世望提供商业服务。如，1927年农历十月十六日梁顺意书信写道：

世望仁兄先生阁下：

敬查于本初八日弟在厦门寄奉寸楮一道，谅早收到可料矣。因弟本初九日答（搭）金星小船由鸡过头太平抵家，十一日往贵府拜候令堂老大人康建，并阁下所委之言，弟点点禀明老大人喜悦耳。十月初十日贵乡演戏，逢着令爱概在贵家中，而令妹及为山兄（黄为山）亦在贵家中，因弟在崎，阁下面委带之物品并银项，弟件件点明交令堂老大人以及尊夫人收去，件件无错矣。依有原色布五匹，点交尊夫人至（只）有四匹而已，谅阁下在崎点错一匹未可深料矣。再者，代买六神九三匣银三元，金圜（金手环）手工银四元共七元，阁下面委厦门细记（哲记）支银二百元正交令堂老大人收去。又，阁下交弟来银三十元，除去七元，伸银二十三元，二条计二百二十三元交令堂老大人收去妥矣，谅老大人必有信与阁下提明可料矣。再者，今天接得阁下十月初四日在崎赐来台函一章，示事一切领悉，丁香脯接续配叻以应弟面光彩，情当感感，但弟往叻约之此月尾，小儿荣升回信，弟立即往叻。余事后信再详。并请大安

泰益宝号诸位先生望代为候安

丁卯（1927）十月十六日

弟山后梁顺意拜

附记

永福小儿收，今托梁顺意兄带回：

洋参一包二两，参扎一小包一两零钱五分，内金仓（金疮，刀枪伤药）二只。

---

① 《新加坡地区书信》，1923年农历五月六日梁顺意信函。

203

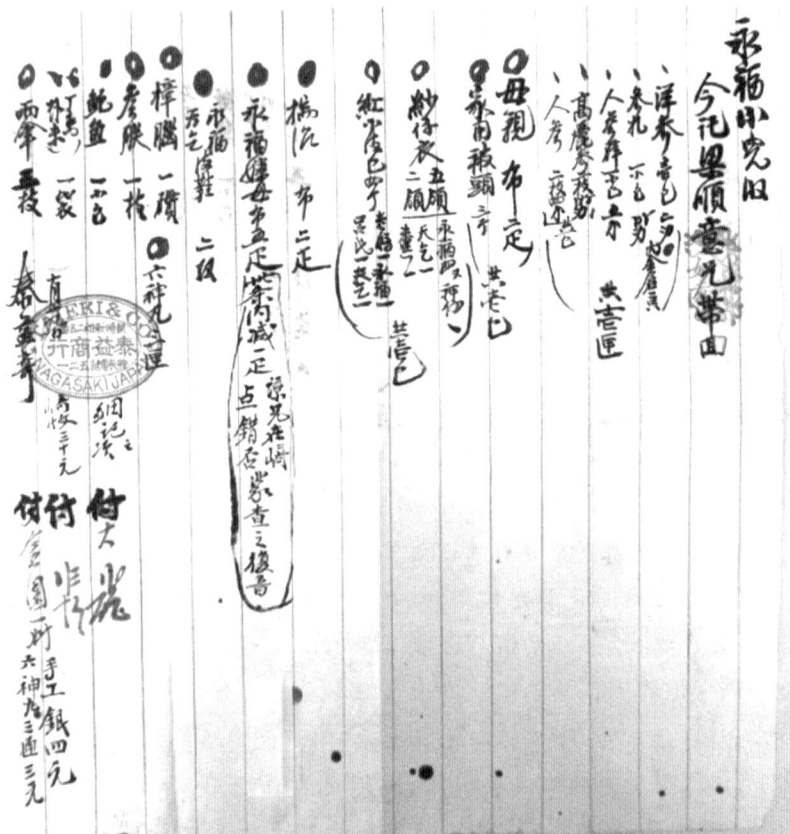

图 2-6-13　陈世望委托梁顺意代交金门亲戚物品

资料来源：《泰益号商业文书》，1927 年农历十月十六日梁顺意信函。

　　人参片一小包五钱，高丽参二支一两四钱五分，人参二枚四钱共一包，以上共一匣。

　　母亲布二匹，家用被头三个，共一包。

　　纱仔衣五领（五件）：永福四领（四件），神仔一领（一件）；纱仔衣二领（二件）：天乞一，粪一。

　　红小皮包四个：老妈一，永福一，吕氏一，天乞一。共一包。

　　揣治布二匹。

　　永福婶母布五匹，此条内减一匹，谅兄在崎点错否，蒙查之复音。

　　永福、天乞皮鞋二双。

　　樟脑一罐、参胶一枝、六神九三匣。

鲍鱼一小包。

丁香、虾米一袋。

雨伞五枝。

细记(哲记)之项,付大(大银)二百元。

十月十九日崎收三十元,付二十三元。

付金圍(金手环)一对,手工银四元。六神九三匣三元①(见图 2-6-13)。

其实,在没有船只直达金门的时代,梁顺意不惧长途旅程可能遭遇意外,愿意受托带交陈世望老母银 223 元、一对金手环,送交陈世望家属及亲戚诸多日用品、保健药品、食品、杂货,这种友爱陈世望的行为,十足反映金门商人心地朴实,很重视同乡情谊。

结　语

泰益号是金门人陈世望以血缘、地缘纽带为基础的泛家族企业,店内员工有经验丰富的干将,也有涉世未深的年轻人。泰益号成员基于商务、增广见闻、返乡探亲等多重目的的需要,经常往来于东亚各大港埠之间。

人员移动与情报传递相因相生。泰益号情报来自自家调查、委嘱调查、乡亲与同业主动提供三种。情报内容包括影响经济的时势变化、影响商户利益的上游供货商、下游买家、同行竞争者、潜在竞争者及替代性产品等多项影响商家经营的因子。可以说,泰益号越是重视情报调查与收集,通过分析、决策判断,掌握不确定的环境因素,就越能在商贸活动上位居竞争优势。②

泰益号员工、乡亲频繁的对陈世望传递抢占市场商机、各地交易习俗、客户信用、原乡商业活动等情报,商业竞争透过信息的不对称(Asymmetric

---

①　《金门地区书信》,1927 年农历十月十六日梁顺意信函。

②　David 编撰:《产业策略评析》,http://cdnet. stpi. org. tw/techroom/pclass/2008/pclass_08_A072. htm,2013 年 8 月 10 日浏览;David 编撰:《专利情报:竞争情报与竞争情报内涵》,http://cdnet. stpi. org. tw/techroom/analysis/pat_B005. htm,2013 年 8 月 10 日浏览。

Information），亦即处于市场交易的双方，一方知道一些对手所不知道的信息，而得获取交易利益。[1]

商业情报之中，政治变动、经济变动、社会变动、价格波动等影响市场行情的因素，及买方信用不良，影响卖方正常营运等需要防患于未然的风险情报，也颇受泰益号重视。如宋胜庸在上海深入调查客户信用，梁顺意自新加坡传递华人排日运动信息，便属规避经营风险的威胁（Threats）信息。

---

[1]　David 编撰：《专利情报：竞争情报与竞争情报内涵》，http://cdnet. stpi. org. tw/techroom/analysis/pat_B005. htm，2013 年 8 月 10 日浏览。

表 2-6-1　泰益号员工年薪（一）

单位:元

年	人 数							
	1906(11人)		1907(11人)		1908(10人)		1909(8人)	
代号	薪资	分红	薪资	分红	薪资	分红	薪资	分红
映记	240		240		400		400	
世美	130	66.2	120	50	120	110	130	100
逸记	130	60	160	80	144	120	156	150
金钟	91	40	100	40	100	50	130	200
尚记	91	40	100	40	108	70	130	200
铁记	91	40	100	40				
九把	150	50	206.18		108	130		
嘉记	110	80			72	70		
永头	55	20	156.67					
磋记	23.9							
头记	312.882							
水记			40		84	50	104	60
永宰			30		45	20	22.9	
长庆			24					
天传					42	30		
耀记							111.23	

長崎华商：泰昌号·泰益号贸易史(1862—1940)

表 2-6-2 泰益号员工年薪(二)

单位:元

年	人 数									
	1910(11人)		1911(9人)		1912(9人)		1913(6人)		1914(9人)	
代号	薪资	分红	薪资	分红	薪资	分红	薪资	分红	薪资	分红
映记	400		400		400		400		400	
世美	120	100	130		144	50	144	80	156	100
逸记	144	100	156		144	50	156	150	156	150
金钟	80	100	130		120	30	156	150	156	150
尚记	30	30	130		120	30				
水记	96	50	130		120	70				
永宰	49	85								
添仁	45	20	42							
文泉	220	100	120							
为山	40	40								
蟳记	25	15								
德和			91		100	30			130	100
调记					60	30	180	180	200	300
胜庸					120	30			130	120
水湿							156	200	156	200
水雪									70	

表 2-6-3 泰益号员工年薪(三)

单位:元

年	人 数									
	1915(10人)		1916(10人)		1917(10人)		1918(10人)		1919(11人)	
代号	薪资	分红	薪资	分红	薪资	分红	薪资	分红	薪资	分红
映记	400		400		600		600		1000	
世美	180	80	180	160	325	70	360	100	390	200
逸记	180	120	180	200	390	60	207.94			
金钟	180	220	180	200	390	60	360	100	600	

续表

年	人 数									
	1915(10人)		1916(10人)		1917(10人)		1918(10人)		1919(11人)	
水湿	180	220	100	280	390	160	864.35		180	100
德和	150	100	144	280	100.22					
调记	200	160	300	240	520	150	480	240	650	400
胜记	180	120	180	300	715.71		360	200	440	260
冰雪	70		72	50	130	50	150	70	195	100
江海	70		72	50	130	50	79.4			
铁记							360	100	390	200
王鸿钧									300.29	
毛城梅									201.75	
泽记									50	

表 2-6-4　泰益号员工年薪（四）

单位:元

年	人 数									
	1920(11人)		1921(11人)		1922(9人)		1923(7人)		1924(6人)	
代号	薪资	分红	薪资	分红	薪资	分红	薪资	分红	薪资	分红
映记	1000		1000		1000		1000		1000	
世美	500		740.3							
金钟	600		600		600		720		720	
水湿	367.77									
铁记	500		300		450					
调记	1200		1200		1300		1200		1200	
胜记	850		700		860	80	800		800	
冰雪	268.92									
毛城梅	300.29		160							
泽记	201.75		360		145.46					
陈道生	50		100		200		240		240	
秀记							583.19			
王维达			394.63							
董运筹					200		360		360	
华记			300		433.4					

表 2-6-5　泰益号员工年薪（五）

单位：元

年	人　数							
	1925(7 人)		1926(10 人)		1927(10 人)		1928(10 人)	
代号	薪资	分红	薪资	分红	薪资	分红	薪资	分红
映记	1300		1200		1200		1300	
金钟	800		850		850		800	
调记	1300		1200		1200		1300	
胜记	910		850		850		700	
陈道生	260		75		300		330	
董运筹	500		200		600		680	
源记	160		140		120		130	
芳记			150		300		330	
永义			150		240		200	
蜊记			90		300		78.55	

表 2-6-6　泰益号员工年薪（六）

单位：元

年	人　数							
	1929(8 人)		1930(10 人)		1931(8 人)		1932(8 人)	
代号	薪资	分红	薪资	分红	薪资	分红	薪资	分红
映记	800		800		800		800	
金钟	600		600		600		600	
调记	600		600					
胜记	550		200					
陈道生	300		360		360			
董运筹	500		600		350			
源记	120							
芳记	50				360		360	
永义			128.92		360		360	
蜊记			280				100	
泽记			39.58					

续表

年	人 数			
	1929(8 人)	1930(10 人)	1931(8 人)	1932(8 人)
秀峰		120	180	365
嘉颖			120	67.7
水湿				150

备注:映记＝陈妈映(陈世望)、世美＝魏世美、逸记＝孙逸之、金钟＝陈金钟、尚记＝黄信尚(黄信相)、铁记＝谢毓铁、九把＝李九把、嘉记＝蔡尊嘉、永头＝陈永头(陈永畴)、磋记＝何德磋、头记＝杨笃头(杨笃源)、水记＝蔡水习、永宰＝陈永宰、耀记＝陈妈耀(陈世焜)、文泉＝徐文泉、为山＝黄为山、蟳记＝陈念蟳、德和＝任德和、调记＝徐君调、胜庸＝宋胜庸、水雪＝张水雪、胜记＝宋胜庸、江海＝张江海、泽记＝蔡连泽、秀记＝曾秀峰、华记＝陈世华、源记＝黄水源、芳记＝梁维芳、永义＝陈永义、嘉颖＝许嘉颖、筹记＝董运筹。泰益号账簿1907年以前、1934年以后数据从缺。1933年登录账不全,1934年支领薪资者仅有5人,本表从略。

资料来源:据《长崎华商泰益号账簿:各费总簿》,丁未年－壬申年(1907－1932)制作。

第七章

商品交换

19世纪末20世纪初台湾米和日本海产品的交换活动很盛,但鲜少受到学界关注。有鉴于此,本章将以泰益号账簿为基础,首先探讨台湾米销售日本,其次阐述日本海产品销售台湾,然后透过这两种商品移动,分析泰益号建构跨洋贸易网络的特色。

一、台湾米销售日本

台湾米属于二期作,在1922年新品种蓬莱米(日本种)上市前,出现在日本消费市场中的台湾米几乎都是在来米。在来米(以下统称台湾米)耐旱、早熟、产量大、价格便宜,因为品质优于南洋米,形状类似日本米,商家可以南洋米价格买入,在日本调制、混合日本米后,再按日本米价格出售获利,所以参与台湾米买卖者多不胜数。[①] 有关20世纪前半期日台交易米及台米流通日本市场的情形,兹论述于后。

(一)日本人对台湾米的需求

日本人大量食用台湾米似以驻台日本军队为嚆矢。日据初期,日军来台"讨伐"抗日分子,抗日分子神出鬼没,经常夺取军粮,[②]台湾总督府为了

---

① 台湾糙米运输日本各大港市之平均价格,1900—1904年每石批发价如下:9.25圆(日元)、9.89圆、9.79圆、9.78圆、8.44圆;同期日本本土生产糙米价格分别为:11.97圆、12.29圆、12.65圆、14.44圆、13.20圆。大豆生田稔:《近代日本の食糧政策——对外依存米穀供給構造の変容》,京都:ミネルヴァ書房,1993年,第53页。

② 黄旺成纂修:《台湾省通志稿》第9卷《革命志・抗日篇》,《中国方志丛书・台湾地区》64,台北:成文出版社,1983年复刻版,第19,35、61页。

储存战备米,解决日本内地荒歉,米价高涨,收购困难,或船腹不足,载运延迟,发生缓不济急之情事,故自 1896 年 10 月开始刊登广告,公开招标采购军用粮食米(见图 2-7-1)。起初,投标者有三井物产、大仓组、宅会社、三美路商会(英国 Samuel&Co)等,全都属于实力雄厚的大企业,几年后,台籍米商熟悉日军招标流程后,也纷纷地加入竞标岛产米活动。①

商家标购军用米本来是以日本精白米为主,混用少量的台湾米,但日本米供货量不稳,价格昂贵,鉴此,1898 年台湾总督府就颁布台陆副第八八七号,规定本岛驻扎部队所需米必须混用三分之一比例的台湾米,开始推广台湾米在日本军粮中的商品价值。②

约与此同时,日本国内对于台湾米的需求量越来越高。具体的说,明治后期(1890—1911)日本稻作受到人口增加、养蚕业与军需产业兴起、都市化和工业化蓬勃发展、资本主义经济扩张迅速、天灾频仍、农村青年出外就业等因素的影响,食粮不足问题日趋严峻。③ 如 1896 年、1897 年爆发海啸、大地震,稻作损失惨重,为了因应民生需要,遂有若干台湾米输日应急。④ 1900 年日本米产量 39698000 石,但消费量增至 40403000 石,需用台湾米填补市场缺口。1902 年,日本各地发生大水灾,造成荒歉,米价高昂,米商投机台米买卖活动十分热络。⑤

1903 年,日、俄外交起了冲突,加上气候异常,米价高涨不落,台湾米输

① 《广告》,《台湾日日新报》,1896 年 10 月 2 日,第 4 页;《广告》,《台湾日日新报》,1896 年 10 月 24 日,第 4 页;《精米购买广告》,《台湾日日新报》,1897 年 4 月 30 日,第 4 页;《经理部の入札米》,《台湾日日新报》,1903 年 10 月 10 日,第 2 页;《经理部の購買米》,《台湾日日新报》,1904 年 10 月 28 日,第 2 页;《台南经理部派出所の事務》,《台湾日日新报》,1905 年 7 月 23 日,第 4 页。

② 《台湾軍隊の糧食(上)》,《台湾日日新报》,1909 年 7 月 7 日,第 2 页。

③ 大豆生田稔:《近代日本の食糧政策——对外依存米穀供給構造の変容》,第 42～49 页。

④ 中沢弁次郎:《日本米价变动史》,东京:柏书房,2001 年,第 369、385 页;大豆生田稔:《近代日本の食糧政策——对外依存米穀供給構造の変容》,第 43 页;《台湾总督府公文类纂》,第 4573 册第 7 件,明治三十一年(1898)"台湾米内地输出统计表"、"恳请禁米出港愿"、"恳请申诉叹民愿",南投:"国史馆"台湾文献馆典藏,"国史馆"台湾文献馆、台北"中央研究院"合作计划数据库 http://sotokufu.sinica.edu.tw/sotokufu/。

⑤ 大豆生田稔:《近代日本の食糧政策——对外依存米穀供給構造の変容》,第 43、51 页。

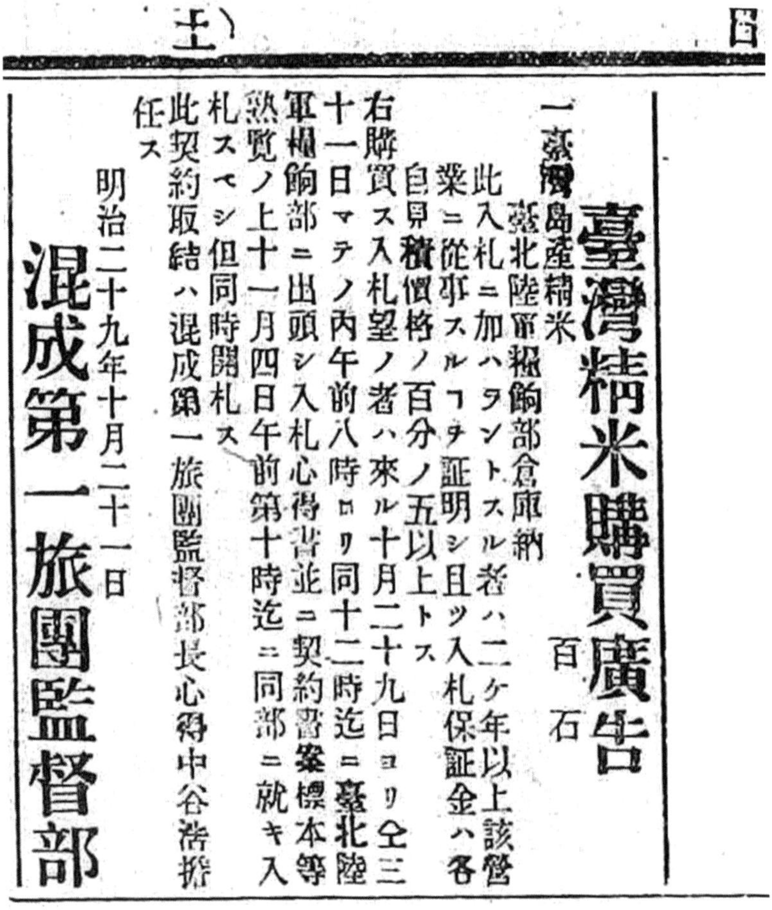

臺灣精米購買廣告

一百石

一臺灣島產精米

臺北陸軍糧餉部倉廠納

此入札ニ加ハラントスル者ハ二ヶ年以上該營

業ニ從事スルコト証明シ且ツ入札保証金ハ各

自昇價格ノ百分ノ五以上トス

右賣買ス入札望ム者ハ來ル十月二十九日ヨリ全三

十一日マテノ内午前八時ヨリ同十二時迄ニ臺北陸

軍糧餉部ニ出頭シ入札心得書並ニ契約書雛標本等

熟覧ノ上十一月四日午前第十時迄ニ同部ニ就キ入

札スヘシ但同時開札ス

此契約取結ハ混成第一旅團監督部長心得中谷浩搭

任ス

明治二十九年十月二十一日

混成第一旅團監督部

图 2-7-1　日本部队招标购买台湾米广告

资料来源：《台湾日日新报》，1896 年 10 月 24 日，第 4 页。

日数量大增。1904 年日俄断交，时局不安刺激米价攀升，以及军用米增加，米市异常景气，使得台湾米输日数量居高不下。1904—1905 年日俄交战期，明治政府为扩充税源，规定外国米依从价税征收 15％输入税，台湾米没有关税障碍，输出量持续增加。1905 年俄国战败投降，1906 年日本经济充满活力，由于通货膨胀，掀起一股投资热与投机热，故使台湾米成为商界热衷投资的一项商品。①

(二)台湾米输出日本的数量

如上所述,台湾米与日本粮食市场的接触,最早出现于日本统治台湾之初;而米商积极地参与台、日跨海远程贸易,除了有市场因素外,也包括一些辅助力量的促成,如连接台、日两地间的通讯、运输、保险、金融等服务业功能的强化。要言之,19世纪后半叶日本在推展资本主义经济及工业化的过程中,近代公共基础设施的整备,颇有利于地区性产品做远距离销售。②

有关台米输日数量方面,根据统计,1901年100000石,约占总产量3.3%,占总出口量37%;1902年移出159000石,约占总收获量5.6%,占总出口量37.1%;1903年运销484000石,约占总产量13.16%,占总出口量81.6%;1904年贩卖407000石,约占总收获量9.78%,占总出口量64.1%;1905年运销630000石,约占总产量14.47%,占总出口量88.2%;1906年销售800000石,约占总产量20.16%,占总出口量96%;1907年贩卖594000石,约占总产量13.16%,占总出口量96.7%;1908年运销1083000石,约占总产量23.26%,占总出口量95.1%;1909年贩卖1055000石,约占总产量22.79%,占总出口量98.1%;1910年运输726000石,约占总产量17.34%,占总出口量97.7%(见表2-7-1)。显示岛产米生产量与输日量年年起伏不定,但大体呈现向上增长的趋势,且其出口几乎都以日本为唯一市场的情况。③

① 中沢弁次郎:《日本米价变动史》,第397、401、405、409、413、429页;大豆生田稔:《近代日本の食糧政策——对外依存米谷供给构造の变容》,第81页。
② 广冈治哉编:《近代日本交通史——明治维新から第二次大战まで》,东京:法政大学出版局,1987年,第47~59、103~122页;周宪文编撰《台湾经济史》,台北:台湾开明书店,1980年,第828~875页。
③ 堀内义隆:《日本植民地期台湾の米谷产业と工业化——籾摺・精米业の发展を中心に》,《社会经济史学》第67卷第1号,东京:社会经济史学会,2001年5月,第37页。

表 2-7-1　台湾米生产及运销日本数量(1901—1910)

时间	A 生产量	B 总出口量	C 运销日本量	C÷A	C÷B
1901	3066000 石	270000 石	100000 石	3.3%	37.0%
1902	2821000 石	429000 石	159000 石	5.6%	37.1%
1903	3677000 石	593000 石	484000 石	13.16%	81.6%
1904	4160000 石	635000 石	407000 石	9.78%	64.1%
1905	4354000 石	714000 石	630000 石	14.47%	88.2%
1906	3969000 石	833000 石	800000 石	20.16%	96.0%
1907	4512000 石	614000 石	594000 石	13.16%	96.7%
1908	4657000 石	1139000 石	1083000 石	23.26%	95.1%
1909	4630000 石	1075000 石	1055000 石	22.79%	98.1%
1910	4187000 石	743000 石	726000 石	17.34%	97.7%

资料来源:据堀内义隆:《日本植民地期台湾の米穀産業と工業化——籾摺·精米業の発展を中心に》,《社会経済史学》第 67 巻第 1 号,东京:社会経済史学会,2001 年 5 月,第 37 页重制。

台湾中北部米的交易中心在台北大稻埕,南部米在安平、台南市,台米输出日本后,主要集散地在东京、横滨、四日市、大阪、神户、长崎、门司、下关、鹿儿岛、宫古、八重山等港市。① 有关台米流通路径,据 1909 年 1 月 22 日《台湾日日新报》报导,东京米商虽不标榜台湾米名称,但市民几乎没有人没吃过台湾米。同年 8 月 11 日一篇标题为"内地米就是台湾米"的文章叙述,台湾米输出量逐年增加,多达一百万石,这些米运到日本后,尽管有的大盘商保留了台湾米的名称,但狡猾的下层批发商、零售商、农夫隐匿其名,把它混入日本米中,当作日本劣等米贩卖。有的佃农甚至到农村附近的米批发店购买台湾米,将台湾米和自家生产的米做适度的混合后,一部分缴纳地主,剩余的再卖到米市。1910 年 8 月 24 日另一篇标题为"本岛米的贩路"

---

① 江夏英蔵:《台湾米研究》,台北:台湾米研究会,1930 年,第 76 页;《台湾米内地輸出の状况》,《台湾日日新報》,1902 年 8 月 20 日,第 2 页;《米の輸出移出》,《台湾日日新報》,1909 年 3 月 12 日,第 3 页。

文章报道,台湾米输日量年年增加,从前消费者多是市民,近来因为轮船、火车便利,以东京为中心的销路已经扩展到关东、东北、日本海一带。又谓,往年概多销售混合米,最近因为物价高涨,各地工厂劳工直接消费便宜的台湾米,故对不混入日本米的台湾米需求量越来越大。[①] 反映台湾米以混合米方式流入米市后,销路几乎遍布全日本各地(见图 2-7-2)。

日据之初在台设店从事台米输日者,台北地区有三井物产株式会社台北支店、大仓组台北支店、宫副商店、津阪商店台北支店、儿岛商店、大冢商店、源顺号、胜记号、建祥号、大和行等。基隆地区有瑞泰号、金德发号、万和号、日发号等。台湾南部有三井物产株式会社支店、大阪糖业株式会社、阿部商店、香野支店、德昌号、海兴号、捷兴号等著名商号。[②]

日本进口台湾米的大盘商有池田宇三郎(长崎)、海江田金次(鹿儿岛)、小畑苏六(鹿儿岛)、若松平次郎(冲绳)、三井物产(东京)、大仓组(东京)、增田屋(东京)、涩泽商店(横滨)、滨田觉之助(大阪)、住友仓库(神户)、汤浅商店(神户)、米谷公司(神户),及寄留长崎、神户、大阪、横滨等地的华商。[③] 商家竞争商业激烈,不愿透露买卖实情,所幸泰益号保留了一些商业文书,可使我们了解台米渗透到日本各大港市,与日本人日常生活有了紧密的联系。表 2-7-2 为泰益号创业期间输入至日本的台湾米数量,即:1902 年1424000 余斤,1903 年 2482000 余斤,1904 年 2016000 余斤,1905 年1926000 余斤,1906 年 3437000 余斤,1907 年 1725000 余斤。呈现台湾米在长崎有很大的消费市场,至于输入量有增有减,则与产地、消费地的供需量变动有连带关系。[④]

① 《内国精米会社と台湾米》,《台湾日日新报》,1909 年 1 月 22 日,第 3 页;《内国米は台湾米》,《台湾日日新报》,1909 年 8 月 11 日,第 3 页;《本岛米の販路》,《台湾日日新报》,1910 年 8 月 24 日,第 3 页。

② 江夏英藏:《台湾米研究》,第 79~80 页。

③ 《基隆港台湾米の输出景况》,《台湾日日新报》,1901 年 8 月 20 日,第 2 页;《移出米受渡と包装斤量》,《台湾日日新报》,1904 年 9 月 17 日,第 2 页;《移出米の内地商状》,《台湾日日新报》,1905 年 1 月 27 日,第 2 页;江夏英藏:《台湾米研究》,第 77~80、89 页。

④ 台湾米生产、输出量及日本本土供需量,参见大豆生田稔:《近代日本の食糧政策——对外依存米谷供给构造の变容》,第 43、81、89 页。

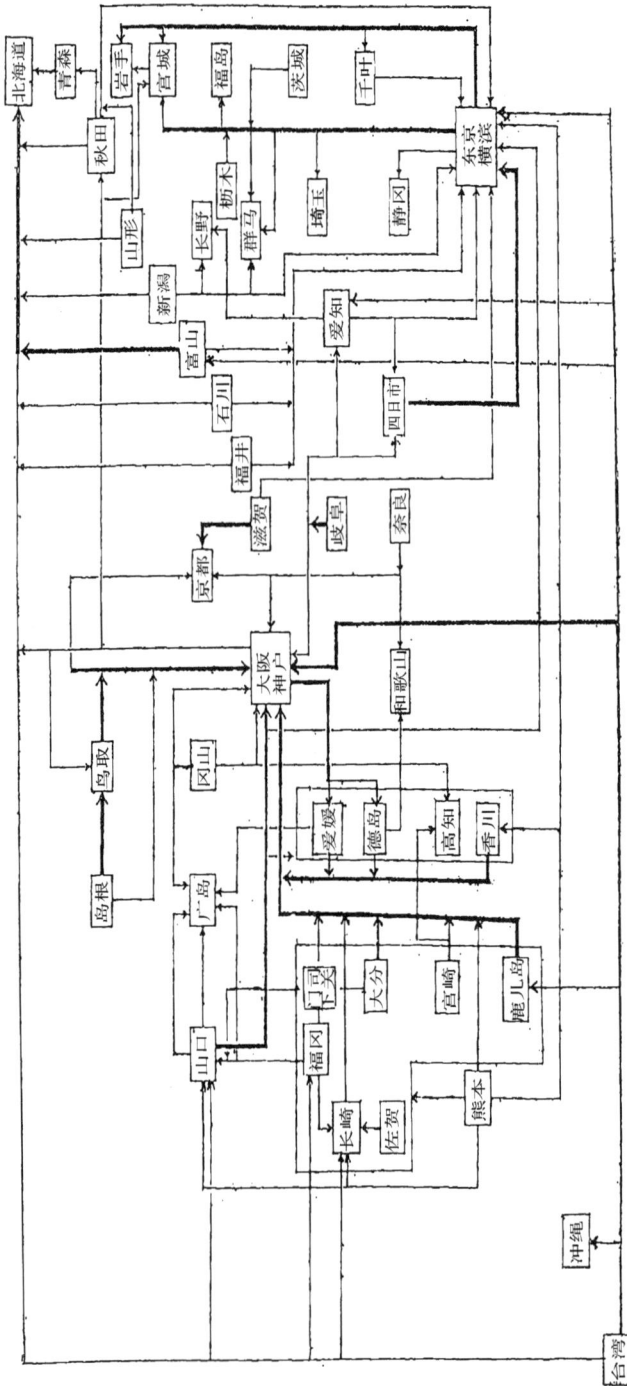

图 2-7-2 台湾米混合日本米流通路径

备注：米流通量单位为万石，粗黑线流通量较大。

资料来源：据成田达彦：《流通の经济理論》，名古屋：名古屋大学出版会，1999 年，第 124～125 页；《米の輸出移出》，《台湾日日新报》，1909 年 8 月 11 日，第 3 页；《本岛米の販路》，《台湾日日新报》，1910 年 8 月 24 日，第 3 页；《内地米（は台湾米）《台湾日日新报》，1909 年 3 月 12 日，第 3 页制作。

表 2-7-2　泰益号进口台湾米数量(1902—1907)

单位:斤

| 月 | 年　份 | | | | | |
	1902 年	1903 年	1904 年	1905 年	1906 年	1907 年
一		295399	509914.5	79440	307928	10800
二		199039		217913	614813	7636
三		213806		94120	127532	32695
四	133133.25		109741	89877	23334	
闰四					207900	
五	246318.5	360243	70805	208888	397022	61606
闰五		349563				
六	519047	70630	228055		453723.7	363772
七	23652	307515	434571	43331.75	416413	454869
八	93497	15637	374591.5	551305	272645.5	220316
九	93964	90489	169588		302206.1	121893
十		321857.8	21335.5	127594	204487.5	235710
十一	100066	147508.5	22536	373817.9	74506	130429
十二	214465	110698	75451	140666	35412	85575
计	1424142.75	2482385.3	2016588.5	1926952.65	3437922.8	1725301

备注:台湾米含糙米、白米、糯米,主要指糙米。

资料来源:据《长崎华商泰益号账簿:各郊来货》,壬寅年—丁未年(1902—1907)制作。

(三)台湾米贸易利益

表 2-7-3 为 1902—1907 年台湾 32 家商号向泰益号输出岛产米量之比重。其中,源顺、瑞泰、日发、金安隆、何荣德、川记号位居重要地位。众多商

号竞争出口激烈,意味着台米输日贸易是项有利可图的生意。① 有关台米贸易利益如何? 兹以泰益号为例,将其买卖方式及其损益情形分析于后。

表 2-7-3　台商对泰益号出口米所占总数量的百分比(1902—1907)

商号名/地区	时　间					
	1902 年	1903 年	1904 年	1905 年	1906 年	1907 年
瑞泰(基隆)	19.5	19.3	8.5	13.4	2.2	0
源顺(台北)	47.1	33.5	25.1	32.9	21.4	10.3
顺成(台北)	9.8	0	0	0	0	0
建祥(台北)	8					
日发(基隆)	2.7	20.8	21.8	13.3	1.6	0
联源(台北)	0	5.7	8.6	0	0	0
裕记(基隆)	0	7.4	6.1	0	0	0
何荣德(基隆)	0.6	1.3	14.7	12.1	4.4	7.4
川记(台北)	0	0.3	0	0	7.5	20.5
金安隆(台北)	0	0	0	25.3	52.5	47.8
金元春(台北)	1.6			1.8	5.9	2.0
玉记、大和、锦昌、新合成、裕泰、恒记、恒春、福美、固源、裕兴、胜记、义春、和春、万利、合和、义益、利亨、荣和、源隆、郑森泉、泉益	10.7	11.7	15.2	1.2	4.5	12.0

备注:本表最后一栏中的万利、义益、荣和号设于基隆,和春、固源、恒记、福美号设于台中,其他设于台北。

资料来源:据《长崎华商泰益号账簿:各郊来货》,壬寅年—丁未年(1902—1907)制作。

① 有关台商与日商竞购米输出日本实况,参见朱德兰执编:《长崎华商泰益号关系商业书简资料集:基隆地区商号(1901—1938 年)》(以下简称《基隆地区商号商业书简资料集》,1991 年蒋经国国际学术交流基金会研究费补助计划成果,No. RG007-90),第 80、93、96、100 页;朱德兰执编:《长崎华商泰益号关系商业书简资料集:台北地区商号(1899—1938 年)》(以下简称《台北地区商号商业书简资料集》,1991 年蒋经国国际学术交流基金会研究费补助计划成果,No. RG007-90),第 6538、6633、6695 页;《本岛米的内地输出高》,《台湾日日新报》,1904 年 1 月 13 日,第 2 页;《本岛米移出高与当业者》,《台湾日日新报》,1904 年 10 月 16 日,第 2 页;《内国精米会社与台湾米》,《台湾日日新报》,1909 年 1 月 22 日,第 3 页;《大稻埕移出米》,《台湾日日新报》,1909 年 2 月 3 日,第 3 页;《台北之业移出米者》,《台湾日日新报》,1908 年 1 月 24 日汉文版,第 4 页。

金门商人陈瑞椿早在经营泰昌号时代就与闽商合作,进行陆、台、日三地商贸活动。[①] 1901 年秋,陈瑞椿设立泰益号后,1902 年在采购 47 批台湾米中,属于"自谋"(指委托台商采购)的有 26 批,台商委兑(指委托泰益号销售)的有 19 批,与台商"合谋"(联合客户共同买卖)的有 2 批。1903 年泰益号出售日本 71 批台湾米里,其资金动向为:自谋 36 批,台商寄售 25 批,合谋 10 批。1904 年泰益号输至日本 58 批台湾米中,属于自谋的占 12 批,台商寄售 45 批,合谋 1 批。1905 年泰益号卖给日本 45 批台湾米里,属于"投资金安隆采购"的占 15 批,台商寄售 21 批,合谋 9 批。1906 年泰益号出售日本 86 批台湾米中,投资金安隆购买米占 37 批,台商寄售 22 批,合谋 27 批。1907 年泰益号输至日本 43 批台湾米里,投资金安隆采购米占 18 批,台商寄售 11 批,合谋 14 批。

以上多元交易类型,呈现泰益号买卖米的特色是,1902 年、1903 年以自谋为主,1904 年、1905 年以代售为主,1906 年、1907 年以投资金安隆为主。有关自谋,兹以泰益号委托台北源顺号代购台湾米为例,详述于后。

1. 泰益号委托源顺号购米案例

据 1902 年《长崎华商泰益号账簿:各郊来货》记载:

壬寅顺益(泰益经源顺中介之代号)第四帮托源顺代办来六月十四日配大连丸来水力 82.35 元崎付(长崎付运费)

六月十六兑福岛○ヨ印米 80 包净 11854 斤单价 4.05 元,金 480.087 元

六月二十二兑大岛○ヨ糙米 12 包净 1775 斤单价 4.1 元,金 72.775 元

六月二十四兑肥前屋○ヨ糙米 50 包净 7351 斤单价 4.15 元,金

○ヨ◇S 印新花螺米 110 包净 16061 斤每 140 斤 1 日本石,折合 114.72 石

每石 5.03 元,(龙银)577.042 元,八五折＝日金 490.489 元

○ヨ新花螺米 82 包,台湾石 90.2 石,折合日本石 88.431 石,每石 5.05 元,446.577 元,八五折＝日金 379.59 元

---

① 朱德兰:《明治期における長崎華商泰昌号と泰益号との貿易ネットワークの形成》,《纪要》第 35 号,1994 年 11 月,第 31 页。

305.066 元

六月二十六兑大岛 〇ヨ印糙米 101 包

净 14688 斤单价 4.1 元，金 602.208 元

六月二十八兑菊地 〇ヨ◇S 糙米 80 包

净 11598 斤单价 3.67 元，金 425.646 元

同兑菊地 〇ヨ◇S 糙米 30 包

净 4342 斤单价 3.67 元，金 159.351 元

七月初四兑大岛 〇ヨ糙米 2 包

净 420 斤单价 4.15 元，金 174.71 元

共 355 包兑金 2062.604 元

扣行仲，金 41.252 元（2 分）

扣会厘，金 4.125 元（2 厘）

扣官厘，金 12.375 元（6 厘）

扣栈地，金 17.75 元（库房）

扣驳力，每包米 8 分金 28.4 元，共费金 90.508 元

扣水力崎付，金 82.35 元

再共费金 186.252 元

对除外兑实金 1876.352 元

对除盈来余利 20 元 2 角 8 分 6 厘

〇ヨ新花螺米 163 包，台湾石 179.3 石，合日本石 175.784 石，每石 5.065 元，890.346 元，八五折＝日金 756.794 元

计 355 包 1913.97 元，85 折＝日金 1626.874 元

加行仲 2 分，金 32.537 元

加新片洋袋 355 包，金 74.715 元

加缝线 5 斤，金 2.5 元

加上水 110 包工资，金 1.65 元

加小车苦力 355 包工资，金 24.85 元

加保安估 2400 元，每千元保费 5 元，金 12 元

加火车、落车、驳力费，金 80.94 元

计共本金 1856.066 元[①]

这张账单右栏是源顺号为泰益号代购新花螺米 355 包的费用，即购米金额、办货佣金二分（按售货额抽 2%），及支出物流诸费（包装材料费、搬货费、车资、保险费等），共计本金 1856.066 元。左栏为泰益号卖给长崎日商

① 《长崎华商泰益号账簿：各郊来货》，壬寅年（1902）。

的售货额(台米运到长崎后,因秤重不同、剔除碎米、筛选劣米,会减少若干米量),及扣除诸费,包括佣金二分(按售货额抽佣 2%)、会厘(缴纳福建会馆二厘,按售货额抽 2‰)、官厘(纳税六厘,按售货额抽 6‰)、租用栈房费、搬货费、水力(船运费)等,经结算后,获利 20.286 元。

根据统计,泰益号自谋米损益:1902 年获利 442.57 元,1903 年亏损 497.809 元,1904 年亏损 330.922 元。反映日本米市投机性很强,利益虽高但风险也大。为了减少亏损,稳当的做法是接受客号委托,代售货物收取佣金。

2. 台客委托泰益号售米案例

台湾委托泰益号销售米的商号很多,基隆妈祖宫口的日发行是个好例子。日发行店主连金房出生于瑞芳,少时随父习商,由于擅长理财及运筹握算,故得累积财富,成为基隆巨商之一。连金房为拓展米谷、海产品、杂货生意,在日发行本店以外,还与李吉良联财,于台北大稻埕中北街十六番开设瑞发号,他让李吉良负责购米,自己在基隆接洽舱位装载出货。倘若东洋货抵台,连金房便将一部分货物交给李吉良,二店形成分工体系,各在基隆、大稻埕招商贩卖。[①] 1904 年日发行、瑞发号共同委托泰益号代售台湾米事例如下:

甲辰日发寄兑第九帮腊月念日(农历十二月二十日)千代九运到水力 88.6 元

十二月二十八日

收兑○文印糙米 40 包净 6453 斤

单价 4.05 元

同收兑瑞发糙米 230 包净 33372 斤

单价 4.05 元

合金 1612.712 元

扣行仲,金 32.258 元

扣官会,金 8.064 元

扣栈地,金 8.1

○文印台北米 40 包

瑞发印台中米 230 包

日发印员糙术米(圆形糙糯米)30 包

---

① 简万火:《基隆志》,基隆:基隆图书出版协会,1931 年,第 140 页;朱德兰执编:《基隆地区商号商业书简资料集》,第 56~121 页;朱德兰执编:《台北地区商号商业书简资料集》,第 6479~6511 页。

扣驳力,金 21.6 元

扣水力,金 88.6 元

计去费,金 158.622 元

筹除费外实兑金 1454.29 元

存糙糯米 30 包未兑,水力已扣清①

    这张账单右方记载日发、瑞发两号采购台北、台中米共 300 包,该米属于寄售,不列成本。泰益号售出 270 包价钱,扣除佣金 32.258 元、官会 8.064 元(该年官厘三厘、会厘二厘,两项简称官会,按售货额抽 5‰)、仓库保管 8.1 元、苦力 21.6 元、水运 88.6 元等费,实额 1454.29 元。指出长崎华商受托代兑米是按货款抽取佣金 2%。日发、瑞发销售米成绩,囿于史料上的限制,盈亏不明,不过,从他们与泰益号持续交换商品,用以物易物的方式冲销账款里,应可推知台米贸易活动获利多于损失。②

    3. 泰益号投资金安隆案例

    据学者研究指出,1905—1908 年泰益号每年都对台北金泰隆投资 2000 元经营米业,但此叙述并未解释"金泰隆"是何商号。又谓:"泰益号长崎店和神户店为节省经营成本,共同维持下关、台湾、海参崴等支店或调度人事费用。"③这段论述也未举证泰益号台湾支店位于何处、营业代表是谁。其实,就笔者了解,泰益号在台湾、海参崴并未设立支店。

    关于金安隆,它的出现与陈世科云:"王安受兄先汇支三十四银行金二千元以抵资本之额。……此后安受兄必为咱专心尽力也。"④建议世望与王安受合作买卖台湾米关系密切。

    那么,王安受是何许人呢? 现存金门书信记载他是金门后宅乡人,兄长王安料曾在长崎和昌号任职。和昌号店主梁肇三与王家、陈世望有姻亲关

---

    ① 《长崎华商泰益号账簿:各郊来货》,甲辰年(1904)。

    ② 《长崎华商泰益号账簿:各郊来货》,壬寅年—丙午年(1902—1906)。

    ③ 山冈由佳:《長崎華商の経営史的研究——近代中国商人の経営と帳簿》,京都:ミネルヴァ書房,1995 年,第 52~53 页;廖赤阳:《長崎華商と東アジア交易網の形成》,东京:汲古書院,2000 年,第 141 页。

    ④ 朱德兰编:《长崎华商泰益号关系商业书简资料集:神户地区商号(1890—1959年)》(以下简称《神户地区商号商业书简资料集》),1993 年日本文部省科学研究费补助国际共同研究,No.04044157),第 249 页。

224

系。陈世望重视乡亲情谊,加上王安受反应敏捷,也熟悉台湾商业习俗,因此出资 2000 元让他租借大稻埕稻新街一间门面,负责采办台米输日事务。本来,王安受也想出资 2000 元,但财力不足,改成不出资的身股。据此核对1905—1908 年账簿记载"金泰隆、金安隆在本欠去金二千元",可知"金"字是闽商合资的惯用字,"泰"字取自"泰益号","安"字取自"王安受","隆"字代表生意兴隆之意,也就是说,"金泰隆、金安隆"是陈世望、王安受联财合谋米贸易的代号,解答了大家的疑惑。[①] 1906 年金泰隆(简称泰隆)、金安隆合作买卖米事例如下:

丙午泰隆托金安隆办来打狗庄第二帮二月初六日配香取丸运到水力 55.5 元

二月初十收兑泰益印,上晚糙米 150 包	泰益印,上晚糙米 150 包,每包 150 斤
内有糙术米(糙糯米)1 包	净 22500 斤
净 22180 斤,单价 4.42 元,金 980.356 元	140 斤 1 日本石,折合 160.71 石
扣行仲 2 分,金 19.6 元	单价 4.75 元,金 763.37 元
扣官会 5 厘,金 4.902 元	加行仲 1 分,金 7.03 元
扣栈地 3 分,金 4.5 元	加装工、线、上下水、检查,金 22.5 元
扣驳力(每包)8 分,金 12 元	加洋袋新货 150 个,金 39.75 元
扣水力,金 55.5 元	加保险并二次驳船,金 6.84 元
共费金 96.502 元	加汇票贴水(贴息),金 4.2 元
除费外,计兑实金 883.854 元	共费金 80.92 元
筹除本金外,尚盈余金 39 元 5 角 6 分 4 厘	连费计成本金 844.29 元[②]

这张账单右方记载上晚糙米 150 包,指的是泰益号自购米,即王安受经手采购打狗(高雄)产的上等第二期糙米。米流通诸费包括购米金额、办货佣金一分(按售货额抽 1%)、包装费、材料费、搬货费、检查合格米输日费、

① 朱德兰编:《神户地区商号商业书简资料集》,第 274 页。《长崎华商泰益号账簿:结彩丰盈》,乙巳年—戊申年(1905—1908)。

② 《长崎华商泰益号商业账簿:各郊来货》,丙午年(1906)。

保险费、沿海运输费（打狗—淡水、淡水—基隆）、押汇（后述）贴息等，共计本金 844.29 元。泰益号销售米的账目，列有售货额及扣除佣金二分（按售货额抽 2%）、官会 5 厘、租用栈房费、搬货费、水力（船运费）等，结算过后余利 39.564 元。

根据统计，泰益号投资金安隆买卖米成绩如下：1905 年获利 686.909 元，1906 年盈利 481.65 元，1907 年得利 243.167 元。尽管累年获利，但因 1908 年亏损 775.8 元，1909 年王安受积欠 2204.006 元货款，损失巨大，而结束了双方合作关系。[①]

二、日本海产品销售台湾

日本人自古以来为摄取丰富的蛋白质，便有将各种生鲜鱼类、水产加工品当作副食品的习惯。进入近代，明治政府为使水产品产量能够自给自足，并销售海外赚取外汇，故很积极地引进西方先进国家的渔业技术和知识，推展渔船动力化、大型化，渔具及渔捞法近代化，市场交易制度化等措施。1894 年爱知县首创水产试验场，广岛、石川、京都、福冈、千叶、宫城、新潟、三重、滋贺、茨城、长崎、大分、青森、爱媛、秋田、山口、富山、德岛、岛根、高知、冈山、和歌山、福岛、北海道、宫崎、鹿儿岛、静冈、岩手、佐贺、神奈川等 31 处接踵其后，或设置水产试验场，或成立讲习所，开启渔捞、养殖、海洋探勘等各种试验研究，其研究成果对于开发、振兴水产业之作用颇为显著。[②]

如图 2-7-3 所见，台湾四面环海，鱼群也很多，但台湾总督府着重扶植日商发展日本料理中用途较广的鲣鱼（味噌汤材料）、鰮鱼（鱼饵、制造鱼罐头原料）、鲔鱼（生鱼片）、旗鱼（鱼板、鱼丸材料）、鲷鱼、海草等渔业，对殖民地渔民以发展养殖业（虱目鱼、鲢鱼、草鱼、鲤鱼）为要。职此之故，台湾人的渔业、水产加工业相关知识都很缺乏，渔具制造及捕捞技术也很落后，岛内

---

① 《长崎华商泰益号账簿：结彩丰盈》，乙巳年—己酉年（1905—1909）。

② 二野瓶德夫：《日本渔业近代史》，东京：平凡社，1999 年，第 100～109 页；村上光由：《图说水产概要》，东京：成山堂书店，2000 年，第 43、99 页。

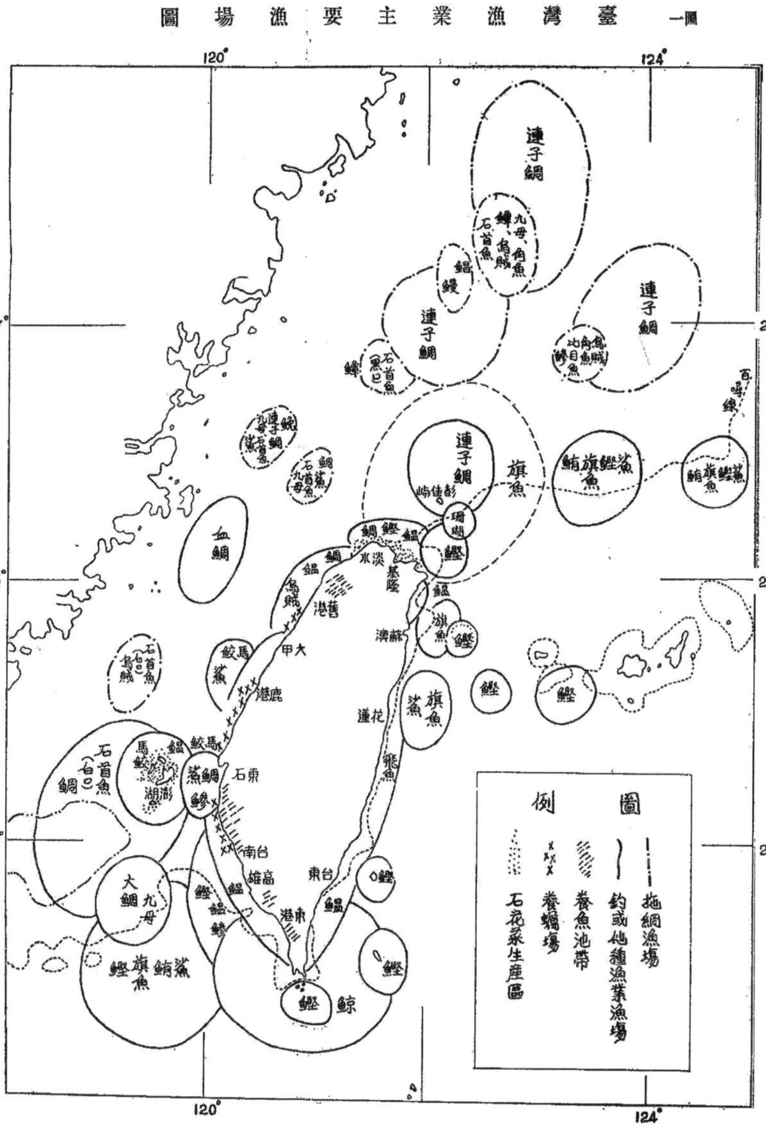

图 2-7-3 台湾渔业渔场分布图

资料来源:基隆市文献委员会:《基隆市志水产篇》,基隆:基隆市文献委员会,1957 年,插图。

所需盐干鱼类大部分仰赖日本本土供应。[①]

（一）台人对日本海产品的需求

日本海产品分为四类，即：（1）生鲜鱼类，包括鳀（汉字写成"鯷"）、鲣、鲷、鰤、鲭、鲔、乌贼、背黑鳀、虾、鲽、鰆、贝类。（2）水产加工品类，包括鲣节（柴鱼）、鰑（鱿鱼）、鱼干、海苔、昆布（海带）、盐鳀、盐鲑、盐鳟、其他。（3）鱼肥、饲料类，包括鰊粕、胴鰊（棉花栽培、菜种栽培肥料）、鰯（家畜饲料、养殖鱼饵料）、鱼油。（4）盐。根据统计，1905年这四类产品的生产总额共97378449圆（日元），其中，第一类占总产额54.1％，第二类占25.6％，第三类占9.3％，第四类占10.9％。又，在生鲜鱼类里，鰯鱼、乌贼产量最大，各居第一类总产额的第一、第七名。渔获地以长崎县生产鰯鱼高居第一，乌贼排名第五。在水产加工品之中，鲣节、鱿鱼各占第二类总产额之第一、第二名，其产地同样以长崎县的表现最为突出，鱿鱼生产额名列全国第一。鱿鱼的消费市场主要在海外，日本本土除了鱿鱼外，很容易让人想起一般人的家庭料理：米饭、味噌汤（小鱼干、昆布、鲣鱼与豆酱煮成之汁）、腌渍物、烤盐鱼。易言之，鱼干、昆布、鲣鱼、盐鱼等，消费市场很大[②]（见图2-7-4）。

台湾人对日本海产品的需求，1903年12月9日《台湾日日新报》刊登一篇文章记述，台湾本岛在日本殖民统治之前所需海产品大多依靠香港、厦门供应，这些货物多由长崎、神户华商采办运输香港，经过厦门再输入台湾。台湾被日本占领后，香港输入途径受到台商委托华商居间采购，或亲赴日本设立支店，直接买卖海产品的影响而明显地衰退。日本海产品之中，则以营销鱿鱼、干虾、鳀干最有前途。[③] 反映台湾消费者与日本海产品的接触渊源已久。

1895年以降，日本水产加工品基于：（1）驻台日军、隘勇队、日本官员、商民日常生活所需。（2）台湾水产业落后，加工制品不及日本本土种类多、

① 辛德兰（朱德兰）：《长崎华商泰益号与台南地区商号之贸易活动（1901—1938年）》，朱德兰、刘序枫执编：《港口城市与贸易网络》，"海洋史研究丛书"1，台北："中央研究院"人文社会科学研究中心，2012年，第299页。

② 松本贵典编著：《生産と流通の近代像——100年前の日本》，东京：日本评论社，2004年，第177～178页。

③ 《本島人間の商況　海産物商》，《台湾日日新报》，1903年12月9日，第2页。

图 2-7-4　广销台湾市场的鱼脯、鱼干、咸鱼

（2012 年笔者拍摄）

产量大、品质佳,且依等级区分价格,可供经济能力不同者选购。(3)台湾总督府对来自对岸货物课征税率。(4)贸易商为促进商业利益,积极地营销日本海产品等复合因素之作用,因而将大量水产加工品运输台湾,使台湾成为日本海产品的一大消费市场。[1]

(二)日本海产品输出台湾数量

长崎县位于九州岛西端,附近有平户、壹岐、对马、宇久、五岛列岛等离岛,渔场相当广泛,是日本著名的水产大县。表2-7-4为长崎县主要鱼类之捕捞期及加工制品生产地,从中可以察知该县全年都有出渔期,岛与岛之间、岛与长崎陆地之间已经形成一个相互依存的经济圈。

表 2-7-4 长崎县主要鱼类及加工制品生产地

鱼　种	渔期	最盛之渔期	加工制品主要生产地
鰯小只 鰯中只 鰯大只	全年	4月—8月 9月—1月 12月—3月	峯村、船越村、丰崎町(对马) 奈良尾町、奈留岛村、若松村(南松浦郡) 野母村、桦岛村、胁岬村(西彼杵郡) 今福町、小佐佐町、生月町(北松浦郡)、长崎市
鯣	全年	11月—4月	对马市周围,船越村、仁位村、峰村、富江町、三井乐町等地尤其重要。
鲍	4月—10月	5月—8月	小值贺町、平町(北松浦郡)
海参		11月—2月	生月町、平户町(北松浦郡) 鱼目村、青方町(南松浦郡)
			主要沿岸渔场
鱶	全年	8月—12月	对马岛周边是日本最好的鲹鱼、鲭鱼、鰯鱼等渔场,也是乌贼的主要渔场。 济州岛是鲹鱼、鲭鱼的大渔场。
虾	8月—4月	2月—4月	五岛列岛是鰯鱼、鲹鱼、鲭鱼、鰤鱼的大渔场。

备注:日本鱼类"鰯",汉字写作"鰮"。"鯣"指鱿鱼。"鱶"指鲨鱼,其加工制品鱼翅常用于中华海鲜料理。

资料来源:据长崎县水产部编:《水产の長崎》,长崎:长崎县水产部,1953年,未编页制作。

---

[1] 《海产商况》,《台湾日日新报》,1905年7月16日,第3页;《海产物商况》,《台湾日日新报》,1905年9月2日,第4页;《雑魚の近況》,《台湾日日新报》,1905年9月27日,第4页;《海産と漁業》,《台湾日日新报》,1914年8月6日,第2页。

据日本官方调查,1891 年,长崎县渔户共有 38000 家,约占全国总渔户数的 18%,水产加工数共计 41000 户,超过渔民户数,显示渔业人口比例很高。[①] 长崎县渔业经济发展情况如何? 兹以椛岛为例,探讨于后。

椛岛位于五岛列岛南端、福江岛东北,面积仅有 10.41 平方公里,岛民大部分依靠渔业、水产制造业维生。日本享保年间(1716—1736)椛岛导入地曳网(牵罟)、八田网等鰯网(敷网)捕鱼法,渔业经济因而蓬勃发展。敷网渔业的作业方法是,船队由网船二只(各搭乘十五人)、口船二只(各搭乘十人)、火船一只(各搭乘七人)组成,以火船为中心,网船和口船分列左右向下撒网,网目较大的渐渐向小的收缩,然后把鱼全部捞上去。椛岛敷网捕鱼法的推广,使渔业渐趋集团化、大规模化,由于岛外渔民纷纷投奔网主移住岛内,捕鱼人口不断增加,使该岛及周边岛屿的水产加工业越来越发达。[②]

长崎鲜鱼和盐干鱼早期是用陆路运到茂木,再用和船(日本型船)运往熊本。1873 年日本国内汽船开通后,长崎水产品销路扩展到佐贺、福冈、大阪、神户,19 世纪八九十年代都市之间铁路运输网形成,更远销至京阪地区。长崎岛屿分散,各地也有各地的出口对象。如,西彼杵郡渔民是用渔船运输水产品到熊本、八代港(熊本县南部)、柳川(福冈县南部)、佐贺、伊万里港(佐贺县西北)等地。长崎南部野母村制造的鲣鱼干,原先用和船运到大阪,后来改用汽船、火车载往大阪。北松浦郡水产品起初只贩运到佐贺、福冈地区,不久随着汽船的开通,销路延伸至山口、广岛、大阪一带。五岛地区的鱼类则使用和船运销佐贺、熊本、下关、门司、大阪等地。[③]

值得留意的是,明治年间三菱会社、松田源五郎、深川喜左卫门各自拥有汽船载运货物。不过,这些船只航次少,处理方法也不好,因为亏损大,所以不是很急的货都选择和船装载。壹岐岛也是以和船运输为主,但对中国出口的鱿鱼、干鲍、小鱼干是用汽船载运到长崎再输往上海。1886 年松田源五郎的汽船启航,接着,伴随电信架设、九州岛铁路开通、渔捞技术的进步,大大提高了鲜鱼的出货量,耐储藏的盐干鱼出货范围则变得越来越广,

---

① 长崎县史编集委员会编:《长崎县史近代编》,东京:吉川弘文馆,1976 年,第 240~241 页。

② 田和正孝:《渔场利用の生态》,福冈:九州大学出版会,1997 年,第 262~273 页。

③ 长崎县史编集委员会编:《长崎县史近代编》,第 241~242 页。

流通路线越来越长,交易量也越来越大。①

日据初期日本海产品输台数量不断地增加,历年价额如下:1901 年 341549 圆(日元,以下同)、1902 年 340955 圆、1903 年 528904 圆、1904 年 550205 圆、1905 年 628036 圆、1906 年 857652 圆、1907 年 1254742 圆、1908 年 2012160 圆、1909 年 2331899 圆、1910 年 2583598 圆,呈现 1902 年略减, 其他年份均大幅度增加,台湾成为日本海产品的重要消费地,且进口货是以 盐干鱼、鱿鱼、干虾为主的情形。同一时期,台湾来自外国的海产品,以咸 鱼、海参、小白鱼(一名盐海月)、种鱼居多,主要供货地是香港、中国大陆。 历年外国进口价额以 1901 年 171285 圆最高,约占日本海产品价额之 50.15%,但到 1907 年时降至 103266 圆,约占日本海产品价额之 8.23%, 1908 年减成 91159 圆,百分比为 4.53%。1909 年降到 68199 圆,百分比为 2.92%,1910 年虽上升至 75084 圆,却仅仅占日本海产品价额之 2.9%。对 岸海产品输台价额之锐减,无疑的,是与台湾实施高关税政策及日本海产品 大量输台有关。②

台湾海产品也贩卖海外,输出日本是以石花菜(寒天草)、鲣节、盐为主, 台湾进口日制盐鲳鱼、鱿鱼、干贝、鱼翅等货之中,也有一部分再运输对岸闽 粤沿海一带,但台湾本地水产品的出口额远远不及日制品的进口额。③

(三)日本海产品贸易利益

泰益号买卖海产品利益如何? 碍于资料限制,无法知其底细,不过,现 存账簿有助于我们了解 1901—1910 年该号营业收入来源有贩卖利益、中介 佣金、看贯料(磅仲,始自 1906 年,此指与日商交易额之回扣)、官厘、会厘、 驳力、保险、船公司运输费回扣、汇兑利息等十余项,各年收入总额如下: 1901 年 2777.9 圆(日元)、1902 年 6968 圆、1903 年 10948 圆、1904 年 10447 圆、1905 年 14286 圆、1906 年 21904 圆、1907 年 25264 圆、1908 年 22434 圆、1909 年 25946 圆、1910 年 15585 圆。大体呈现营业额增长的态势,1910

---

① 长崎县史编集委员会编:《长崎县史近代编》,第 242 页。

② 《海产商况》,《台湾日日新报》,1905 年 7 月 16 日,第 3 页。1901 年以前水产品贸 易统计资料不全,参见王俊昌:《日治时期与台湾水产业之研究》,嘉义:中正大学历史研究 所博士论文,2006 年 5 月,第 164、177~178、184 页。

③ 王俊昌:《"日治"时期与台湾水产业之研究》,第 164、174、181~182、187~188 页。

年收入遽降则与商业景气低迷有关。[1]

值得关注的是,首先,在营收项目里,贩卖利益表现比较突出,历年所占收入总额之比例,分别为 34.8％、24.3％、30％、33.1％、42.9％、44.6％、51.2％、54.5％、57.6％、41.3％。其次,中介贸易佣金 1901—1904 年高于贩卖利益,表现也不差。1905 年起到 1910 年为止,中介贸易佣金所占收入总额之百分比,分别为 32.9％、29.4％、23.8％、21.1％、19.3％、29.3％,均不及贩卖利益。[2]

贩卖利益既为泰益号营业收入主体,其售货内容颇须做一考察。现存 1904—1907 年泰益号账册记载了 44 种兑货利益,其中以海产品运销台湾获利最大,这些品目包括:鱿鱼、鲍鱼、罐头鲍鱼、盐鳐、鳁干、罐鳁(沙丁鱼罐头)、鳁萍(小尾鳁鱼)、盐腌鱼、丁香脯、草蛏干、竹蛏干、春干、蚵干、海参、干贝、虾米、鱼翅、红菜(海草)等。比较交易优劣,1904 年获利以鱿鱼、丁香脯、鲍鱼为佳,1905 年盈余以丁香脯、鱿鱼、蛏干较多,1906 年收益以盐鳐、鱿鱼、丁香脯较高,1907 年余利以盐鳐、鱿鱼、鲍鱼较大。又,盐干鱼的产销季节不同,如鱿鱼、蛏干的畅销时序为秋、春、夏、冬,丁香脯是春、冬、秋、夏,鲍鱼为春、夏、秋、冬季,海参销路以春季为主,盐鳐销路以秋季为多,反映一年到头都有新货上市,广受台湾消费者欢迎[3](见表 2-7-5)。

泰益号中介海产品贸易与台米买卖方式相同,经营手法分为委托采购、代客销售、共同合谋三种。进一步说,泰益号代客买办货物,除了抽取中介佣金 2％以外,为了谋取更丰厚的利益,多会详查市场动态,逢低预购备存,等待良机配交各地客户出售。

与此对照,台商代售盐干鱼,依例按照货价抽取佣金 5％,若受客户委托输出对岸,抽佣 2％;如果委托长崎华商代办,需要支付佣金二分、缴交长崎官厅与福建会馆厘捐金五厘、保险、搬卸货物、水运、汇水(汇缴票单到期

---

① 笔者修订山冈由佳:《長崎華商の経営史的研究——近代中国商人の経営と帳簿》,第 172～173 页错误数字。又,1906—1910 年泰益号店员年薪大约 84～120 圆(日元),据此推算该号营收额颇丰。参见《长崎华商泰益号账簿:各费总部》,丙午年—庚戌年(1906—1910)。1901—1905 年资料从缺。

② 山冈由佳:《長崎華商の経営史的研究——近代中国商人の経営と帳簿》,第 172～173 页。

③ 长崎县史编集委员会编:《长崎县史近代编》,第 451 页。

日为止的利息)等费。[①] 关于台商买卖海产品利益多少,资料乏载,尽管如此,如从台商传递泰益号一些信息里,仍可窥知大概。

壬寅年(1902)四月二十七日基隆裕记号信函记述:

配该轮(台北丸)来鱿鱼计八十件,俄字(提货单)、本单各一纸,外汇瑞泰票金一千五百元……鱿鱼亦已兑清,甲乙(上等、次等鱿鱼)批价兑龙(银)二十五元,扣实得利龙(银)四百余元。[②]

甲辰年(1904)六月初五日台北川记栈书信谓:

蒙配(周砂轮)对州鱿、明鲍,经(何)学周领配来稻(大稻埕),遂即售讫,幸获利不薄,此皆君之惠,感激莫名。查鱿鱼、明鲍自蒲节(端午节)之后阖街绝断,非常笑市(畅销),似元春(春节)中旬之相,若此船只五家有此两味,而神户所来只数件,极可善扳。[③]

乙巳年(1905)三月初一日川记栈信函言:

蒙配熟丁香念(二十)件业经领入,获利颇善,皆君之惠,感铭无既(际)。迩来因阴雨绵绵,鱼脯之类甚是畅市,于是屡发电报托办生熟丁香各五十件,先后诸电想已俱邀清听。[④]

同年(1905)四月十七日台北源顺号书信云:

蒙代配该船(タイワ丸)运来中明鲍二箱、中草蛏干三箱、生丁香念(二十)件,共二十五件,经照额收妥,请免介。及此都蒙配来之生丁香系是独有之货,兼逢此台地市转笑(畅销),极力扳兑龙(银)十四元至十四元五角,核算甚有利益,实皆叔台之照料使然也。[⑤]

指出鱿鱼、鲍鱼、蛏干、丁香脯等货在台有很大的消费量,如果市场供需失衡,谁能独占首市,谁就能获取厚利。又,台北商家为垄断市场,有时也会连手,共同出资包购海产品,如丁未年(1907)二月初一日川记栈书信记载:

年内所到之大山丸盐鳁鱼其货甫入栈,忽接台电在崎价奖(涨),其时亦知花旗盐鳁已到神户,然在神之价七元五角,至台成本九元,而在台行情堪兑十元。因视泉兴长崎盐鳁先领入发兑六元,此价可为极贱,

① 朱德兰执编:《台北地区商号商业书简资料集》,第 2917、9196 页;朱德兰:《长崎华商泰益号与台南地区商号的贸易活动》,第 305～308 页。
② 朱德兰执编:《基隆地区商号商业书简资料集》,第 1118 页。
③ 朱德兰执编:《台北地区商号商业书简资料集》,第 1477 页。
④ 朱德兰执编:《台北地区商号商业书简资料集》,第 1489 页。
⑤ 朱德兰执编:《台北地区商号商业书简资料集》,第 6623 页。

任其花旗之货不致被碍,是以将大山丸之货守贮,一则冀望新春之升奖,二则以副尊电源头之昂贵。讵意日人花旗盐鳇一千五百担未先抛兑,如此壮胆,直于元正初二日配台南丸运到,此真出意外。但既到则决定落于咱等之手。先者,(李)吉良兄(瑞发号)曾还价八元,迨后被(陈)天送兄(源顺号)偕弟(许逊梅)与其退盘,乃重议只七元四角,缘计共值之万余金,有此资本之人则不熟识非敢为之,而熟识之人则无此巨资,所以硬看落于咱等之手。所以天送兄暨弟硬斩七元四角,果入咱等之手,系联络合谋而兑出,亦联络合兑利益均分。然置此价令人难料如斯平宜(便宜),为此平宜其始乃兑八元八角八九百担,其余仅兑八元四角、八元二角、八元为止。①

针对这笔生意,源顺号致泰益号一信报告:

> 日本人运来花旗盐鳇计有一千五百担,运来台北大稻埕停车场交货,每担价作七元三角,货身亦佳,货已过磅交讫。敝同川记、泉兴、元亨、瑞发等与之合采,亦经兑出大半,价金八元八角,按来却有利头也。②

综上所述,台北五家商号集资向日商包买 1500 担花旗盐鳇,独占市场利益的行动,反映台商洞悉各自能力、财力有限,只有像"一把筷子"团结力量大的故事那样,才能共存共荣,实现他们的集体利益。

三、跨域贸易网特色

陈瑞椿、陈世望父子在成立泰益号以前,曾与台湾客户有些商品交易活动。1901 年 9 月泰益号开张后,以台湾米、日本海产品交换为主,扩展跨域贸易网的特色,兹以长崎、神户、台北、基隆为例,分析如下。

(一)承袭泰昌号客户

1900—1901 年泰昌号店主陈瑞椿与台商有很繁盛的贸易活动。有关台湾米方面,兹将电报底稿记载于后:

> 1900 年六月十四日(农历,以下同)夜 12 时基隆瑞泰号→泰昌号:

---

① 朱德兰执编:《台北地区商号商业书简资料集》,第 1507 页。
② 朱德兰执编:《台北地区商号商业书简资料集》,第 6682 页。

"台糙米价，急覆。"

六月十六日晚 7 点半台南德昌号→泰昌号："糙米何价，覆。"

七月七日午后 1 点半打狗捷兴号→泰昌号："台糙米磅例八折，每百斤价查覆。"

七月十九日晚 8 点半瑞泰号→泰昌号："米五百（石）配台北丸托兑，价覆。"

1901 年七月十四日夜 10 时泰昌号→台北源顺号："早糙米二百件。"又，→基隆瑞泰号："托办糙米有配否，覆。"

七月十五日午后 5 点瑞泰号→泰昌号："米百斤金价三元六，采覆。"

七月十六日上午 10 点泰昌号→台北玉记号："米刻下乏人问津，止办勿配。"另，→台北裕泰号："米市势看分（看跌）。"

七月十九日晚 9 点半泰昌号→瑞泰号："刻市四元五。"

八月五日晚 7 点半泰昌号→德昌号："米百斤价三元七，疲，可兑否。"

八月六日中午 12 点源顺号→泰昌号："早糙米观跌，依市卸去不可报守，是，速覆。"

八月十二日上午 10 点泰昌号→源顺号："早糙米八十件，价三元七五，已经兑清。"

八月十五日上午 10 点泰昌号→德昌号："刻米到多，市疲，三百七十八（包）兑清。"十六日午后 4 点泰昌号→德昌号："今再来米五百（包），市败乏客。"此外，→打狗捷兴号："刻来米三百（包），价三元五，乏客。"又，→台北裕泰号："糙米三元五，市势看分。"

八月二十二日夜 11 时德昌号→泰昌号："米兑四元四五，可再配否，覆。"[1]

以上电文说明，泰昌号和台商在交易米以前，需先传递米价、市场供需量、行情变化、托办或托售等信息，经各自评估风险与获利如何后，才决定是否愿意成交。泰昌号的经营模式及其交往对象均为泰益号所承袭。

长崎往来户方面，表 2-7-6a 至表 2-7-6c 为泰益号的海产品供货商。进

---

① 《泰锠震记电音往来》，庚子年（1900）。

一步说,在二十家鱿鱼贩卖商中,泰益号承袭泰昌号客户十三家,自己招揽七家。在十三家鲍鱼贩卖店内,继承泰昌号客户十一家,自己开辟二家。在十四间盐鳐鱼批发店中,延续泰昌号客户九家,新开发五家。在十一间鳀干商号里,承袭泰昌号客户九家,新增加二家。在十八间丁香脯贩卖店内,继承泰昌号客户十三家,新开拓五家。以上长崎商家,只有矶六、小野原、山崎、太田、金子、岛田等六间店号从事单一品目交易,其余都做多种商品买卖,与泰益号有海产品、台米交换关系。①

图 2-7-5 城岛胜助肖像

资料来源:竹村长槌:《大典记念名鉴》,长崎:九州日の初新闻社,1916年,插图。

又,长崎海产品批发商入江商店(入江米吉)、大鹤商店(中岛荣三)、松库商店(松本库治)、川原屋(城岛胜助)、小松屋(松尾九十九)、富田屋(原真一)、西村屋(西村重次)、松延屋(松延重吉)、大和屋(涩谷林次郎)、前田屋(前田驹一)、肥前屋(的野喜代次)、港屋(中村德一)、播吉商店(田中权三郎)、福地屋(福地定吉)、大津礼八郎(店名不详)等,都是长崎当地的大盘商,名列长崎日本海产物商名录内。② 这些著名商户中,城岛胜助、松本库治是泰益号的重要客号,从业背景如下。

城岛胜助(见图 2-7-5),出生于肥前伊万里,经营川原屋,店铺坐落于长崎市江户町。城岛胜助很早就察觉到海产贸易业是前途看好的事业,为此而放弃继承祖父经营的伊万里陶瓷批发业。1895 年独资创业后,由于不断的努力奋进,遂致出类拔萃,营业成果超越八十余家同业。1905 年城岛胜

---

① 《长崎华商泰益号商业账簿:置配查存》,丁未年(1907);《长崎华商泰益号商业账簿:各郊来货》,壬寅年—丙午年(1902—1906)未编页;朱德兰:《明治时期长崎华商泰昌号和泰益号国际贸易网络之展开》,《人文及社会科学集刊》第 7 卷第 2 期,1995 年 9 月,第 61 页。

② 《长崎华商泰益号账簿:置配查存》,丁未年(1907);迫文三郎编:《组合史》,长崎:长崎贸易商同业组合,1933 年,第 104～105 页;山冈由佳:《長崎華商の経営史の研究——近代中国商人の経営と帳簿》,第 30 页。

助当选贸易商同业组合评议员兼水产部长、商业会议所常议员、日本海员掖济会长长崎支部特别委员、崎阳贮金株式会董事,他除了专心经营实业外,还出任长崎慈善会干事为盲哑学校服务,社会声誉很高。[①]

松本库治(见图 2-7-6)出生于爱媛县,经营松库商店,店址设于长崎市新地町。1882 年松本库治胸怀壮志,以弱冠之年离开故乡前往长崎,他从小小的店员做起,渐渐地崭露头角博得名声。1906 年松本库治担任长崎贸易商同业组合组长,代表日商与华商交涉海产品中介贸易回扣问题。斯时日商不解汉语,不谙华人消费习俗,长崎华商是当地日商的大客户。1916 年松本库治累积巨额的财富,荣任长崎市贸易组合长兼

图 2-7-6　松本库治肖像
资料来源:迫文三郎编:《组合史》,长崎:长崎市役所,1933 年,插图。

水产部长、西彼杵郡水产组合长、长崎县水产联合组合会顾问、自由仓库株式会社董事、长崎市会副议长、商业会议所议员等要职,成为长崎实业界举足轻重的人物。[②]

由上城岛胜助、松本库治的发迹经历里,可以察知长崎海产品贸易是一既传统又富有张力的商业,它的蓬勃发展,不用说,对带动长崎港及附近离岛许多与物流活动相关的行业,包括水产品加工业、包装业、扛货业、运输业、零售业、仓库业、冷藏业等,有很大的产值作用。[③]

(二)建立贸易伙伴

日据初期,台湾与日本本土形成一个经济体,为台、日两地贸易商带来不少商机。泰益号承袭旧客户、创造新客户、扩展贸易的情况,兹以泰益号

---

① 《城岛胜助》,竹村长槌:《大典记念名鉴》,长崎:九州日の初新闻社,1916 年,未编页。

② 《松本库治》,竹村长槌:《大典记念名鉴》,未编页;山冈由佳:《長崎華商の経営史的研究——近代中国商人の経営と帳簿》,第 172 页。

③ 迫文三郎编:《组合史》,第 89～94、128～130 页。

贸易伙伴为例,分析于后。

1.泰益号神户支店

陈世科本名高山七太郎,1875 年于长崎出生,八岁左右被陈瑞椿收为养子,送到金门接受儒学教育。世科通晓中日两国语文,擅长写信、记账,1896 年追随义父、义兄(世望)在泰昌号帮理商务。1901 年陈瑞椿创立泰益号不久,便派世科访台调查商况。1902 年世科得到义父资助 2000 元前往神户创业,他借用义益号(店主陈明侯,金门人)门面,以"泰益瑞记行"名义开启神户、长崎、台湾三地海陆物产杂货贸易。斯时 3 裕记号店主吕致知也寄寓义益号,为合谋买卖长崎海味,[①]世科致义父一信言:

> 刻接来电云:甲(一等)大尾吼鱿价十六元二角、乙大(二等大型鱿)十四元二角,办否? 覆。等句已经拜悉,今遂(随)时覆奉一电曰,甲大办四十件、乙大办四十件,谅早接悉会意速为办入。……托办之货,儿实乃与裕记合谋。……长崎如果夏(夏季)尾吼甲大(鱿)十六元六七角、乙大(鱿)十五元之内、对州(鱿)十六元,可速办存百包,鄙观鱿市如是,第不知崎行如何? 幸祈观局办积为望,幸勿落后也。[②]

1902 年农历十一月二十四日世科再寄一信云:

> 昨接台湾各号信电屡次催办,足见近年(年关)鱿鱼定有一番消(销)路。鄙见鱿鱼价决有升无降,故敢与吕致知叔(裕记号店主)发电合谋,非敢孟(猛)浪而从事也,第不知甲大、乙大崎市存积多少,各鱿秋成如何? 见草敢望火速详查,急电示教,俾好预筹进止也。由信(委)托再加办甲大、乙大各六十包,如有照数采入者,由电办入之八十包,此期速装台北九至基(基隆),交裕记号收兑。该货款或由银(银行)押汇,抑或由瑞泰划支亦无不可,均遂尊意也。该号在基专图糙米,堪称巨贾,其人亦老实,可与往来无妨。现崎各鱿如是来源竭积存少者,所办入八十包之货可配一半就好,其余一半暂存缓配,以卜奇利也。……现台来报夏甲大鱿银价二十四元七八角、乙大二十三元五六角,每百斤费只一元四角就有,按算每包有二三元之利耳,此条可作崎咱与裕记合谋。[③]

---

① 朱德兰编:《神户地区商号商业书简资料集》,第 157～158、162～163、194 页;朱德兰执编:《基隆地区商号商业书简资料集》,第 1117 页。

② 朱德兰编:《神户地区商号商业书简资料集》,第 163～164 页。

③ 朱德兰编:《神户地区商号商业书简资料集》,第 165 页。

可知世科向义父传达：(1)台湾畅销长崎一二等大鱿鱼，长崎本店宜尽速采办，运交基隆裕记号销售。(2)吕致知为人老实、财力雄厚，专门经营台湾糙米生意，为基隆巨富，商业信用可靠。(3)长崎如果缺货，可配销一半，另一半守栈，等待市场奇利等信息。

有关裕记号店主吕致知，《台湾日日新报》上刊登诸多他的诗作，如：

> 高门下户庆良辰，万紫千红时变新。
>
> 旭露初干杨柳焕，暖风和畅梅花春。
>
> 登堂揖让谦恭礼，半是衣冠文采人。
>
> 方喜今逢元旦酒，同斟盛世尧天民。[1]

反映吕致知饱读诗书，是一文采风流、颇识时务的商人。泰益本店经由陈世科力荐，不但和裕记号建立了台湾米、日本海产品交易关系，而且还因有裕记号居间，而得将长崎鱿鱼销往厦门。[2]

1902年冬，世科迁出义益号，店面设于荣町一丁目二十三番。1903年除仍有泰益本店投资2000元外，尚因有本店老客户刘隆修（德昌号）、许招春（瑞泰行）、日发号、源顺号等具名担保，得到台湾银行神户支店融资一万元，投资米市获利，而累积不少财富。世科年年获得本店出资2000元，业务发展迅速，创业不过三四年，每月售货利益已经多达近千元。[3] 世科擅长社交，常将新客户介绍给泰益本店。如，1904年农历一月十日陈世科致陈世望一信云：

> 代办鱿鱼一万五千斤，经覆电请将其中分配三千斤交恒春，打捆十包，又配交瑞发一万二千斤，打捆四十包，谅能照电分配可卜。其配时即列奉单，去价可开二十元八角，货款神（神户）当汇奉，照所办进之价尽速列单来神立即汇奉……鱿鱼之市原应分跌，现因日俄争雄之际，陆军粮食耗费，欲扫鱿鱼为干粮之用，货已广销，价必步升，苟逢有大庄之货，犹宜飞示，按量力扫采。……恒春号，王明月翁，在台北大稻埕李厝

---

① 《词林》，《台湾日日新报》，1904年3月13日汉文版，第1页。

② 《长崎华商泰益号账簿：各郊来货》，癸卯年—甲辰年（1903—1904）；《长崎华商泰益号账簿：置配查存》，壬寅年—癸卯年（1902—1903）。

③ 朱德兰编：《神户地区商号商业书简资料集》，第179、210、221页；朱德兰执编：《台北地区商号商业书简资料集》，第3792页；山冈由佳：《長崎華商の経営史の研究——近代中国商人の経営と帳簿》，第53页。

街二十四番;瑞发号,李吉良翁,在台北大稻埕中北街十六番。[1]

信中言及瑞发号,即前所述与日发号联财的商号。台北恒春号,1903年创业,曾经与泰益号有过淡薄的交易记录,经世科推荐后,店主王明月为加深彼此往来关系,另介绍恒发号(店主傅昆洲,金门人,设于大稻埕中北街十四番,经营神户、香港海陆物产贸易)、荣春号(店主谢庆余,设于大稻埕中街六番,海陆物产贸易)给泰益号。[2]

2. 基隆瑞泰行

瑞泰行是泰益号承袭泰昌号客户之一,创业年度不详,店址先后设于基隆草店尾五十四番、九番,为许松英、许泰山、许招春三兄弟所经营的家族企业。1899年《台湾日日新报》报道:"许松英,基隆绅士也,曩曾办理顶双溪保良局主理,厥后又为该地区长期奉公尽职,颇大得民心。"反映许氏在基隆有很高的社会声望。许松英、许泰山、许招春分别在基隆、大稻埕设立据点,互通信息联络生意,形成分工体系。[3] 1901年许招春与陈世科认识,两人志趣相投,形同贸易伙伴。1904年许招春与陈世科合股,为扩张商路,进驻泰益神户支店帮办,共同发展基隆、神户、长崎三地间之海陆物产贸易。[4] 有关许招春推展商业情形,如1905年新历9月15日他给世望一信写道:

> 神(神户)之米市,天气清和,客均缩手不前,且各号互相争卸,市势疲钝难以言状。台米咱号(泰益神户支店)居多,葭以鼠辈争先而走,诚恐自害,故也不得不勉尽人事而扳,以观后市设法。而台来货暂疏,滨市(横滨)似乎稍转,卜其不致再跌耳。刻台中上米四元四角五、葫芦墩上米四元五角五,时下均是好米好销。青糖(粗糖)疲更惨于米,正出类九元五角六、上斗八元六角七、中斗八元二角三,无客,余乏善告。查覆

① 朱德兰编:《神户地区商号商业书简资料集》,第174页。

② 《长崎华商泰益号账簿·各郊来货》,癸卯年(1903);朱德兰执编:《台北地区商号商业书简资料集》,第3866、3907页。

③ 《杂事》,《台湾日日新报》,1899年12月22日汉文版,第4页;朱德兰执编:《基隆地区商号商业书简资料集》,第1004、1062、1079、1108页。

④ 朱德兰编:《神户地区商号商业书简资料集》,第157、202、213页;朱德兰执编:《台北地区商号商业书简资料集》,第3801页。江夏英藏:《台湾米研究》,第79页:"明治37年到38年(1904—1905)日俄战争时,本岛米运销日本遽增,瑞泰商行的许招春到神户,创设进口台湾米批发之泰益商行,策划大量买卖台湾米……"叙及许招春到神户创设泰益商行与事实不符。

时价如何,望祈时常指教。[①]

即对泰益本店传递神户、横滨台湾米、砂糖市场信息。瑞泰行曾经介绍友人赖金声(锦昌号)、张嘉谋(恒记号)、林延年(仁成栈)运输米给泰益本店销售,并媒介上海长和号与泰益本店进行烟叶贸易。[②]

值得一提的是,近代商家从事跨域远程贸易,在双方信用状况不明的情况下,为预防倒账风险,其妥当做法是采取出口押汇。

所谓出口押汇,是指出货商透过当地银行信用介入,将出货所需文件交给银行暂时执押,以便获得银行的垫款,进货商则在期限内向本地银行付款,领出文件后办理提货。押汇银行收到进货地银行支付货款后,便冲销其垫款,并收取期间之利息及手续费。[③] 与此对照,台湾岛内的传统习俗是,贸易商对下游商家销售货物,每十天收账一次,每次结算一成(如每百元只还十元,俗称期账)。换言之,台商与中国大陆商人、日商交往,交货、付款行为皆由银行居中办理,不容背信,和本岛同业往来却因放出货款多,逐期收账少,资金移动缓不济急,致使银根常常发生燃眉之急之窘相。[④]

瑞泰行与泰益本店间之融资颇为频繁。如,1904 年许招春积欠长崎麦粉株式会社 1594.68 元,系由瑞泰行和泰益号从米交易款中过账。又如,1905 年许招春向海参崴订购货物,是托陈世望代付货款转账。反之,瑞泰行也接受泰益号委托,向基隆义益号收讨账款,向源顺号、何荣德号、日发号代收货款。[⑤]

3. 台北源顺号

源顺号设于台北大稻埕杜厝街五十五番,是间名气响亮的老字号。店主陈天送(后改名陈锡麟)与陈瑞椿交往很早,1899 年他于信中说:"弟先父前是由金门新头乡搬家来台,闻宗兄亦是金门新头乡之人,算来亦是同乡,

---

① 朱德兰编:《神户地区商号商业书简资料集》,第 239 页。

② 朱德兰执编:《基隆地区商号商业书简资料集》,第 1023、1100、1102 页。

③ 出口外汇业务编撰委员会编:《出口外汇业务》,台北:台湾金融研训院,2011 年,第二章,第 1~3 页。泰益号及其客户之交货、汇款方式与此书记述押汇内容相同。

④ 朱德兰执编:《台北地区商号商业书简资料集》,第 1529、9191、9205 页;辛德兰:《长崎华商泰益号与台南地区商号的贸易活动(1901—1938)》,第 304~305 页。

⑤ 朱德兰执编:《基隆地区商号商业书简资料集》,第 1059、1062、1080、1085、1088 页;朱德兰编:《神户地区商号商业书简资料集》,第 244 页。

弟如有托采诸货,望祈顶(鼎)力。"[1]同姓、同乡、同业是华商建立人际网络关系的重要元素,据此,两号情谊格外笃厚,泰益号人员访台,常常借住源顺号,由陈天送安排约见同业,并协助探查商况。[2]

源顺号是泰益号的大客户,为拓展台、日市场,除了透过泰益号将台湾米粉卖到长崎第一楼、四海楼餐馆,洋线袋卖给福兴号,桂圆肉销到上海外,还将香港端记号介绍泰益号,并轨发展中日土特产进出口贸易。陈世望、陈世科兄弟信任源顺号的营销能力,1909年、1910年各投资1500圆,三方结成股友,协力扩张商贸网,将台湾米、日本海产品、上海棉花、豆类分销到神户、长崎、台湾。[3]

源顺号为泰益号代收账款事例很多,服务对象如:1902年金元春、味津居、裕泰号;1903年瑞泰、合记、恒记、馥昌号,1904年裕记、晋胜号,1905年恒春、源隆、瑞发、合和号,1906年泉兴、川记、杨裕源、合美号。[4] 有关同业间之转账,馥昌号一纸单据记载:

承辛丑年(1901)泰昌账内结在金5.159元

九月二十五日收山城丸来丁香脯本费金107.18元

九月二十五日对源顺去金100元

十二月十七日对源顺去金12.34元

共来金112.339元共去金112.34元

两讫

泰益宝号升癸卯(1903年)十二月十七日单[5]

指出馥昌号购自泰益号的丁香脯,是由源顺号媒介消除债权债务关系。

又,以日、台海陆物产贸易为中心的商号各有各的贩路,如瑞泰行、源顺号的客户分布于长崎、神户、上海、厦门、香港、台湾等地,泉兴号的客户有新竹合义号、苗栗胡阿九、梧栖锦顺号、梧栖德春号、葫芦墩北丰号、葫芦墩和成号、葫芦墩振成号、葫芦墩金茂春号、彰化胜发号、彰化成和号、鹿港同仁

---

① 朱德兰执编:《台北地区商号商业书简资料集》,第6524页。

② 朱德兰执编:《台北地区商号商业书简资料集》,第6600~6601、6606页。

③ 朱德兰执编:《台北地区商号商业书简资料集》,第6675~6676页;《长崎华商泰益号账簿:各郊来货》,壬寅年—丁未年(1902—1907)。

④ 朱德兰执编:《台北地区商号商业书简资料集》,第4019、6551、6572、6574、6581、6613、6621、6640页。

⑤ 朱德兰执编:《台北地区商号商业书简资料集》,第9233页。

号、鹿港自顺号、鹿港福兴号、鹿港成财号、鹿港中和号、鹿港茂泰号、鹿港联和号。[①] 要言之,泰益号客户下游批发、零售商交易网的差异,对泰益号统合商品市场,扩大商业范围来说,起到强而有力的推进作用。

结　语

　　1895 年日本占领台湾以前,台、日两地没有米与海产品的交换,日本殖民以后,台湾米受到驻台日军、官民需求;日本本土食粮不足;台湾总督府制定关税政策,阻碍两岸贸易;近代化公共基础设施完备,交通运输便捷等复合因素的影响,致使输日贸易出现前所未有之盛况。

　　台湾米耐旱、早熟、产量大、价格便宜、米质优于南洋米、米形类似日本米。贸易商因可使用便宜的价格采购,经过一番调制,混合日本米后,再以日本米价格销售获利,所以 19 世纪末 20 世纪初参与台米贸易者多不胜数。瑞泰行、源顺号、日发号与日商争购台米运输长崎、神户、横滨、东京等地,透过当地日商、华商分销日本各地,便是很好的证据。

　　台湾米输出日本颇为可观,但有学者论述:“日治初期,日资也不曾留意于台米的出口:1905 年以前输日米不及台湾总产量的 8％。日俄战争时期(1904—1905),对日出口初步有所成长,不过,还是得等到 20 世纪 20 年代,米生产及出口才有呈现出明显可见的进展。……1925 年后高涨的蓬莱米出口引起日资注意,方争相进入米谷贸易,掌控外销。”[②]另有学者主张:“日据时代台湾的对外贸易(实为对日贸易)……一言以蔽之,可说系由日本商人一手包办。……当年台湾的生产物,一部分(例如砂糖)本来就是日本人所有的,一部分(例如稻米)虽为台湾人所有,但当其输出之时,早被日本人所收购。这就是说:殖民地台湾的对日本输出贸易,也完全掌握在日本人手里。”[③]这样的观点,颇需重新思考予以厘正。

---

　　①　朱德兰执编:《台北地区商号商业书简资料集》,第 4019 页。

　　②　柯志明:《米糖相克——日本殖民主义下台湾的发展与从属》,台北:群学出版有限公司,2003 年,第 57 页。

　　③　周宪文编撰:《台湾经济史》,第 628 页。

有关日本海产品运销台湾,源于台湾农业发达,渔业发展比较迟缓,所以岛内所需鱼类概多仰赖日本本土供应。日本渔获地之中,水产大县长崎所生产的鱿鱼、干虾、盐鲳、丁香脯等盐干鱼,产量大、质地优、价格低廉,颇受消费者欢迎。惟,日商与台商互不熟悉交易地的消费文化,也不了解交易地的商业习俗,华商可以发挥中介优势,掌握商机,因此积极参与跨洋贸易活动。泰益号贩售四十余种商品中,台湾米、日本海产品属于进出口品之大宗。泰益号中介商品方面,分为自办、委托购销、合买合卖、投资特定对象四种。泰益号代客买办、销售均按货价抽取 2% 的佣金,和贸易伙伴合谋则由双方平均分担损益。

值得留意的是,商品交换意味着资金移动。进一步说,近代台、日两地之间交货、付款行为都由银行居间办理,台湾本地则沿袭旧惯,采用逐期收账方式结算。泰益号与其核心客户鉴于台、日两地资金流动速度不同,银根易生堵塞,为求共同利益,故而有以物易物之方式冲账,或有以代收、代付款方式进行转账或过账,凭借双方之信用,相互融资和清偿货款的情形。

总而言之,本章以泰益号商业文书为基础,以该号创业期为断限,从商品交换的视角,针对商品市场供需、商业情报交换、商品流通方向、资金移动等议题的讨论,一则可以确认泰益号在承袭泰昌号旧客户、发展新客户的同时,相当重视建立贸易伙伴关系,进而和核心客户之间,相互提供多元化的、互惠性的商业服务。再则可以获知在台、日两地商品交换活动中,各个商号往来户的不同以及商品销路的差别,对泰益号衔接各地市场,扩展贸易网络关系颇具助力。

表 2-7-5　泰益号中介买卖海陆产品利益（1904—1907）

单位：日元

商　品	利　　润			
	1904 年	1905 年	1906 年	1907 年
利益总计	3520.365	6281.87	9763.302	11855.961
鱿鱼	1678.658	1321.282	1595.405	1255.169
鲍鱼	553.698	459.364	871.406	796.765
海参	30.65	7.118	25.304	损失 0.47
蛏干	193.662	917.8	473.904	45.151
香菇	50.962	29.87	42.865	
冰糖	11.25			
罐鲍	25.78	6.8		
淡菜	4.985	10.8		
紫菜	0.5	24.268		
丁香脯	665.303	1656.052	1107.597	696.595
春干	损失 3.042	190.585	8.121	
茴香	15.656			损失 0.05
蚵干	86.4	228.05		4.84
茯苓	8.973	26.791	74.581	31.514
石斛	7.87			
红菜	4.586	0.074		
鱼翅	0.592	0.029		
棉花	18.476			39.28
福神渍	0			
盐鳐	182.428	428.64	5160.691	5967.967
虾米	损失 30.076	123.365	64.59	3.87
干贝	9.7	损失 49.64	10.89	
桂皮	0.05			
枳壳	0.9			
白果	1.39	11.972	22.91	27.57

续表

商　品	利　润			
	1904 年	1905 年	1906 年	1907 年
芝麻	1.014			
牛油		16.61		
黄豆、蚕豆		101.807		
白米		503.528		
片棉布		265.455		
洋葱、洋竿		1.25		
木耳			7.863	
瓜吕根			25.95	
鳁萍、罐鳁			125.551	86.56
绿豆、莞豆			19.804	
洋袋			71.12	
片棉花			45.75	
罐旺梨、索面			9	
鳁干				228.756
地瓜干				1462.501
绿豆、黄豆				540.902
安南白米				377.861
盐腌鱼				286.57
菜子油、牛乳				4.61

备注:商品名称照账簿条目排序,"罐旺梨"指菠萝罐头,"索面"指面线。

资料来源:据《长崎华商泰益号账簿:置配查存》,甲辰年—丁未年(1904—1907)制作。

表 2-7-6a　与泰益号有交易额之长崎地区商社（1907）

鱿鱼	鲍鱼	蛏干	茯苓	海参	盐鳁	生盐
荒物	荒物	入江	荒物	港屋	入江	★太田
入江	入江	川崎	矶部	入江	★小川	★金子
★小仓	★大岛	川原	★矶六	松库	★尾崎	★岛田
川原	★大鹤	振泰	入江		★小野原	
★厚祯祥	川原	西村	★震丰		古贺	
小松	小松	播吉	西谷		富田	
佐野	西村	福地	针尾		西谷	
★振成	针尾	大和			西村	
★振泰	肥前	吉野			针尾	
★东源	前田				★广田	
★德昌义	松库				前田	
富田	大和				港屋	
西谷	吉野				★山崎	
西村					大和	
福地						
前田						
松库						
★港屋						
大和						
吉野						
新增 7 间 共 20 间	新增 2 间 共 13 间	共 9 间	新增 2 间 共 7 间	共 3 间	新增 5 间 共 14 间	新增 3 间 共 3 间

表 2-7-6b　与泰益号有交易额之长崎地区商社(1907)

鱿干	丁香脯	桂皮、茴香	白果	干虾	棉花	地瓜干
★大津	入江	大和			振成	爱吉
★金柿	大津				东源	★石田
古贺	★小野				★宾记	★稻部
小松	金柿				福兴	★井上
西谷	川原				和昌	入江
西村	小松					★大杉原
针尾	★谷川					大津
肥前	★西泽					小川
前田	西谷					★小仓
港屋	西村					尾崎
大和	针尾					★片冈
	福地					★川上
	★福六					★久米
	前田		入江	川原		古贺
	★松永		小松	西村		★三枚
	港屋		★田中	松库		★谷川
	大和		西村	港屋		★中村
	吉野		松延			★西被
						西谷
						西村
						★林屋
						针尾
						★平国
						★平野
						★福六
						★本田
						★松岛
						港屋
						吉野
						★林商
新增 2 间 共 11 间	新增 5 间 共 18 间	共 1 间	新增 1 间 共 5 间	共 4 间	新增 1 间 共 5 间	新增 19 间 共 30 间

表 2-7-6c　　与泰益号有交易额之长崎地区商社（1907）

黄豆绿豆	鳁罐鳁萍	米	盐鲣鱼	菜子油、牛乳	蚵干
小仓 ★三余 振泰 福兴 ★向井 和昌	川原 ★黑濑 小松 西谷 西村 针尾 林屋 前田 松永 港屋 大和 吉野	★源昌 ★晋恒 小仓	针尾 福地 港屋	大岛 ★松本	富山
新增 2 间 共 6 间	新增 1 间 共 12 间	新增 2 间 共 3 间	共 3 间	新增 1 间 共 2 间	共 1 间

备注：1.商社名称按照日文五十音排序。

　　　2.符号★为泰益号新增客户，其余为继承泰昌号时代的客户。参阅《泰锠震记号进码腾清》，庚子年（1900）客户名单。

　　　3.本表华籍商号及交易变化，拟于日后另作专题探讨。

资料来源：表 2-7-6a 至表 2-7-6c 据《长崎华商泰益号账簿：置配查存》，丁未年（1907）制作。

第八章

客户信息与相互融资

所谓"信息"是指音信或消息,日本人称为"情报",包含 information、intelligence 双重含义。

19 世纪、20 世纪信息随着近代化交通运输、工商业的蓬勃发展,建构通信网的书信、电报、海报、传单、新闻、广告、货样、业务用途书类等情报的多样化、大量化与商品化,不只影响了各地生产、流通、消费、市场形态与交易规则,对公私部门与个人发展社会网络、经济活动也起了极大的变化。[①]

就长崎华商而言,泰益号文书存储了大量长期性、范围广阔的客户书简信息。鉴于泰益号通商活动中,客户情报与相互融资鲜少受到学界关注,本章为填补先学研究的不足,拟从信息情报史的角度,透过信件、账目、单据、借单等史料的解读,针对泰益号客户通信网中的重要客户信息、信息情报价值、相互融资方式等项,作一实证性的分析。

一、客户通信网

20 世纪前半叶泰益号因长崎地理条件、产业资源均不及神户、横滨、大阪开港场,为了占得商业先机,十分重视各类信息的收集与利用。泰益号信息邮递量以台北、上海、神户、门司、下关、厦门等地为多。台北、上海、神户、厦门客户大部分是福建人,他们传递商品价格、市场动态、委购委销货物、汇率变动、同业信用、介绍客户、商业纠纷、资金融通、政情变化等一种或多种信息。关门地区(下关、门司)以日籍店号、运输公司、海上保险公司邮递信

---

① 杉山伸也:《情报の经济史》,社会经济史学会编:《社会经济史学の课题と展望》,东京:有斐阁,1992 年,第 268 页。

息较多,寄出信件多属商品报价、运输证明、请求货款等格式化的文书①(图 2-8-1、图 2-8-2)。

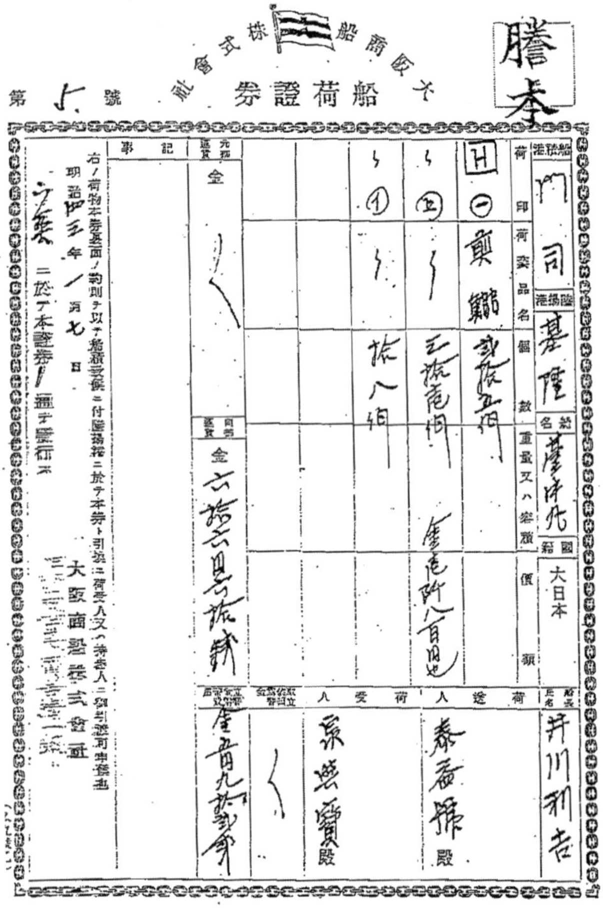

图 2-8-1 1910 年大阪商船株式会社运输货物单据

资料来源:《关门地区商号商业书简资料集》,第 1490 页。

① 朱德兰编:《长崎华商泰益号关系商业书简资料集:台湾地区商号(1899—1939 年)》,蒋经国国际学术交流基金会研究费补助计划成果,1991 年, No. RG007-90。朱德兰编:《长崎华商泰益号关系商业书简资料集:神户、关门、长崎及其他地区商号(1880—1962 年)》,日本文部省科学研究费补助,1993 年国际共同研究, No.04044157;1995 年一般研究, No.0645113。笔者整理:《长崎华商泰益号关系商业书简资料集:金门地区商号(1899—1938 年)》,2014 年。

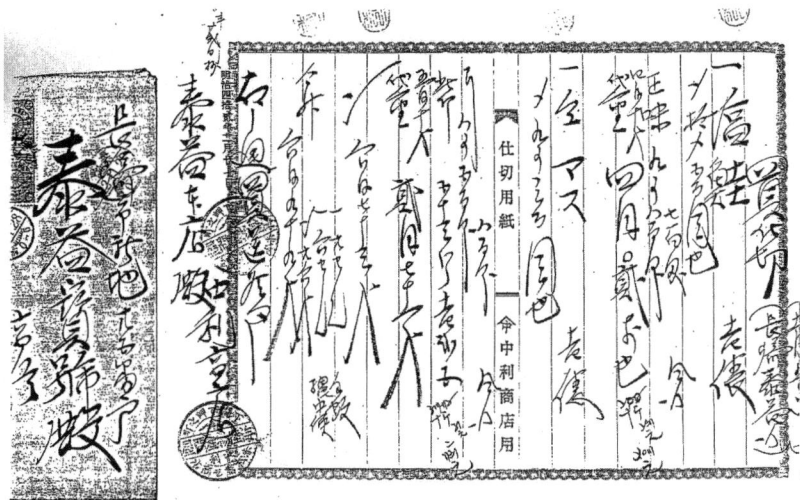

图 2-8-2　下关中利商店受托采购海产品单据

资料来源:《关门地区商号商业书简资料集》,第 1712 页。

(一)台湾客户信息

台湾是泰益号的重要交易地,在泰益号保存的客户书信中,台北地区源顺号邮寄 1400 余封信,独占鳌头。[①]

1. 源顺号

源顺号创立于 1888 年,为金门人陈源普、陈天送(陈锡麟)合资经营的商号,兴业之初曾和陈瑞椿经营的泰昌号有过台米交易记录。陈瑞椿开设泰益号后,双方持续有台湾米、日本海产品交换活动。1909 年源顺号股东陈源普退出股份,陈天送为充实营业资金,力邀陈世望、陈世科入股,结成股东关系,台北、长崎书信往来因而相当频繁。[②]

[①]　2012 年泰益号后代陈东华先生将其收藏的文书交给"中央研究院"数位典藏,2014 年统计台湾地区信件(包含明信片在内),共有 14000 余封。未来所有文书电子化后,应有准确的信件数字。

[②]　朱德兰:《日据时期长崎台北贸易:以长崎华商泰益号与三家台商为例》,"中央研究院"中山人文社会科学研究所主编:《中国海洋史论文集》第 4 辑,台北:"中央研究院"中山人文社会科学研究所,1991 年,第 225 页;朱德兰编:《长崎华商泰益号关系商业书简资料集:台北地区商号(1899—1938 年)》(以下简称《台北地区商号商业书简资料集》),蒋经国国际学术交流基金会研究费补助计划成果,No. RG007-90,1991 年,第 6726～7784 页。

源顺号初营"神户、香港海产杂货贸易",1918年改营"香港、上海、日本海陆物洋纸罐头贸易",1921年营业项目名称"香港、上海、日本海陆物产委托贸易",1928年经营项目标记"海陆物产各种罐头委托贸易"。

源顺号店主陈天送1925年去世,长男陈源泉继承父业,然因经营不善,1930年与弟大英分家,各谋出路。陈大英为重振家业,1931年和姻亲合资两万元,创立一间名为"源顺英记商行合资会社"的合股公司。[①]

陈源泉1930年移居厦门后,虽然改营古玩生意,但仍与泰益号互通音信,为泰益号提供不少厦门情报。如,1932年8月11日陈源泉的一封书信写道:

世望宗叔祖大人惠鉴:

敬查是期得展台教,诸事备悉,委交炳富兄(隆顺洋行店主柯炳富)一函,经照尊命面呈,望祈勿介,并查厦埠商况之事,照现时排日非常激烈,海产商概为停止,唯有日商小部分配小傤来厦而已。洪本部振隆号内容空虚,按年终有一番整理。新哲记、东兴稳当。东兴系神户建东兴之分店也。万和兴系是什货文市(门市),非专门海产商。谨将右记状况奉呈以为参考。另者,厚庄然希极上五岛鲍鱼,散每船由台北配来厦市发兑,甚有利益也。如小粒青森六两庄、干贝、灰鲍均有多少配来。在崎如逢有极上庄专大只美色五岛鲍鱼者,请配一百斤交台北散行专配来厦应市是托。按此前月间向崇记,并台北金联发、义珍、捷茂太(泰)采来五岛鲍四五百斤均已兑尽矣。如厦埠销售之五岛鲍非极上品,甚难出手,谅宝行当能留意拣选佳品可知也。兹因轮便,匆匆草此。并候筹安

宗侄孙源泉顿[②]

1934年9月6日陈源泉致世望一信叙述:

世望宗祖叔大人赐鉴:

敬启者,久乏奉问,不胜抱歉,谅大人玉体健康、生意日隆,可钦可贺。愚侄孙托护,粗体平安,望祈勿介。奈因生理失败以来渡厦,至今

---

① 朱德兰编:《台北地区商号商业书简资料集》,第7794、7798、7785、7830页;朱德兰:《日据时期长崎台北贸易:以长崎华商泰益号与三家台商为例》,第225页。有关陈大英的生平,参见林进发编:《台湾官绅年鉴》,台北:民众公论社,1933年,第8页。

② 《厦门地区书信》,1932年公历8月11日隆顺洋行陈源泉信函。

无有良机可图,愧甚愧甚。兹有敝友吕祯荣先生自数十年前来厦,经营海产物商荣兴洋行,前住洪本部,今年移在磁街,每船由基隆、台北配来海产甚多,堪为在厦一流之海产商,信用笃实。去年由神户隆顺炳富兄代办马筋数万斤获利颇多,故愚侄孙介绍祯荣先生与(予)宝号,得能交关者,双方均有利益可沾。如贵地所出产之五岛鲍、丁香、草蛏、虎爪蛤等,在厦销售颇广,望祈将行情单寄交吕先生以为参考,按有可图之件,当能托办耳。至于信用之确实,可探问基隆利记、谢裕记均能明白也。特为介绍,余无别陈。并候筹安　泰益宝号诸位执事先生均安

愚侄孙陈源泉顿[①]

说明信息传递与人的移动相随相伴,陈源泉除了调查厦门商户信用、海产品流通情况外,也促成了泰益号与荣兴行的商贸往来。

2.蔡咸亨

蔡咸亨是源顺号的书记兼账房,由于办事认真负责、交友广阔,深受陈世望信任,所以他也是泰益号的重要情报源。如,1922年农历四月二十一日蔡咸亨书信报告:

> 弟此十四日南下为查诸号,顺列如左,至希察阅可也。金义兴、和记、金长美、振承、捷丰、永茂、永发,右七家皆妥当也。金益成、澎湖商会,右二家些少信用。永乾太(泰)既一次延交,今又一单延如许多天,若然以后若为数千者,则须押汇。长美、漳成发,右二号不可信用。成兴,此号罢倒。……再者,兹阅及尊电,知永乾泰汇票未解,兹适诗烈(许诗烈)往台北州,为税务事未回,而诗国(许诗国)往沪尾(淡水)未回,俟下午见面,当嘱其速备交。[②]

遗憾的是,源顺号兄弟分家,蔡咸亨离职独闯江湖后,适逢经济不景气,被客户倒债,结果事业一败涂地。有关他的遭遇,1932年农历六月二日蔡咸亨书信叙述:

> 弟也担任源顺职务十四五年,而每年连抽分及外面与人作些糖粉、小伙,皆有千元内外收入,当时真快活过日,而主宾意气相投,斯亦居停之宏量,非弟之任事无误也。为此好待遇,所以虽外人鼓舞别创事业,均踌躇未果,迨乎林雷兄逝后,中部诸客号俱来委托,初始三几年收入

---

① 《厦门地区书信》,1934年公历9月6日隆顺洋行陈源泉信函。
② 朱德兰编:《台北地区商号商业书简资料集》,第7456页。

亦颇丰裕,及后财界反动,对于行口采货用为替手形引受者逾半数以上,所谓期数项者少矣。此间中部客号汇寄不敷,所还皆为借来填还,为此四年间耗去利子(利息)达八千元之多,亦为向来信用过好,东挪西挪无所不应也,虚耗此巨金究真比大猪更愚多多也,加以当昭和五年(1930)被人倒去二千元以上,为此雪上添霜,任尔弥缝亦觉为难,遂至整理。缘其间暗中补贴颇多,所以包含不足二千外元,幸有亲戚朋友借项在三千元,所以得能旋转。何期昨年又为走水客倒去二千元左,中部倒一千六百元外,泉成倒六百元外,通计又倒四千外元,故不容不再破绽。窃以人生在世乃一踢再踢,实乃无颜见人,即欲与世长辞,奈有妻子挂累,乃勉强含羞而渡世。又自念为人累致累人,非有蓄意泉负于人,此心惟天可鉴,迨事后至今大众似多谅解矣。眼前又有中部代办,不过担任看货论价,而货项归行口直接理会,不过年终收多少代买手数料(佣金)。早年如能觉省,无代金钱责任,何致今日如此艰苦,总之,苦亦极矣。此时恰似儿童初入学,再由人之初读起也。窃以代办一途只可供三餐敷衍,似无发挥之日,不过暂时耳,一俟冬杪或春初,有些相知友人援助,立一小经记活动较有多少希望也。源泉(陈源泉,源顺号第三代店主)往厦作古玩商,与柯炳富连络,所作未几,成绩何以未可决定。此间委伊妻舅无甚资力,亦不过小可活动耳。大英(陈源泉弟)整理再作,闻彼整理方法,年限延长八年,照眼前应有相当资本运用,乃观外观似无甚宽手,真令人未为解也。……

一、悦隆,青年头家,做事颇能干,此(号)资本约五六千元。

一、胜和,此财产颇巨,十万内外也。

一、万成昌,此亦财产颇巨,无妨也。

一、怡和,此一二年虽不利益,惟彼与怡美多人,凡事必有相援也。

一、时春,资本单薄,乃生理经营数十年,最妙者见卖手大利也。

一、德泰,不浮不沉也,照常年彼对汇单馆及汇单均可信用耳。

一、义芳金记,破产家也。

宝行近为抵制,想南洋一带均无售货,而台湾一方因崇记(长崎崇记号)时常有为人代办,独是宝行甚减。此中方针何似难以臆度。[1]

---

① 朱德兰编:《台北地区商号商业书简资料集》,第8420页。

这封信反映：(1)20世纪30年代台湾受到经济恐慌，金融紧缩的影响，出现不少倒账、歇业的商号。(2)蔡咸亨受到同业连累，没有财力营谋，只能代客办货，依靠佣金维生。(3)蔡咸亨命运多舛，拟借提供商业情报，获得陈世望的同情与支援，以利东山再起。

（二）上海客户信息

上海位于中国沿海南北运输中心，1843年对外开港后，兴起了许多专门经营进出口贸易的华籍买办、掮客、店号与行栈。国际商行中，进口杂货，出口土特产，专营西洋贸易的称为"西洋庄"；进口海味、药材、香料、染料、砂糖、大米、木材等，出口土特产和棉纱、棉布、瓷器、草帽等轻工业品，专营南洋贸易（含香港、澳门转口）的称为"南洋庄"；对日输出棉花、杂粮，输入海味、杂货售予内陆批发商的叫作"东洋庄"。[①]

东洋庄里对长崎华商输出中国棉花、豆类、油粕、木耳、金针菜、毛菇、药材，交换日本海产品、杂货的，一般称为"长崎帮"。长崎帮约有十余家，包括长和、公记、茂记、鼎记、合顺、大和兴、东昌豫（1909年改名东昌余）、德大、裕和泰、捷裕、锦发等号，均属泰益号客户。[②]

1992年、2004年，和田正广、翁其银的作品论述："捷裕商行是上海地区最早和泰益号建立海产品贸易的商号"；"1905年至1919年的十四年间，上海和日本进行海产品贸易的商号几乎没有"；"泰益号在上海最大的代理店鼎记号，一面与泰益号维持良好的贸易关系，一面也和泰益号的姊妹店长崎永记号、崇记号有长期的交易关系。"[③]

然而，值得商榷的是，泰益号账簿记载，1902—1906年上海长和号、东昌豫号已对泰益号输出大量的棉花、棉子饼、豆类，输入长崎种类繁多的海

---

① 上海社会科学院经济研究所、上海市国际贸易学会学术委员会编：《上海对外贸易(1840—1949)》上册，上海：上海社会科学院，1989年，第221、237、386～391、522～523页。

② 上海批发商从横滨进货的称为"横滨字号"，从函馆进货的称为"函馆字号"，依此类推，由长崎进货的称为"长崎字号"。上海社会科学院经济研究所、上海市国际贸易学会学术委员会编：《上海对外贸易(1840—1949)》上册，第178、536、604页。上海与长崎泰益号交易额多的商户，参见《长崎华商泰益号账簿：华商总部》，壬寅年—甲戌年(1902—1934)。

③ 和田正广、翁其银：《長崎泰益号と上海商行の海産物貿易に関する回顧》，《論集教養研究》第4卷第1号，1992年，第6、20页；和田正广、翁其银：《上海鼎記号と長崎泰益号——近代在日華商の上海交易》，福冈：中国书店，2004年，第83页。

产品(鲍鱼、罐头鲍鱼、鱿鱼、海参、干贝、淡菜、虾米、蛏干、蛤干)及五倍子(没食子)、黄柏、石斛等货。德大号自 1907 年开始和泰益号交易商品后,双方往来十分密切。捷裕商行与泰益号交易,初见于 1908 年《长崎华商泰益号账簿:华商总部》账目里。鼎记号则到 1910 年才首度出现在《长崎华商泰益号账簿:华商总部》账目中。

要言之,捷裕行并不是最早和泰益号有生意往来的商号。上海东洋庄长和、东昌豫、德大、捷裕、鼎记等号,都是泰益号的重要客户,各号贸易额每年互有长短。此外,泰益号在长崎没有永记号、崇记号这两间姊妹店。[①]

1. 鼎记号

上海海味业东洋庄发迹较早的是乍浦人徐某,19 世纪 50 年代太平军进入江南后迁徙上海,和宁波人周茂生(周梅生)开设鼎记号。20 世纪初徐某之子徐鹤笙继承父业,在同业中具有一定的声望。[②]

依照东洋庄业内规矩,东洋庄号出售某种到货海产品,需要先开列集义公所统一格式的取样单,分发内贸批发行派人到栈领取货样验看,再定期通知各行前来开盘成交。又规定,东洋庄号进批日本货,只能售予内贸批发行,内贸批发行转售各地客帮,各地客帮再卖给城乡大小商人,内贸批发行不越过东洋庄向产地直接办货,客帮也不直接向东洋庄进货。客帮、门市买卖,通常都搭配不同品种、不同等级的货,数量比较零星,鼎记号为取得竞争优势,除了联合乍浦帮、宁波帮,与上海同春合记、同德、特三洋行、鼎裕、永裕新等号建立"联号"关系外,也和朱秀升合股经营恒发号。[③]

鼎记号和泰益号交往,大多采购鱿鱼、鲍鱼、干贝、海参、蛏干、蛤干、虾米、海盐(鲚仔脯)、茴香等货,并代售长崎产品:香菇、紫菜、圆虾、梧子(五倍

---

① 《长崎华商泰益号账簿:各郊来货》,壬寅年—庚戌年(1902—1910);《长崎华商泰益号账簿:置配查存》,癸卯年(1903);《长崎华商泰益号账簿:华商总部》,丁未年—庚戌年(1907—1910);朱德兰:《近代长崎华商泰益号与上海地区商号之间的贸易》,张炎宪主编:《中国海洋史论文集》第 6 辑,台北:"中央研究院"中山人文社会科学研究所,1997 年,第 358～363 页。

② 上海社会科学院经济研究所、上海市国际贸易学会学术委员会编:《上海对外贸易(1840—1949)》上册,第 178 页。

③ 上海社会科学院经济研究所、上海市国际贸易学会学术委员会编:《上海对外贸易(1840—1949)》上册,第 539,550 页;朱德兰:《长崎华商貿易の史的研究》,东京:芙蓉书房,1997 年,第 106 页。有关鼎记号之研究,参见和田正广、翁其银:《上海鼎記号と長崎泰益号——近代在日华商の上海交易》,此书未参考泰益号账簿及相关客户书信,解读资料有误。

子)。由于贸易频繁,所以几乎每一船期都邮递一信,遇有急事则拍发电报,为泰益号掌握商况的重要情报源。1911 年中国革命党起事给商界带来不小的影响,有关上海市场动态,鼎记号记述:

> 前帮各号来货,如蛏干、虾米、鱿鱼、秋菇等市价均跌,且销路疲滞,存搁不出,……盖行家办货专以去路用神,乃近以乱事之故,银根霎时奇紧,各路客家纷纷来电止配,则既无去路,自然袖手不谋,以致市景萧条,少有顾问之客,即前来已兑未出之货,存积亦殊不少,推究其原,行家放出客账,经此乱耗,货款转运不灵,岂有再配去货之理? 行家去货不配,则号家来货不消,此乃互相维系,势所必然,故目下无论何货均祈止手,且待乱势荡平,人心安定再定进止为要。[①]

指出东洋庄号进口日货,因为时局动荡,人心不安,销路停滞,遂致货款运转不灵,银根随之梗塞的情形。同年农历九月三十日鼎记号再寄一信云:

> 二十八日接筑后九来信,又嘱转厦生熟公鱼干共八十一件,遇有厦轮当连同前来之货一并装去,分别交宜美、祥记收提。申地银根仍紧,汇票批缴维艰,今帮来货未蒙随汇,甚感。革军(革命军)起义,各省相继宣告独力(立),均表同情,惟南北系尚相持不下,然势力已孤,终难持久。[②]

反映中国铺天盖地的政治动乱对上海金融、商品流通市场,起了很大的负面作用。

2. 茂记号

近代中日外交冲突频仍,由于激起华人剧烈的反日、抗日意识,抵制日货运动因而遍及海内外各地。华人拒买日货及其所产生的影响,1928 年"济南惨案"爆发后不久,农历三月十九日上海茂记号向泰益号报告:

> 顺详沪地市面近为日本出兵山东,侵我中原,戕我外交长官,甚挖目割耳,酷惨万纷(分),同属国民能无发指? 现在民心激昂,又在集会游行,经济绝交恐复实现,然是此番举动大众一致,非比前者可以融通,吾商家迭遭损害殊非浅鲜。此次之事不但抵制,而且尚恐惹起极大战争,深以为虑。按之现在情形除非繁销之品外,统祈暂缓谋配,以取稳步。花色参市本疲滞,被此次事变一来,人心虚弱,要手更寥。上前两期永(永兴)、崇(崇记)

---

① 《上海地区书信》,1911 年农历八月二十四日鼎记号信函。

② 《上海地区书信》,1911 年农历九月三十日鼎记号信函。

各有配申，统未兑通，即如开脱几箱亦均亏本为多。[①]

1928年农历三月二十三日茂记号致世望一信谓：

> 顺详沪地市面自五三（新历5月3日）日军暴横无理强占济南后，民心极为愤慨，全国皆然，对日经济绝交刻又实行，此反（番）抵制为更快速，而且严厉，报关行今日为止，以后决（绝）不再报日伙（货），且海关中派人常行调查，以免奸商私运私报，即（即使）日商运漕店亦不能代理，似此办法实无活动余地。各伙（货）均祈暂止，本当急电奉告，晚想仁长凤（素）称谨慎，决（绝）不致冒险而行。此后情形如何，当为随时奉告。[②]

反映日军侵华暴行所引起的排日货运动，成为华人抵抗日本军国主义的有力手段。惟，严厉抵制日货的结果，对中国经济及上海对日贸易活动带来相当大的冲击。

3. 合顺号

传统钱庄在中外贸易中有调剂资金、汇划清算、促进商品流通等多元作用。20世纪初鼎记号发展点多面广的事业，颇得力于钱庄的放款、乡亲友人与同业的存款。在其资金来源中，也包括1929年泰益号存入的一笔巨款白银10000两。[③]

1929年农历十月鼎记号店主徐鹤笙病故，儿子徐美士继承父业。1931年日军发动"九一八事变"，上海经济在华人反帝国主义气焰高涨，全球化经济危机加剧下，相继出现企业停业、倒闭，钱庄发生坏账，景气低迷的情形。[④] 鼎记号和其联号受到内外因素的影响，资金周转不灵，因而闭门歇业。[⑤] 泰益号闻知鼎记号倒闭信息后，为解决债务问题，便委托合顺号探查详情。1931年公历9月22日合顺号回复：

> 委查鼎记之事，闻乍浦债户经摊二成半，收现成半，期票一成，经已完毕，而申债户正在磋商未能解决，闻债权要三成，二成半现，半成期

---

① 《上海地区书信》，1928年农历三月十九日茂记号信函。

② 《上海地区书信》，1928年农历三月二十三日茂记号信函。

③ 《上海地区书信》，1911年农历一月十二日鼎记号信函、1911年农历八月十九日鼎记号信函、1912年农历九月九日鼎记号信函、1913年农历一月四日鼎记号信函、1918年农历六月四日鼎记号信函；朱德兰：《长崎华商贸易の史の研究》，第129、159页。

④ 朱德兰：《长崎华商贸易の史の研究》，第154、159、165～166页。

⑤ 上海社会科学院经济研究所、上海市国际贸易学会学术委员会编：《上海对外贸易（1840—1949）》上册，第551、556、607页。

单,势看就三成了事,尊欲加入即示,如是单独进行,望祈尊裁明示,俾以遵命矣。①

1932年公历3月21日合顺号报告:

> 鼎记之事,兹沪局变后不闻声息,而振大行周先生(周达甫)亦难以逢,皆以(已)逃避,容查其如何即函奉告。沪战已以两方议和,经其暂停,国联所派调查团尚进行调查事实,此后如何解决有所不知。侄因居华界,沪地(沪战)发生,已迁入法租界,而家眷经由厦回里。刻之各业尚未恢复,损失甚巨。天送兄(上海德安公司陈天送)住于海宁路,乃是美租界,虽毗连于闸北,亦无所碍。②

可知鼎记号和债权人尚未达成和解,即趁淞沪战事爆发,时局混沌之际,藏匿他处。1933年泰益号将定存鼎记号的10000两白银,列入永远无法讨回的万年账。③

(三)神户客户信息

神户信件邮递长崎,平信约两天,快递一天可寄达。据笔者统计,神户书信总数1765封,除去10家商户各寄10余封、55家商户各寄10封以下外,其他信函以神户泰益支店寄出668封为最多,新瑞兴号寄发129封位居第二,福昌号邮寄110封名列第三,天华号邮递108封排列第四。④

1. 陈世科

商人从事远距离贸易活动,欲与客户建立长期性的共生共荣关系,互通信息十分重要。就神户泰益支店而言,店主陈世科除了和陈世望及其客户建立信息互联网外,为扩大通商网,还于1906年10月16日创办一份汉文报纸——《神户泰益商报》(以下简称《商报》)。

---

① 《上海地区书信》,1930年公历8月26日合顺号信函、1931年公历9月22日合顺号信函。

② 《上海地区书信》,1932年公历3月21日合顺号信函。

③ 《长崎华商泰益号账簿:华商总部》,辛未年—癸酉年(1931—1933)。

④ 朱德兰编:《长崎华商泰益号关系商业书简资料集:神户地区商号(1890—1959年)》,日本文部省科学研究费补助,1993年国际共同研究,No.04044157,目次,以下简称《神户地区商业书简资料集》;中村哲夫编著:《華僑商号「泰益号文書」に基づく神戸華僑の歴史研究》,神户:神户学院大学人文学部学术研究推进特别经费共同研究经费实施事业研究报告书,2007年,第211~277页。

《商报》编辑、发行人初由许招春担任,每月出版四号,每份定价 3 钱 5 厘,篇幅一页,刊载砂糖米谷、纱布洋纸、杂货、海产物等大宗商品行情。《商报》自 1907 年 1 月 24 日第 12 号起篇幅增加到三四页,内容包括:(1)米谷、砂糖、面粉、鱿鱼、虾米、鱼脯、杂海味、山珍类、洋货罐头、布、棉纱、纸、棉花、火柴、杂货等行情;(2)神户航行台湾各港定期轮及临时航班信息;(3)日本邮船、大阪商船会社运费;(4)派办货物须知;(5)天气预告;(6)预防货物失重办法;(7)布告不肖店员启事;(8)告示银行汇率等信息。1909 年 11 月 24 日《商报》第 69 号编辑、发行人改为吉川丑太郎,每份售价 5 钱 5 厘。1912 年商报改名"东华贸易新报",编辑、发行人改换高山七太郎,即由陈世科本人担任[①](见图 2-8-3、图 2-8-4)。

图 2-8-3　《神户泰益商报》,第 15 号,
1907 年 2 月 17 日

图 2-8-4　《东华贸易新报》,第 11 号,
1912 年 7 月 13 日

---

① 《神户泰益商报》,第 12 号,1907 年 1 月 24 日;第 30 号,1907 年 6 月 7 日;第 33 号,1907 年 7 月 2 日;第 37 号,1907 年 8 月 12 日;第 42 号,1907 年 10 月 2 日;第 48 号,1907 年 12 月 2 日。《泰益神户支店商报》,第 1 号,1907 年 12 月 30 日;第 68 号,1909 年 11 月 14 日;第 69 号,1909 年 10 月 12 日;第 73 号,1909 年 11 月 11 日;第 98 号,1910 年 7 月 3 日。《东华贸易新报》,第 11 号,1912 年 7 月 12 日。陈世科 1911 年恢复日本国籍,日本名字为高山七太郎,1912 年其日本妻生产一子,取名高山胜治郎,中文名字为陈东华,参见《高山七太郎除籍户籍抄》,朱德兰编:《神户地区商号商业书简资料集》,第 449 页。

《商报》十分重视台湾米与日本海产品行情变化,如 1907 年 8 月 12 日《商报》第 37 号"米况"记述:

> 近日天气未见变动,故米市无甚浮沉。我台商所存台南米四千外包,台中米有万八(一万八千)包,计之二万多包,均硬守不兑,三井亦不卸,惟洋商德记略续卸兑五元四角半至五元五角半,后三期决到台中玄米万五千包,三十天在神(神户)交清,价要抛兑五元五角七占(分),乏客敢抛,足见目下行情无甚好景耳。[①]

1907 年 6 月 17 日《商报》第 31 号"海味况"报道:

> 排尤(鱿,以下同)为原(源)头大奖(涨),且近香港去路颇畅,以故暴升一二元。金钩虾好货来乏,机小虾略续有到,广帮亦有出采,至价立在不跌也。员(圆)角甘贝来源稀少,去路甚广,价致大浮。朱蚵、竹蛏来货无几,市亦平平。生丁香小尾无到,所到者均是大尾盐身。尖梭机焙虽到无几,白(色)次(货)近到颇多,概广(广帮)扫去。鲴萍所到者次货,而上品亦稀。花旗盐鲴来源已断,日本盐鲴尚有三四百小箱。盐鲢原(源)头告断,盐加力鱼积底甚多,此味如有合消,望先指南俾好把握也。红白鲦仔脯今庚较往年稀甚。白熟丁心鲡仔脯绝无到货。髻鱼干近闻香(香港)、申(上海)各处大笑(大涨),故不论大小干潮之货见到扫采。春干积存无多,势必奖一二也。行情如斯,请祈台鉴,倘按能和之味,定有顾耶,余情俟后奉布。[②]

反映神户是台湾米和日本海产品的交易中心。又,商报洞察各货行情早晚变幻无常,时时提醒读者:"倘如是从商报中察知可合之货,委办可以信件或由电报注明价格。"以利客户把握商机,货主照价采办。[③]

应该提出的是,神户泰益支店与长崎泰益本店虽有本支店之称,但实际上各为经营主体,会计独立,并无上下从属关系,上海同业通称前者为后者的"联号",意指两号属于一种合作联盟关系。[④] 陈世科对义兄陈世望情同

---

① 《米况》,《神户泰益商报》,第 37 号,1907 年 8 月 12 日。

② 《海味况》,《神户泰益商报》,第 31 号,1907 年 6 月 17 日。

③ 《凡例》,《神户泰益商报》,第 12 号,1907 年 1 月 24 日;《派办货物须知》,《神户泰益商报》,第 34 号,1907 年 7 月 7 日;《委兑派办须知》,《神户泰益商报》,第 41 号,1907 年 9 月 22 日。

④ 《上海地区书信》,1905 年农历七月十八日东昌豫号信函、1906 年农历四月二十六日源丰号信函。

手足,经常牵线将其海外客户介绍给他。如,1913年农历十月二十三日陈世科记述:

> 丁香脯小尾至中尾,近来实力波(新加坡)非常多消,是帮乃实力波十三行街福源号委办四五十件(丁香脯),所以前日奉信有问速示云云。……福源号乃广东人,十分妥当,如有小尾中尾,分别各办二三十件配去,可与直接,愚自当发信介绍。咱神(神户)是帮代配甘贝、排鱿、柴鱼计有一千六七百元,信汇三十天,如有代办,可照施行。南洋非似上海、台湾咫尺之地,纵办好货,亦须过晒十分干燥,方可配去。如是中次之货,不论免本亦不可谋,盖水途太远,若非二三礼拜不能到叻(新加坡),如是好货,则价些贵,亦无伤也。查新嘉坡最销者,对州二(二号)鱿鱼、大中面一(一号)鱿鱼、竹蛏干、鲍鱼、甘贝、大粒蛤干。然大粒蛤干广东人曰西施舌,熟丁香曰熟青公鱼,因恐侄不知,故陈详细。以上之物非常多消,每次委办数十件,神实无货可应。见信之日,祈速报行情,愚当去信介绍,他自然来办。[①]

陈世科曾经派人到南洋招揽客户,在推销火柴、纸张、染料、煤油等日本货的同时,也顺道调查商况,主动向陈世望提供重要市场情报。

福源号位于新加坡漆木街(South Bridge Street),店主劳梓荣资本丰裕,开设信局(侨汇机构)兼营九八行,由于客户广,购销货物力量比其他同业强,所以一经陈世科介绍,就成为陈世望发展新加坡贸易的大客户。[②]

2. 新瑞兴与兴祥号

周起抟,福建省晋江县(今晋江市)人,1898年到神户,在金门人王敬祥开设的复兴号任职,1899年他和同乡万岳、万溪舣、万福来合营瑞兴号,从事棉布、杂货输出华南、南洋的生意。周起抟在厦门有一联号晋安栈,是弟弟周起特与同乡张金城(张题章)联财经营的行号。1913年周起抟执掌瑞兴号,为与王敬祥投资的瑞兴号(营业代表周乞)有所区别,而将店名加一

---

① 《神户地区商号商业书简资料集》,第458页。

② 新加坡的"九八行",是指包结货账一律抽佣2%的进出口行。九八行之中,金门人约占八成。参见方水金等口述,吕纪葆访谈撰写:《金门乡侨访谈录》四《新加坡篇》,金门:金门县政府,2009年,第17页;《诸埠字号街名番户抄总录》,庚申年(1920);《长崎华商泰益号账簿:华商总簿》,甲寅年—辛未年(1914—1931)。

"新"字，称为"新瑞兴号"。[①]

福建晋江广销长崎出产的丁香脯、蛏干、蛤干。厦门晋安栈向泰益号购货是由新瑞兴号居间代购并代汇货款。相形之下，新瑞兴号也为泰益号服务，代购神户虾米、海参运交泰益号上海客户销售。[②]

据日方调查，二战以前神户对马尼拉贸易几乎都为福建帮独占。[③] 长崎方面，泰益号是自 1918 年开始从事马尼拉贸易，迄 1936 年为止，往来客户共计 14 家。[④]

周乞又名周钟华，与周起抟同乡，曾任复兴号店员，两人算是旧识。陈世望与复兴号店主王敬祥为表亲。林长祥，福建省同安县(今属厦门市)人，早年与同乡林笃求、万福来、陈肇明于神户经营永发号，从事日本杂货输出贸易，与泰益号有信息往还，宗亲林秉祥和陈世望、王敬祥均属知交。[⑤] 1921 年林长祥创立兴祥号，发展南洋贸易。1930 年神户福建公所改为"社

---

① 洲胁一郎:《中華会館前史——明治前期の神戸華僑》，中华会馆编:《落地生根——神戸華僑と神阪中華会館の百年》，东京:研文出版，2000 年，第 66～68 页;《神户地区书信》，1913 年农历四月二日新瑞兴号信函;《厦门地区书信》，1913 年农历五月五日晋安栈信函;《台北地区书信》，1908 年农历三月十九日裕兴号信函、1908 年农历四月十二日裕兴号信函。

② 《神户地区书信》，1913 年农历四月十六日新瑞兴号信函、1913 年公历 11 月 7 日新瑞兴号信函、1917 年公历 1 月 16 日新瑞兴号信函、1917 年公历 8 月 28 日新瑞兴号信函、1918 年公历 5 月 23 日新瑞兴号信函、1928 年公历 5 月 2 日新瑞兴号信函、1928 年公历 5 月 16 日新瑞兴号信函、1929 年公历 11 月 19 日新瑞兴号信函。

③ 企画院编:《華僑の研究》，东京:大空社，2014 年复刻本，第 346～348 页。

④ 《长崎华商泰益号账簿:各郊配货》，丁巳年(1917);《诸埠字号街名番户抄总录》，庚申年(1920)。有关泰益号与菲律宾客户贸易之研究，参见速泰鹏:《长崎华商之东南亚贸易网:以长崎华商泰益号的新加坡与菲律宾客户为中心(1914—1934)》，南投:暨南国际大学历史学系硕士学位论文，2002 年。作者将新加坡"老吧刹口街"，误植"老吧条口街"(第 31、32 页);1914 年农历五月六日陈世望致正泰美信函引文"南洋海味消路颇畅，为熟丁香脯及公鱼脯消场为罢"，应更正为"南洋海味消路颇畅，为熟丁香脯及各鱼脯消场为最"(第 32 页);1926 年泰益号胡合兴号交易额"18278.64 元"，应为"13278.64 元";1927 年泰益号胡合兴号交易额"19380.11 元"，应更正为"12993.96 元"(第 76 页)。误植和对草体书信、苏州数码误解处颇多，不一一列举。

⑤ 《神户地区书信》，1901 年农历六月十七日林秉祥信函，1905 年公历 9 月 12 日陈肇明信函，1909 年公历 5 月 14 日万福来信函，1909 年公历 10 月 14 日林笃求、林长祥信函。

团法人福建公所",林长祥与周起抟同时当选第一届理事。[①]

周乞本来经营中菲贸易,1924 年为在马尼拉开设信局兼营日本海产品、杂货生意,于同年 7 月亲往长崎拜访泰益号,成功游说陈世望投资一股(1000 日元)后,再赴神户向周起抟、林长祥各邀一股,四方合资创立一间名为"益兴公司"的联财商号。[②] 1925 年长崎、神户对益兴公司输出不少海味、杂货,但没想到,1926 年益兴公司突然对股东退票,股东极感不安,共同议定各出旅费 400 日元,委托林长祥女婿蔡世德赴菲解决债务问题。[③] 1927 年 4 月林长祥传递蔡世德寄自马尼拉信息:

> 益兴之事,据周乞云,所有股本完全由费耗去,已无收成,其所驳票之万余元,渠开为了上海单水用以塞责。至问其与何银行做买单水,请示信条。渠谓非与银行做买卖,是与永南兴林方圆合作,乃做彼之名下,且谓伊已垂暮,若受法律裁判,即使坐罪到死亦无办法,现在所剩仅华兴银行三百外元,及诸货底约三百外元,合计不过六百外元,尽量倾还,惟只此耳。后经我方威吓,欲用法律解决,乃托周振灿君及林方圆出为求情,似难收场。细察永南兴林方圆乃与周乞为鬼为域之辈,而振灿君又属彼之至亲,以此两人居间调停万难结果。于是转托文明行黄祖迈君出为仲裁,奈周乞自己全无一点主张,是非均由林方圆把持。初林以公亲资格与我谈判,后竟俨然居事主之地位说话,而诸公亲皆对林方圆接洽,出题盘口即按折半钱(仅指驳票之数,本钱不在内)。我方坚持不受,一面示意公亲,最低限度亦须五折至四折,而公亲历(历经)几度之磋商,觉彼有难做到,最后公亲对我硬按两折钱,照此数本难收盘,而周乞之军师林方圆又坚持做不能到,迫至此地步已算极端,匪特不能下台,亦难让步,结局惟有诉诸法律耳。但周乞近日竟潜踪而逃,现在查缉,如何容后续详云云。[④]

---

① 陈来幸:《中華会館の創建と発展》,中华会馆编:《落地生根——神户华侨と神阪中華会館の百年》,东京:研文出版,2000 年,第 131～132 页;孙喜生:《华侨史年表》,中华会馆编:《落地生根——神户华侨と神阪中華会館の百年》,东京:研文出版,2000 年,第 400 页。

② 台湾南方协会编:《比律賓の華僑》,台北:台湾南方协会,1941 年,第 91、93 页;《神户地区书信》,1924 年公历 11 月 18 日新瑞兴商行内周钟华(周乞)信函、1924 年公历 12 月 1 日新瑞兴商行内周钟华信函;《长崎华商泰益号账簿:银行总部》,丙寅年(1926)。

③ 《神户地区书信》,1927 年公历 2 月 25 日兴祥号信函。

④ 《神户地区书信》,1927 年公历 4 月 9 日兴祥号信函。

可知马尼拉中华总商会和长崎、神户华商组织没有往来,债务只能委托公亲出面调解。所谓公亲,其一,周振灿是周乞的亲戚;其二,林方圆是周乞的契友。周乞解释,他之所以对股东退票万余元,全因投资上海汇市亏损巨大之故。公亲比较偏袒周乞,同情他负债累累,年老无力偿还,主张欠债以赔偿两折了结。蔡世德自忖不谙马尼拉法律,倘若诉诸法庭,不仅费时费财费力,而且最终结局也未必令人满意。股东接受蔡世德的意见,咸表同意让步,按照两折和解。[1]

(四)厦门客户信息

鸦片战争后,厦门辟为五口通商港之一,很快地成为沿海开港场与内陆市场、远隔地市场、台湾及东南亚港市的交通枢纽。[2] 据笔者统计,厦门与长崎泰益号有书信往来,相互传递日本海味、药材(茯苓、瓜蒌根、黄柏、黄连、百合等)、杂货信息的,共有 41 家商号。[3]

1.福长美号

厦门地区批发行常对泰益号传递市场行情、同业信用、社会现状等信息。有关社会动乱对厦门经济活动的影响,1918 年农历六月十五日福长美号致世望一信云:

> 厦门内地各处扰扰,市情冷静非常,故乏有函候耳。兹汇上票金,连合利(合利栈)之额计六百五十元,到祈向领分别注册,旋寄示晓为盼,其零星些少长短,下帮来往汇找,请免尊介。该赤苓(赤茯苓)货本当早日从速汇奉,只谓同安、漳(漳州)、码(石码)、泉州、灌口、安溪、南安等处均有风鹤之恐,即同安自佃从尊处归来,至今尚无一日安静,目下谣言纷纷,值此世景实令人无心可作生理,言之兴叹。不但如此,更有惨者,四五月间淫雨非常缠绵,将两个月。如漳(漳州)、码(石码)、同

---

① 《神户地区书信》,1927 年公历 6 月 22 日兴祥号信函。

② 滨下武志:《中國近代經濟史研究——清末海關財政と開港場市場圈》,东京:汲古书院,1989 年,第 238～247 页;廖赤阳:《長崎華商と東アジア交易網の形成》,东京:汲古书院,2000 年,第 225 页。

③ 朱德兰:《近代长崎华商泰益号与厦门地区商号之间的贸易》,汤熙勇主编:《中国海洋史论文集》第 7 辑,台北:"中央研究院"中山人文社会科学研究所,1999 年。该论文集第 215 页表 8 厦门地区商号列有 39 家,加上"吴义成号"(店主吴神赐,海味批售业)、"集隆号"(店主许复初,海味批售业),共计 41 家。

安均涨大水数次，禾稻被其浸坏，五月杪间又作一二日大风，顶冬殊属失收，致米价昂贵。现特（特级）每斗须六角外至七角，数年来米价未如今之高也。从中汇奉之票金，敝号三百七十元，合利二百八十元额，希照为登账。敝号承配之茯苓，因漳洲（州）有被南北战事，受其影响，行情极劣，计共须克本六七十元。如原头行情有大分降，不妨电教，按有可图，便可托谋耳。余容后详。①

反映辛亥革命以后，内战不止，商家受到人心浮动，雨水连绵浸坏稻禾，粮食歉收，价格昂贵等天灾人祸的影响，生意营谋得相当困难。

2.新哲记号

1926 年《台湾日日新报》报道，厦门海味销路广泛，全埠门市百余家中，只有宜美、哲记（新哲记）两号每年盈余数万元，营业表现最佳。② 新哲记是厦门地区名声很高的商号，1912 年与泰益号交往以来，对泰益号传递不少商业情报。如，1922 年农历十一月二日新哲记致陈世望一信云：

丁香脯为安海扰乱，交通断绝，商店均闭门逃难，销路全失。鱼脯专看安海之消，此港既塞，焉有去路。前日配来五十箱现尚束阁，十八日奉电经告以市顿无客，岂堪重迭采配。况金山鲳盛出，脯路亦被影响，此去销路日狭，香港又到多货，熟丁香只兑十四五元，脯市料定一败涂地，希切止手，如有机可图自知奉托。安海自二十二日南军与北军在水头开火，北军退守安海街，旋被南军从后路抄入，北军弃安海，正守泉州之五店市间，近日又弃五店市驻守附城数里之商店，安海交通仍未恢复，厦门行安海火船尚未来往，消息梗塞，闻市场秩序零落，均未开业，内地到处皆兵，道途难行，居民流离，辛苦救死惟恐不赡，岂顾其他，因此生理亦顿形奇绌，来货任招乏客，殊属棘手，希一意切止是仰。③

反映民国十一年（1922）春，孙文借北方爆发第一次直奉战争的机会，率军北伐，然因陈炯明公开叛变，被迫回师讨伐。福建居民在南北军苦战对立下，商业活动匍匐不前，生活苦不堪言。④

---

① 《厦门地区书信》，1918 年农历六月十五日福长美号信函。
② 《厦门地区书信》，1918 年农历六月十五日福长美号信函。
③ 《厦门地区书信》，1922 年农历十一月二日新哲记号信函。
④ 李剑农：《中国近百年政治史》，台北：商务印书馆，1974 年，第 568～586 页。

二、多种融资渠道

1941 年太平洋战争爆发前,泰益号的营业变化经历了五个阶段,即:
1901—1906 年创业期,1907—1915 年奠定基础期,1916—1921 年兴盛期,
1922—1927 年重编期,1928 年后进入衰退期。表 2-8-1 显示,各期平均利益
如下:第一期 2517.16 元,第二期 3658.222 元,第三期 15697.96 元,其中
1917 年 28599.414 元,盈余最高。第四期 8183.828 元,第五期 1200.286
元,其中 1931 年赤字 3168.864 元,亏损最大。1931 年以后决算簿从缺,各
年损益情形不详。[①]

表 2-8-1　泰益号历年营业利益(1901—1931)

单位:日元

营业分期	干支/年	利益		各期平均利益
创业期	辛丑 1901	538.797		
	壬寅 1902	444.117		
	癸卯 1903	2180.756		
	甲辰 1904	2113.00		
	乙巳 1905	2248.00		
	丙午 1906	7578.295		2517.16
基础奠定期	丁未 1907	3261.543		
	戊申 1908	4213.861		
	己酉 1909	4469.257		
	庚戌 1910	1801.577		
	辛亥 1911	225.217		
	壬子 1912	2335.926		
	癸丑 1913	6372.114		
	甲寅 1914	6234.796		
	乙卯 1915	4009.703		3658.222

① 山冈由佳:《長崎華商経営の史的研究——近代中国商人の経営と帳簿》,京都:ミ
ネルヴァ書房,1995 年,第 35 页。

续表

营业分期	干支/年	利益		各期平均利益
兴盛期	丙辰 1916	14029.311		
	丁巳 1917	28599.414	最高	
	戊午 1918	10972.049		
	己未 1919	20895.484	次高	
	庚申 1920	10704.495		
	辛酉 1921	8987.009		15697.96
重编期	壬戌 1922	1618.35		
	癸亥 1923	5438.67		
	甲子 1924	10657.83		
	乙丑 1925	9584.67		
	丙寅 1926	12161.71		
	丁卯 1927	9641.74		8183.828
衰退期	戊辰 1928	−2568.18	次低	
	己巳 1929	4430.66		
	庚午 1930	6107.53		
	辛未 1931	−3168.864	最低	1200.286

资料来源：山冈由佳：《長崎華商経営の史的研究——近代中国商人の経営と帳簿》，第35页。

　　大体而言，商家待人"三分计较，七分宽容"，处事"三分利己，七分利他"，是维系人际关系、追求共生共荣的重要法则。泰益号依此哲学，常对客户提供多元融资途径，如入股投资、转账、过账、借汇（交换汇票）、写单借钱等，客户之间财货互通互联的作用，使其贸易网北起海参崴，南到槟城（Penang），交易地共 33 处，覆盖了东北亚与东南亚（见图 2-8-5）。

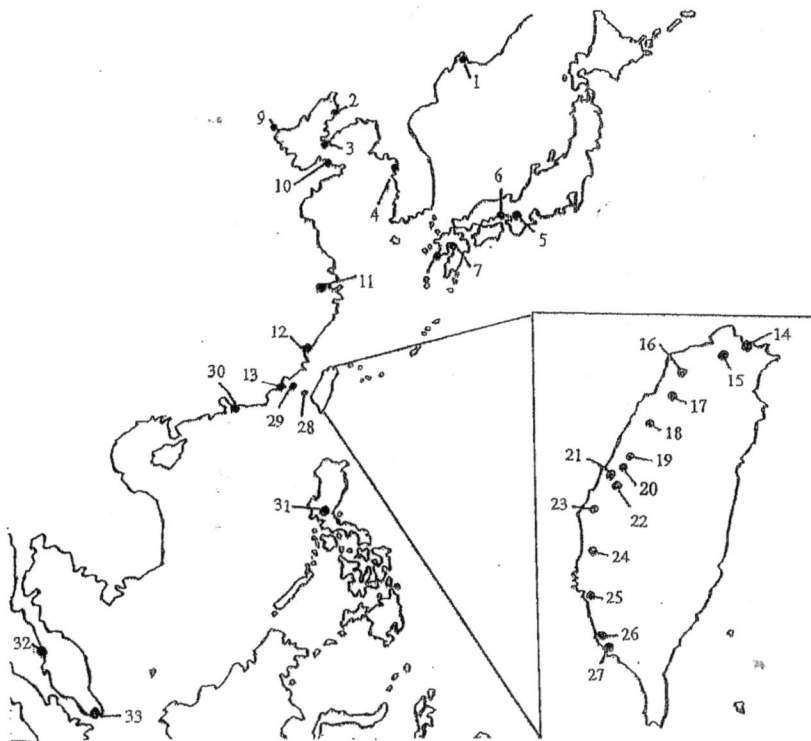

1.海参崴　2.营口　3.大连　4.仁川　5.大阪　6.神户　7.熊本　8.长崎

9.天津　10.烟台　11.上海　12.福州　13.厦门　14.基隆　15.台北

16.中坜　17.新竹　18.苗栗　19.台中　20.彰化　21.鹿港　22.员林

23.北港　24.嘉义　25.台南　26.打狗　27.凤山　28.马公　29.金门

30.香港　31.吕宋　32.槟城　33.新加坡

图 2-8-5　20 世纪前半叶长崎华商泰益号交易地

(一)投资客号

据泰益号账簿记载,1902—1926 年间陈瑞椿、陈世望父子对其往来户的投资情形为:

1902—1918 年,投资神户泰益支店(店主陈世科,陈瑞椿义子)2000 元。

1905 年、1906 年、1908 年,投资台北金泰隆号(又称金安隆号,营业负责人王安受,金门人)2000 元(见图 2-8-6)。

1907 年,投资台北金泰隆号 2686.256 元。

1906—1908 年，投资台北川记栈（店主许逊梅，泉州人）1500 元。

1908—1910 年，投资台北益茂隆号（店主陈狮，泉州人）1000 元。

1909—1910 年，投资台北源顺号（店主陈锡麟＝陈天送，金门人）1500 元。

1924—1926 年，投资马尼拉益兴公司（店主周乞，泉州人）1000 元。[1]

有关泰益号和其客户互补互动实况，第七章曾有论及，本节不再赘述。[2]

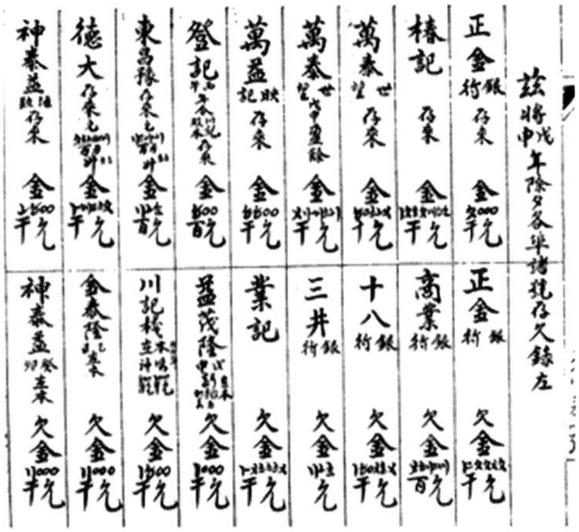

图 2-8-6　下栏为泰益号 1908 年投资益茂隆、
川记栈、金泰隆、神户泰益商行金额
资料来源：《长崎华商泰益号账簿：结彩丰盈》，
戊申年（1908）。

（二）转账

1895 年台湾沦为日本殖民地后，殖民当局为疏离台海两岸商贸关系，制订了高关税政策。台商鉴于进口大陆货，输入税比日本本土高，定期船也比日台航线少，基于节约成本的考虑，便委托旅日华商居间代转陆货，从而形成"转账"付款的情形。如，1920 年台北捷茂泰向上海同春行采购秃参一件，委托泰益号由门司转运台北，泰益号账单记载：

捷茂泰代转第元帮三月初八日在司（门司）配备后丸运奉 OH 唛（商标）

---

① 《长崎华商泰益号账簿：结彩丰盈》，壬寅年—戊午年（1902—1918）；《长崎华商泰益号账簿：华商总部》，甲子年—丁卯年（1924—1927）。

② 朱德兰：《日据时期长崎台北贸易：以长崎华商泰益号与三家台商为例》，"中央研究院"中山人文社会科学研究所主编：《中国海洋史论文集》第 4 辑，台北："中央研究院"中山人文社会科学研究所，1991 年，第 225～235 页；辛德兰（朱德兰）：《台湾与日本之间米与海产品的交换：长崎华商泰益号的跨越海洋网络（1901—1910）》，朱德兰主编：《第四届国际汉学会议——跨越海洋的交换》，台北："中央研究院"，2013 年，第 205～206、219～222、224～226 页。

同春办来秃参一包一单计元(上海九八规银)126.635两3525(汇率,1日元兑换0.3525两)金359.25元(日元,以下同)

代入口税金78.9元

代上下卜力（上下船搬运费）金1.2元

代关栈税（报关存栈费）金2角

代转经费金2角

代保安（海运保险费）金2.5元

代汇水445元10天4△金1.78元

共费金84.78元

其本金滚存转账[①]（见图2-8-7）

反映上海、台湾两地通货不同,买方为了节约关税,卖方为图省略押汇手续,故而委托中介商代转货物,并居间转账、结账。转账除了这类事例外,还有本支店、联号、交关深厚的商号,相互转账、登账情形。如1905年农历四月四日上海长和号致泰益号一信云:"基隆瑞泰号旧存敝处规银计167.1两,今接该号来信嘱为转收尊册,祈为登敝账。"[②]

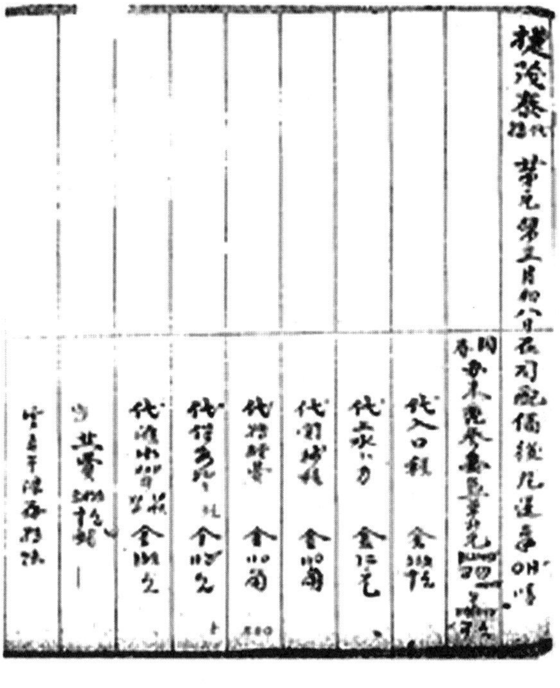

又如前节述及,1927年神户蔡世德(1920)。

图 2-8-7 泰益号为上海同春号转运秃参
给台北捷茂泰账单

资料来源:《长崎华商泰益号账簿:各郊配货》,庚申年(1920)。

---

① 《长崎华商泰益号账簿:各郊配货》,庚申年(1920)。

② 《上海地区书信》,1905年农历四月四日长和号信函。

到马尼拉交涉债务,经公亲仲裁,决议益兴公司欠债以赔偿两折了结,而所谓两折是指货款,即一半付现,一半期单。股本方面,周乞坚称股东应该共坐亏蚀,不肯认赔。[①] 兴祥、新瑞兴、泰益三家商号扣除蔡世德赴菲旅费(支出总额 780.27 日元,各摊 260.09 日元),经结算,泰益号所得 461.57 元由兴祥号转汇入账。[②] 益兴公司积欠泰益号 3466.25 日元,期单 321.69 日元(账单登记 321.66 日元)是延到 1931 年才由新瑞兴号转汇摊还。泰益号扣除 321.69 日元后,1932 年将益兴公司欠款 3144.56 日元登入万年追讨不回的呆账。[③]

（三）过账

上海鼎记号为泰益号的重要客户,经常为泰益号代转、代收同业汇票,如1917 年转收源润昌、同春、捷欲、德大、大昌、鼎大、金联发、义芳等号期票,共计35 张。[④] 鼎记号除了转收账款外,还对泰益号提供诸多商业服务,如:

1917 年农历(以下同)二月十六日代宋胜庸(泰益号书记)买鞋二双,费用 2.174 银两。

三月三日代泰益号买花毯一条送高木义贵(高木银行行长),费用10.108 银两。

三月十一日代泰益号买缎腰边一条送高木义贵,费用 9.213 银两,买藕粉一盒,费用 0.722 银两。

三月十一日代孙逸之(泰益号账房)买藕粉,费用 3.66 钱。

三月十一日代任德和(泰益号店员)买袜子、藕粉,费用 2.61 银两。

四月十八日孙逸之回乡(苏州)借洋银 120 元。

四月二十一日代蔡水泾(泰益号店员)买丝绸一匹,费用 17.082 银两。

五月一日代泰益号买官纱一匹送高木义贵,费用 26.09 银两。

五月二十六日代徐君调(泰益号店员)对上海大昌行划交 8.664 银两。

五月二十九日代徐君调买燕窝,费用 2.166 银两。

① 《神户地区书信》,1927 年公历 6 月 22 日兴祥号信函。

② 朱德兰编:《神户地区商号商业书简资料集》,第 783 页。

③ 《神户地区书信》,1930 年公历 3 月 8 日兴祥号信函;《长崎华商泰益号账簿:华商总部》,壬申年(1932)。

④ 《长崎华商泰益号账簿:华商总部》,丁巳年(1917)。

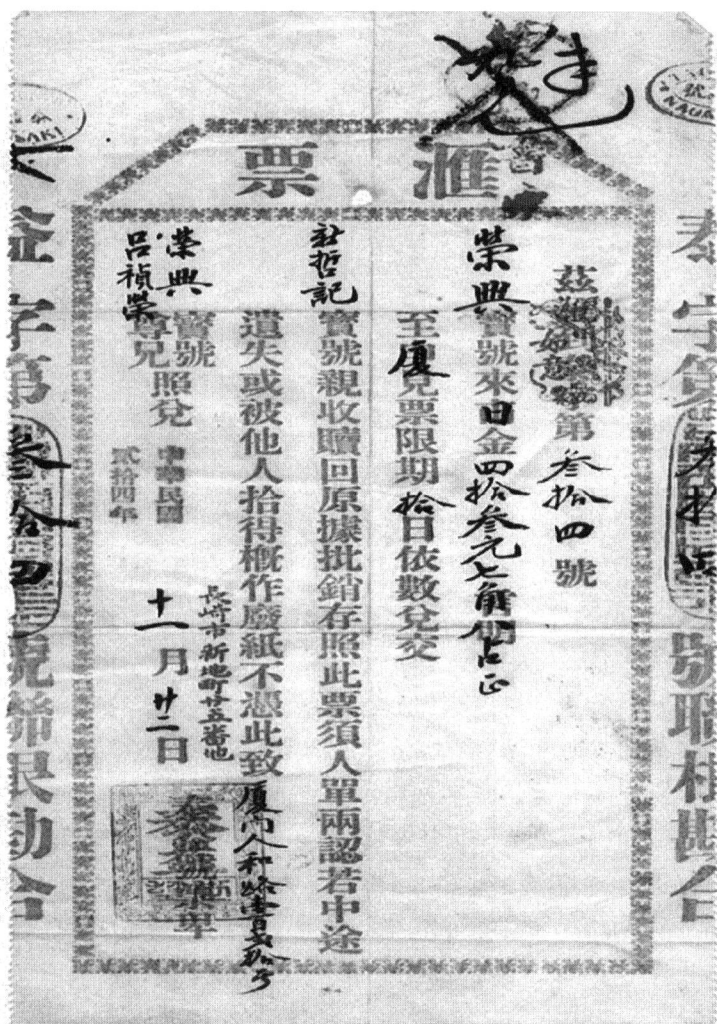

图 2-8-8　泰益号联根勘合汇票

资料来源:《厦门地区书信》,1935 年 11 月 22 日新哲记号信函附件。

五月二十九日代陈世望买痧药,重 7.5 钱,费用 5.415 钱。

七月十五日对孙逸之家用汇支洋银 30 元。

九月十五日代陈世望买杏仁油、鞋子,费用 6.513 银两。

九月十九日代泰益号赠茂记号奠仪,8.22 日元,代徐君调赠茂记号奠仪,1.452 银两,代宋胜庸赠茂记号奠仪,1.452 银两。

九月二十二日宋胜庸回乡（乍浦）借洋银 100 元。

十一月八日对孙逸之家用汇支洋银 40 元。

十一月二十六日代泰益号买绉纱，费用 4.5 日元。[①]

鼎记号代垫不少零碎款项，倘若划汇，洋银需先兑换上海九八规元（上海规银），上海规元再兑换日元，不免烦琐，为求两便，通常是用记账，从往来账项里进行过账、抵账和对账。泰益号店员的消费，则由店主从店员薪资中扣除。

厦门大宗海味与杂货多由日本进口，泰益号的重要客户有合利栈、悦来栈、宜美行、祥记、振义兴、万丰隆、源通、永复顺、新哲记等号。泰益号和厦门客户也有频繁的过账活动。泰益号为确保完账起见，对新客户或交易额少的客户，另发行"联根勘合汇票"，委托核心客户代收，然后再和核心客户过账。如，1935 年 11 月一张泰字、益字联根勘合的汇票记载：

> 兹汇到泰字第三十四号荣兴宝号来日金四十三元七角八占（八分）正，至厦见票限期十日依数兑交新哲记宝号亲收，赎回原据批销存照，此票须人单两认，若中途遗失或被他人拾得，概做废纸不凭。此致厦门人和路一百二十号荣兴宝号吕祯荣尊兄照兑。
>
> 中华民国二十四年十一月二十二日泰益号票单[②]（见图 2-8-8）

显示出票人泰益号（卖方）为免向同业征信和办理小额汇票麻烦，是让受票人荣兴行（买方）在十日期限内，将货款交给新哲记（中间人）代收。

值得留意的是，闽南多华侨，华侨常常邮递银信，因此含有汇兑性质的民间批局（闽南语"批"，是指"信"）随之而盛。厦门侨批局分为四种，即民营批馆接受水客委托，兼营转汇银信业务；接待侨客进出口岸的客栈，兼办或代理水客银信业务；水客自设侨批局机构；与华侨有联系的进出口商兼营银信业务，但只做承转，信差工作委托内地批馆或派送机构负责。[③]

如表 2-8-2 所示，陈世望为接济金门家族生计，大多委托厦门客户代寄银信。厦门合利栈、宜美行、悦来栈、祥记、振义兴、万丰隆、新哲记等号，是以第四种侨批形式对陈世望家族进行融资。又，据新哲记书信叙述，厦门天

---

① 《长崎华商泰益号账簿：华商总部》，丁巳年（1917）。

② 《泰益号联根勘合汇票》，1935 年公历 11 月 22 日。

③ 中国银行泉州分行行史编委会编：《闽南侨批史纪述》，厦门：厦门大学出版社，1996年，第 38、43～47 页。

一信局代理银信,每百元工费为 2.5 元。新哲记承转,委托金门批馆派送,每百元工费只需 1 元。①

表 2-8-2 泰益号客户代汇金门家用一览表

单位:日元

| 时间 | 厦门地区商号 | | | | | | 其他地区商号 | | A | B | A÷B |
	合利	宜美	悦来	祥记	振义兴	万丰隆	新哲记	↓	小计	全额	(%)
1907					a598.8	20.5		b16.3	635.6	4994	12.7
1908	d28.1		100.0	320.8	a283.5		C180.4	b450	1362.8	2272.3	60
1909		286.5		272.2				d103.3	662	1175.8	56.3
1910		422.3		250.2		135.72		d177.6	985.8	1204	81.9
1911		275.4						e87.9	363.3	824.6	44.1
1912		400						e200.2	600.2	939.5	63.9
1913	110.7						884		994.7	1963.7	50.7
1915					283				283	677.1	41.8
1916							898.7	k431.9	1330.6	2072.4	64.2
1917	97.3				587.5		616	k147.1	1447.9	2787.6	51.9
1918							1387		1387	1540.8	90
1919	553.5						1818		2371.5	2554.6	92.8
1920	263.5						598.9		862.4	1288.5	66.9
1921	117.1				f1564.5		977.4	g375	3034	3290.3	92.2
1922	2293.10						1000		3293.1	3417.3	96.4
1923							1109.5		1109.5	1164.6	95.3
1924	872.3							d598.8	1471.1	1501.1	98
1925							3547.3	g1698.9	5246.2	9306.5	56.4
1926	612.0				h978.5		661.3		2251.8	2688.5	83.8
1927	989.5						685.5	b400.0	1675	3391.3	49.4
1928	80.6				源通 913.2		4421.6		5415.4	6565.4	82.5
1929				m31.2	永复顺 791.8		1223		2049	4248.6	48.2
1930					永复顺 114.7		1190.4		1305.1	1455	89.7
1931							2647.7		2647.7	2897.5	91.4
1932	21.3				n30.0		2295		2346.3	2623.4	89.4
1933							334.9		334.9	827.1	40.5
1934							1863.2		2024.7	92	

备注:限于纸幅,厦门以外的商号以英文小写字母表示。a=台北金安隆号,b=台北源顺号,c=上海东昌豫号,d=上海德大洋行,e=上海捷裕洋行,f=上海鼎记号,g=上海茂记

---

① 《厦门地区书信》,1927 年农历十二月十一日新哲记号信函。

号,h=金门陈祖粪,k=金门振荣号,m=基隆顺美行,n=基隆陈裕丰号;源通号、永复顺号在厦门。B项全额包括同业融资、泰益号相关人员归返金门携带回家的钱。又,"金门家用"包含汇款及代购代运生活用品费用。

资料来源:《长崎华商泰益号账簿:各费总部》,丁未年—甲戌年(1907—1934)家用项目。甲寅年(1914)从缺。

图 2-8-9 是 1928 年元月新哲记为陈世望代转龙银 200 元,派送人收到陈永福(陈世望子)的签单交还新哲记,新哲记夹入信中邮递给陈世望查收的回文。新哲记代汇洋银 200 元与信差工资是以过账方式,从进购泰益号货物账款中扣抵销账。[①]

（四）借汇

依照日本商业习惯,中国大陆商人、台商与日商交易,货款需以现金或一周期限内的期票结付。中国大陆商人、台商向银行融资,基于借贷利息高,和必须有资本家连带担保的约束,故多以短期票交换长期票,即用"借汇"方式周转资金,以解燃眉之急。[②] 泰益号对客户借汇事例多不胜数,如泰益号账簿《银行查存》1920 年记载:

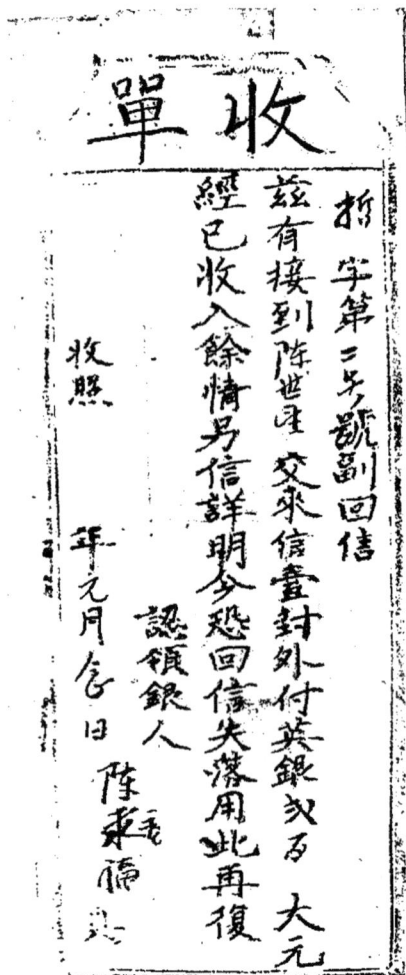

图 2-8-9　陈永福 1928 年农历一月二十日收款签单

资料来源:《厦门地区书信》,1928 年农历一月二十三日新哲记号信函附件。

---

① 《厦门地区书信》,1928 年农历一月二十三日新哲记号信函。
② 有关银行贷款利息,1913 年神户加岛银行对华商放贷月息七分二厘。朱德兰编:《神户地区商号商业书简资料集》,第 445 页。

5 月 10 日电汇台湾银行源顺号账户 1500 元,5 月 29 日源顺号汇高木银行泰益号账户 1512 元(含利息,以下同)。

6 月 9 日电汇台湾银行时春号账户 800 元,6 月 21 日时春号汇高木银行泰益号账户 808.5 元。

6 月 25 日电汇台湾银行源顺号账户 1500 元,7 月 10 日源顺号汇高木银行泰益号账户 1519 元。

7 月 31 日电汇台湾银行源顺号账户 2000 元,8 月 24 日源顺号汇高木银行泰益号户头 2030 元。

8 月 20 日电汇台湾银行源顺号账户 1500 元,9 月 17 日源顺号汇高木银行泰益号账户 1521 元。

9 月 1 日电汇台湾银行源顺号账户 1500 元,9 月 25 日源顺号汇高木银行泰益号账户 1518 元。

9 月 28 日电汇台湾银行源顺号账户 1000 元,10 月 21 日源顺号汇高木银行泰益号账户 1014 元。

10 月 23 日电汇台湾银行源顺号账户 1500 元,11 月 16 日源顺号汇长崎银行泰益号账户 1521 元。

11 月 19 日电汇台湾银行源顺号账户 2000 元,12 月 8 日源顺号汇长崎银行泰益号账户 2018 元。

12 月 25 日源顺号委托泰益号电汇 1500 元,1921 年 1 月 12 日汇长崎银行泰益号户头 1519 元。[①]

反映泰益号对源顺号常常借汇,资金流通相当频繁。

(五)写单借钱

金门没有银行,没有钱庄与汇兑馆,岛民从事商业活动,多以记账方式,向富商写单借钱。金门陈坑人陈焕武何时到新加坡经商,史料乏载,1910年左右在同乡陈景兰开设的"成源商号"帮办业务。[②] 1917 年十一月二十九

---

① 《长崎华商泰益号账簿:银行查存》,庚申年(1920)。

② 1922 年陈焕武联合金门同乡陈景兰、蔡嘉种投资经营"金门轮船公司",建造 50 吨级金星号,川行于金、厦两岛之间。参见《陈景兰家族事略》,金门:陈景兰洋楼陈列室,2010年笔者抄录。陈景兰洋楼位于陈坑乡,1921 年建,1949 年成为"官兵休假中心",1992 年后对外开放参观。

日陈焕武致陈世望一信云：

世望宗兄先生大鉴：

久乏笺候，抱歉何如。前承华翰先颁，示情拜悉，本欲立即修覆，无如那时抵船欲行，是以匆匆就道未及作答，想兄知我必能见宥也。今日又承惠教，云事俱各聆详。至所该令尊老伯之款，此条系弟那时司理尚锦，为共出名代借以为办货之需，实非弟所贷耳。但现时尚锦既已收盘，东人黄尚玉又在台湾，况红单又是出弟之名以为担保，弟自应代其理还，以免此条之账久悬也。[1]

陈焕武往昔为"尚锦号"办货，曾替黄尚玉担保向泰益号第一代店主陈瑞椿写单借钱。陈焕武的借单记载：

乙（乙巳，1905）桐月（三月）二十七日对德修会英（银）一百五十元

梅月（四月）初七日去龙银二百元

蒲月（五月）十七日去龙银四十元

又二十二日九义叔手打电（电报）去龙银十元

又二十七日去龙银六角

荔月（六月）初四日买小豆□（篮）去龙银一元

又打电去龙银一元二角

又二十日买森荣袜三双去银一元八分

又二十九日对庆宅买铝条去银三元

又又买履一双去银六角

又又买雪文（肥皂）二粒去一角二分

十月初八日对尚锦货单去银七元七分

腊月（十二月）十五日去银十元

共银四百二十四元六角七分

乙（乙巳年）桐月（三月）二十二日来英银五百元

瓜月（七月）初四日对悦来来银五十元

共银五百五十元

对除以外尚该在银一百二十五元三角三分

瑞椿叔升照乙巳腊月念九（1905年农历十二月二十九日）单[2]

---

① 《新加坡地区书信》，1917年农历11月29日陈焕武信函。

② 《陈焕武账单》，1905年农历十二月二十九日。

图 2-8-10　陈焕武借款结单

资料来源：《长崎地区书信》，1917年农历十二月二十六日泰益号信函。

1917年陈世望邮寄陈焕武一纸单据（见图2-8-10），上面写道：

　　承光绪乙巳（1905）年十二月在金（门）立单，借欠龙银一百二十五元三角，算至民国丁巳（1917）年止，计共一百四十四个月，利息每月一分二厘，计算利息龙银二百一十六元五角，母利合共龙银三百四十一元八角，以现市150升，日金五百一十二元七角，108折叻银四百七十四元七角二分。

陈焕武先生台核

民国丁巳年十二月二十六日泰益号陈世望结单

　　结单记载借款龙银125.3元，每月利息一分二厘，拖欠144个月，本息共计341.8元。陈焕武认为尚锦号已经收歇，他是担保人，按理需负连带偿债责任，职此之故，便请新加坡与泰益号有生意往来的绵利号代收代汇，了结了这笔旧账^①（见图 2-8-11）。

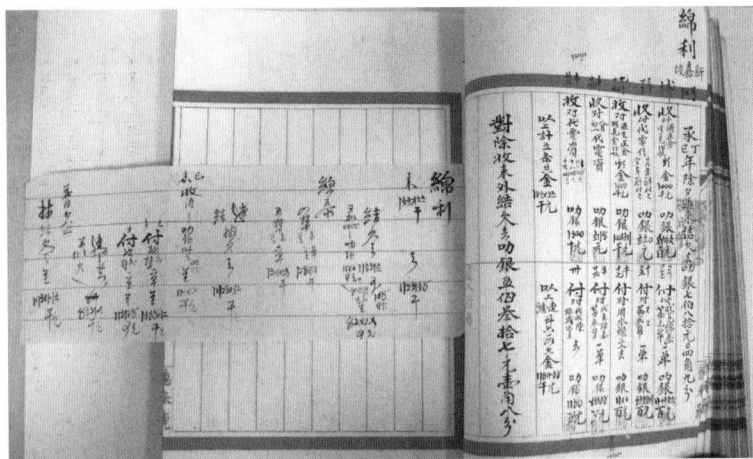

图 2-8-11　丁巳年(1917)账目下栏记载绵利号十二月三十日代收陈焕武还款叻银 250 元

资料来源：《长崎华商泰益号账簿：华商总部》，戊午年(1918)。

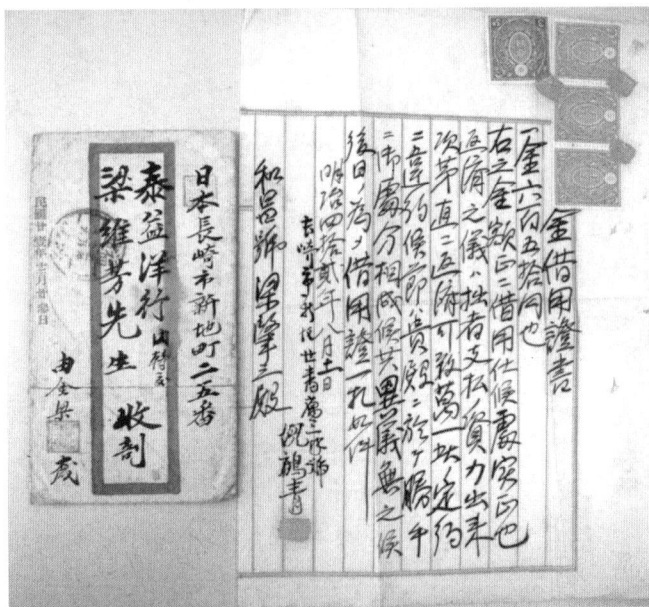

图 2-8-12　倪鹤青写单借钱证据

资料来源：《金门地区书信》，1932 年农历十二月十二日梁顺来信函。

---

　　① 《长崎华商泰益号账簿：华商总部》，甲寅年—戊午年(1914—1918)。绵利号位于新加坡源顺街，常替泰益号贩卖海产品，为泰益号重要客户之一。

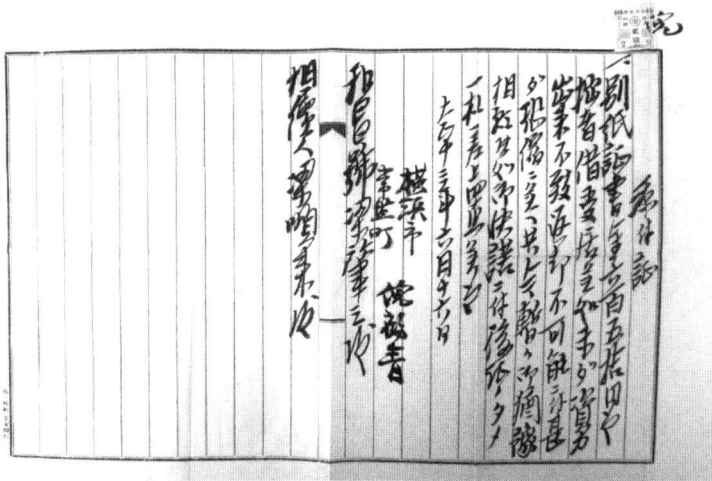

图 2-8-13　倪鹤青延迟偿债证明

资料来源:《金门地区书信》,1932 年农历十二月十二日梁顺来信函。

其实,华商基于情谊,写单借钱的事例屡见不鲜。[①] 如,1932 年金门山后梁顺来寄给梁维芳(顺来长男,时任长崎泰益号店员)一张字据,那是日本明治四十二年(1909)倪鹤青向梁肇三借款 650 元,承诺倘若无力偿还,任由和昌号梁肇三处分的凭证。意外的是,1912 年梁肇三病故,1924 年长男顺来向倪某索讨欠债时,倪鹤青回答,尚无偿债能力,恳求推迟偿债日期,但到1932 年为止,一直没有履约(见图 2-8-12、图 2-8-13)。

结　　语

20 世纪前半叶泰益号客户遍布东北亚与东南亚,他们邮递大量的书信,内容包括:(1)商品流通、市场行情;(2)影响商业活动的军事、政治、经济、社会动态;(3)同业信用;(4)货物买卖损益、商品通关与运输;(5)结账与融资;(6)介绍客户等信息情报。

---

① 《长崎华商泰益号账簿:结彩丰盈》,丙午年(1906)、己酉年(1909)、庚戌年(1910)、丙辰年(1916)。

向来，信息网、移民网、通商网、融资网之间，具有相互交融的价值链关系。进一步说，泰益号和其客户从事东亚跨域贸易，大多仰赖各地血缘、地缘、业缘关系，一面建构空间广阔的信息互联网，一面通过入股、转账、过账、借汇（交换期票）、写单借钱等多种渠道，相互提供融资或商品，建立广大的财货流通网，以利纵向与横向界面的统合。

惟 20 世纪二三十年代中日两国外交冲突频仍，华人反日情绪激昂，由于各地抵制运动剧烈，日货受阻，加以经济景气低迷，金融闭塞，客户倒债频出，遂致华商营业急剧衰退。如，长崎闽帮由 1910 年 23 家商号，演变成 1934 年剩下 6 家，便是很显著的例子。[①]

1937 年中日战争全面爆发，长崎华商有的愤而归国，有的闭门歇业，对华贸易全部陷入苦境。[②] 泰益号的贸易活动受到时局日益严峻，以及 1940 年六月陈世望病故的影响，营业几呈停止状态（见图 2-8-14）。

图 2-8-14　陈世望坟墓

（2010 年笔者摄于长崎悟真寺国际墓地）

---

①　山冈由佳：《長崎華商経営の史的研究——近代中国商人の経営と帳簿》，第 192～193、197～198 页。

②　有关华人抵制日货运动对泰益号及其客户的影响，参见朱德兰：《長崎華商貿易の史的研究》，第 106 页。1937 年中日战争全面爆发，长崎华侨归国与华商贸易杜绝的相关报导，参见《五百名の支那人十九日引揚げ長崎駐在王領事も》，《長崎日日新報》，1937 年 9 月 17 日，第 3 页；《戦火が永引けば全部が引揚げ在九州支那人は千五百名》，《長崎日日新報》，1937 年 9 月 18 日，第 2 页。

参考文献

一、史料

《八闽会馆杂文书》,丁未年(1907)。

《八闽会馆杂文书》,己卯年(1879);同,光绪十九年(1893);同,光绪二十年(1894);同,丁未年(1907)。

《八闽会馆总簿》,戊子年—庚子年(1888—1900)。

《上海地区书信》。

《大连地区书信》。

《外事课决议簿:支那从民诸愿届》,明治七年(1874)。

《台湾总督府公文类纂》,第4573册第7件,明治三十一年(1898)。

《农工商部为札委事案》,光绪三十四年(1908)。

《江南苏州劝办赈捐总局》,光绪三十三年(1907)。

《长崎华商总会文书》,宣统三年(1911)。

《长崎华商泰昌号杂文书:欣义社玄天上帝至诚之道》,民国八年(1919)。

《长崎华商泰昌号账簿:一本万利》,癸亥年(1863);同,乙亥年(1875);同,丁亥年(1887)。

《长崎华商泰昌号账簿:日清簿》,乙亥年(1875)。

《长崎华商泰昌号账簿:置配货总》,己亥年(1899)。

《长崎华商泰昌号账簿:在本结簿》,壬戌年—癸亥年(1862—1863)。

《长崎华商泰昌号账簿:各友总登》,庚寅年—辛卯年(1890—1891);同,己亥年(1899);同,庚子年(1900)。

《长崎华商泰昌号账簿:各号总清》,乙亥年—辛卯年(1875—1891)。

《长崎华商泰昌号账簿:各郊总登》,辛卯年(1891)。

《长崎华商泰昌号账簿:各项总登》,乙酉年(1885);同,辛卯年(1891);

同,己亥年(1899)。

《长崎华商泰昌号账簿:堆积金玉》,癸亥年—丙戌年(1863—1886)。

《长崎华商泰昌号账簿:置配货总》,辛卯年—己亥年(1891—1899)。

《长崎华商泰昌振记账簿:申置配总》,辛卯年(1891)。

《长崎华商泰益号关系商业书简资料集:台湾地区商号(1899—1939)》,55册,台北:蒋经国国际学术交流基金会补助,1992年(No.RG007-90)。

《长崎华商泰益号关系商业书简资料集:关门地区商号(1906—1938)》,8册,日本文部省科学研究费补助,1993年(No.04044157)。

《长崎华商泰益号关系商业书简资料集:长崎·その他地区商号(1880—1962)》,3册,日本文部省科学研究费补助一般研究,1994年(No.0645113)。

《长崎华商泰益号关系商业书简资料集:神户地区商号(1890—1959)》,4册,日本文部省科学研究费补助,1993年(No.04044157)。

《长崎华商泰益号账簿:台郊(台湾)总部》,丁未年—庚午年(1917—1930)。

《长崎华商泰益号账簿:华商总部》,丁未年—丙子年(1917—1936)。

《长崎华商泰益号账簿:各郊来货》,壬寅年—庚戌年(1902—1910)。

《长崎华商泰益号账簿:各郊配货》,庚申年(1920)。

《长崎华商泰益号账簿:各费总部(总簿)》,丁未年—甲戌年(1907—1934)。

《长崎华商泰益号账簿:结彩丰盈》,壬寅年—戊午年(1902—1918)。

《长崎华商泰益号账簿:银行总部》,丙寅年(1926)。

《长崎华商泰益号账簿:置配查存》,壬寅年—丁未年(1902—1907)。

长崎县立图书馆编:《幕末明治期长崎居留地外国人名簿Ⅰ》,长崎:长崎县立图书馆,2002年。

长崎县立图书馆编:《幕末明治期长崎居留地外国人名簿Ⅱ》,长崎:长崎县立图书馆,2003年。

长崎县立图书馆编:《幕末明治期长崎居留地外国人名簿Ⅲ》,长崎:长崎县立图书馆,2004年。

《长崎闽南帮名簿》,1920年。

《长崎福建会所:日清簿》,己亥年—庚戌年(1899—1910)。

《长崎福建会馆:日清簿》,戊子年—辛卯年(1888—1891)。

《长崎福建会馆总簿》,庚子年—乙巳年(1900—1905)。

《长崎福建联合会》,民国九年(1920)。

《金门地区书信》。

(明)王圻:《续文献通考》第241卷《仙释考》,台北:文海出版社据明万历刊本复印,1979年。

《陈焕武账单》,1905年农历十二月二十九日。

陈德修:《簿书鞅掌》,辛卯年(1891)手抄本。

《神户地区书信》。

《驻沪江南苏州赈捐局》,光绪三十三年(1907)。

《泰昌永记神滨信底》,癸未年—乙酉年(1883—1885)。

《泰昌振记:申置配总》,壬戌年(1862)。

《海参崴地区书信》。

《泰益号联根勘合汇票》,1935年公历11月22日。

《泰锠震记号进码腾清》,庚子年(1900)客户名单。

《泰锠震记电音往来》,庚子年(1900)。

《高山七太郎除籍户籍抄》。

《诸埠字号街名番户抄总录》,庚申年(1920)。

《厦门地区书信》。

《清光绪十四年(1888)长崎华商与日人现银交易章程》。

《新加坡地区书信》。

《颍川陈府丧纪》,光绪三十四年(1908)。

二、族谱、地方志

《金门新头陈氏族谱》,1985年陈东荣先生提供。

杨诚华编纂:《金门县官澳杨氏族谱》,金门:许氏族谱文献资料珍藏出版,2005年续修四版。

张璋全编辑:《英坑黄氏族谱初版》(未出版),2005年。

萧永奇:《金门英坑黄氏百年记事录》(未出版),2006年。

梁长明:《金门山后梁氏天就祖家谱》,金门:山后乡,2008年。

蔡承辉抄录:《琼林蔡氏前水头支派族谱》,金门:前水头,1986年。

长崎市史编纂委员会:《新长崎市史·近世编》,长崎市,2012年。

长崎县史编集委员会编:《长崎县史近代编》,东京:吉川弘文馆,

1976 年。

李仕德总编纂：《金门县志》第 9 册《华侨志》第 10 卷，金门：金门县政府，2009 年。

金门县立社会教育馆编辑：《金门县志》卷十《华侨志》，金门：金门县政府，1992 年。

黄旺成纂修：《台湾省通志稿》第 9 卷《革命志·抗日篇》，《中国方志丛书·台湾地区》64，台北：成文出版社，1983 年复刻版。

福建省地方志编纂委员会编：《福建省志·民俗志》，北京：方志出版社，1997 年。

三、报纸

《东华贸易新报》，1912 年。

《东洋日之初新闻》，1912 年

《长崎日日新报》，1937 年。

《台湾日日新报》，1896—1910 年。

《神户泰益商报》，1907 年。

《泰益神户支店商报》，1907 年。

《镇西日报》，明治三十一年（1898）；同，明治三十二年（1899）。

四、专著、论文集

二野瓶德夫：《日本渔业近代史》，东京：平凡社，1999 年。

山冈由佳：《長崎華商経営の史的研究-近代中国商人の経営と帳簿》，京都：ミネルヴァ書房，1995 年。

广冈治哉编：《近代日本交通史——明治維新から第二次大戦まで》，东京：法政大学出版局，1987 年。

大豆生田稔：《近代日本の食糧政策——対外依存米穀供給構造の変容》，京都：ミネルヴァ書房，1993 年。

上海社会科学院经济研究所、上海市国际贸易学会学术委员会：《上海对外贸易（1840—1949）》上册，上海：上海社会科学院，1989 年。

大庭修：《唐船图考证》，朱家骏译，北京：海洋出版社，2013 年。

方水金等口述，吕纪葆访谈撰写：《金门乡侨访谈录》四"新加坡篇"，金门：金门县政府，2009 年。

王仪：《明代平倭史实》，台北：台湾中华书局，1984年。

内田直作：《日本华侨社会的研究》，东京：同文馆，1949年。

日本茶输出百年史编纂委员会编集：《日本茶輸出百年史》，东京：日本茶输出组合，1959年。

中华会馆编：《落地生根——神户华侨と神阪中华会馆の百年》，东京：研文出版，2000年。

中沢弁次郎：《日本米价变动史》，东京：柏书房，2001年。

中国银行泉州分行行史编委会编：《闽南侨批史纪述》，厦门：厦门大学出版社，1996年。

王维：《华侨的社会空间与文化符号：日本中华街研究》，广州：中山大学出版社，2014年。

市川信爱编：《長崎華商泰益号関係文書の研究》第2辑，宫崎大学教育学部社会经济研究室，1986年3月。

市川信爱编：《近代華僑社会の系譜と展開に関する研究（資料編）》，宫崎大学教育学部社会经济研究室，1987年3月。

市川信爱编：《近代華僑社会の系譜と展開に関する研究（分析編）》，宫崎大学教育学部社会经济研究室，1988年3月。

市川信爱、戴一峰主编：《近代旅日华侨与东亚沿海地区交易圈——长崎华商"泰益号"文书研究》，厦门：厦门大学出版社，1994年。

出口外汇业务编撰委员会编：《出口外汇业务》，台北：台湾金融研训院，2011年。

外山干夫编：《図説長崎県の歴史》，东京：河出书房新社，1996年。

田和正孝：《漁場利用の生態》，福冈：九州大学出版会，1997年。

石奕龙、余光弘主编：《闽南乡土民俗》，福州：福建人民出版社，2007年。

台湾南方协会编：《比律賓の華僑》，台北：台湾南方协会，1941年。

加藤祐三：《東アジアの近代》，东京：讲谈社，1985年。

成田达彦：《流通的经济理论》，名古屋：名古屋大学出版会，1999年。

寺本益英：《战前期日本茶业史研究》，东京：有斐阁，1999年。

竹村长槌：《大典记念名鉴》，长崎：九州日之初新闻社，1916年。

企画院编：《華僑の研究》，东京：大空社，2014年复刻本。

庄钦永：《新加坡华人史论丛》，新加坡：新加坡南洋学会，1986年。

江夏英藏:《台湾米研究》,台北:台湾米研究会,1930 年。

长崎县水产部编:《水产的长崎》,长崎:长崎县水产部,1953 年。

长崎县教育委员会:《中国文化と長崎》,长崎:长崎县教育委员会,1989 年。

朱德兰:《長崎華商貿易の史的研究》,东京:芙蓉书房,1997 年。

许紫芬:《近代中国商人的经营与账簿——长崎华商经营史的研究》,台北:远流图书出版公司,2015 年。

村上光由:《图说水产概要》,东京:成山堂书店,2000 年。

李美贤:《新加坡简史》,南投:暨南国际大学东南亚研究中心,2003 年。

李剑农:《中国近百年政治史》,台北:台湾商务印书馆,1974 年。

林仁川:《福建对外贸易与海关史》,厦门:鹭江出版社,1991 年。

和田正广:《戦前期·関門港と華商海上ネットワークに関する実証的研究:"門司新報"と華商文書"泰益号"を中心素材として》,东京:科学研究费补助研究成果报告书,No.06451113,1994—1996 年度。

和田正广、翁其银:《上海鼎記号と長崎泰益号——近代在日華商の上海交易》,福冈:中国书店,2004 年。

松本贵典编著:《生産と流通の近代像——100 年前の日本》,东京:日本评论社,2004 年。

林枫、范正义:《闽南文化述论》,北京:中国社会科学出版社,2008 年。

周宪文编撰:《台湾经济史》,台北:开明书店,1980 年。

林进发编:《台湾官绅年鉴》,台北:民众公论社,1933 年。

柯志明:《米糖相克——日本殖民主义下台湾的发展与从属》,台北:群学出版有限公司,2003 年。

陈优继:《ちゃんぽんと長崎華僑——美味しい日中文化交流史》,长崎:长崎新闻社,2009 年。

陈继尧:《海上保险》,台北:智胜文化事业有限公司,2012 年。

迫文三郎编:《组合史》,长崎:长崎贸易商同业组合,1933 年。

袁行霈、陈进玉:《中国地域文化通览·福建卷》,北京:中华书局,2013 年。

高红霞主编:《上海福建人(1843—2008)》,上海:上海人民出版社,2008 年。

章洁:《長崎の祭りとまちづくり——「長崎くんち」と「ランタンフェ

スティバル」の比較研究》,长崎:长崎文献社,2014 年。

基隆市文献委员会:《基隆市志水产篇》,基隆:基隆市文献委员会,
1957 年。

郭铁桩、关捷主编:《日本殖民统治大连四十年史》,北京:社会科学文献
出版社,2008 年。

简万火:《基隆志》,基隆:基隆图书出版协会,1931 年。

滨下武志:《中國近代經濟史研究——清末海關財政と開港場市場圈》,
东京:汲古书院,1989 年。

廖赤阳:《長崎華商と東アジア交易網の形成》,东京:汲古书院,
2000 年。

五、论文

山内正博、山内芙美子:《八閩会館の計帳(その1)の収支一覧》,刊载于
市川信爱编:《長崎華商泰益号関係文書の研究》第 2 辑,宫崎大学教育学部
社会经济研究室,1986 年 3 月。

山内正博、山内芙美子:《八閩会館の計帳(その2)の収支一覧》,市川信
爱编:《近代華僑社会の系譜と展開に関する研究(分析編)》,宫崎大学教育
学部社会经济研究室,1988 年 3 月。

王俊昌:《日治时期与台湾水产业之研究》,嘉义:中正大学历史研究所
博士论文,2006 年 5 月。

中岛乐章:《十七世纪初九州岛中部海港与闽南海商网络——肥后地域
之明人墓与唐人町》,朱德兰主编:《第四届国际汉学会议:跨越海洋的交
换》,台北:"中央研究院",2013 年。

市川信爱:《日本華僑社会の系譜と展開に関する実証的研究》,市川信
爱编:《近代華僑社会の系譜と展開に関する研究(分析編)》,宫崎大学教育
学部社会经济研究室,1988 年 3 月。

刘序枫:《長崎における華僑の祭祀义書について——泰益号文書を中
心に》,《長崎華商泰益号関係書簡目録》第 6 辑,长崎华侨研究会,1990 年。

刘序枫:《明末清初的中日贸易与日本华侨社会》,《人文及社会科学集
刊》第 11 卷第 3 期,台北:"中央研究院"中山人文社会科学研究所,
1999 年。

刘序枫:《清康熙—乾隆年间洋铜的进口与流通问题》,汤熙勇主编:《中

国海洋史论文集》第 7 辑,台北:"中央研究院"人文社会科学研究中心,
1999 年。

　　刘序枫:《清政府对出洋船只的管理政策(1684—1842)》,刘序枫主编:
《中国海洋史论文集》第 9 辑,台北:"中央研究院"人文社会科学研究中心,
2005 年。

　　刘序枫:《德川"锁国"体制下的中日贸易:以长崎"唐馆"为中心的考察
(1689—1868)》,朱德兰、刘序枫执编:《港口城市与贸易网络》,台北:"中央
研究院"人文社会科学研究中心,2012 年。

　　孙喜生:《华侨史年表》,中华会馆编:《落地生根——神戸華僑と神阪中
華会館の百年》,东京:研文出版,2000 年。

　　朱德兰:《日据时期长崎台北贸易:以长崎华商泰益号与三家台商为
例》,"中央研究院"中山人文社会科学研究所主编:《中国海洋史论文集》第
4 辑,台北:"中央研究院"中山人文社会科学研究所,1991 年。

　　朱德兰:《明治期における長崎華商泰昌号と泰益号との貿易ネットワ
ークの形成》,九州国际大学社会文化研究所《纪要》,第 35 号,1994 年
11 月。

　　朱德兰:《明治时期长崎华商泰昌号和泰益号国际贸易网络之展开》,载
于《人文及社会科学集刊》第 7 卷第 2 期,1995 年 9 月。

　　朱德兰:《近代长崎华商泰益号与上海地区商号之间的贸易》,张炎宪主
编:《中国海洋史论文集》第 6 辑,台北:"中央研究院"中山人文社会科学研
究所,1997 年。

　　朱德兰:《近代长崎华商泰益号与厦门地区商号之间的贸易》,汤熙勇主
编:《中国海洋史论文集》第 7 辑,台北:"中央研究院"中山人文社会科学研
究所,1999 年。

　　朱德兰:《1891 年长崎华商泰昌号的商业官司》,《中国社会经济史研
究》2013 年第 4 期。

　　杉山伸也:《情報の経済史》,社会经济史学会编:《社会经济史学的课题
与展望》,东京:有斐阁,1992 年。

　　辛德兰(朱德兰):《长崎华商泰益号与台南地区商号之贸易活动
(1901—1938 年)》,朱德兰、刘序枫执编:《港口城市与贸易网络》,"海洋史
研究丛书"1,台北:"中央研究院"人文社会科学研究中心,2012 年。

　　辛德兰(朱德兰):《台湾与日本之间米与海产品的交换:长崎华商泰益

号的跨越海洋网络(1901—1910)》,朱德兰主编:《第四届国际汉学会议——跨越海洋的交换》,台北:"中央研究院",2013 年。

和田正广、邵继勇:《大连、营口与北九州岛的交易网络》,刊载于市川信爱、戴一峰主编:《近代旅日华侨与东亚沿海地区交易圈——长崎华商"泰益号"文书研究》,厦门:厦门大学出版社,1994 年。

和田正广、翁其银:《長崎泰益号と上海商行の海産物貿易に関する回顧》,《論集教養研究》第 4 卷第 1 号,1992 年。

陈东华:《长崎居留地的中国人社会》,长崎县立图书馆编:《幕末明治期长崎居留地外国人名簿Ⅲ》,长崎:长崎县立图书馆,2004 年。

陈来幸:《中華会館の創建と発展》,中华会馆编:《落地生根——神戸華僑と神阪中華会館の百年》,东京:研文出版,2000 年。

洲胁一郎:《中華会館前史——明治前期の神戸華僑》,中华会馆编:《落地生根——神戸華僑と神阪中華会館の百年》,东京:研文出版,2000 年。

速泰鹏:《长崎华商之东南亚贸易网:以长崎华商泰益号的新加坡与菲律宾客户为中心(1914—1934)》,南投:暨南国际大学历史学系硕士学位论文,2002 年。

原康记:《明治期長崎貿易における外国商社の進出とその取引について——中国商社の場合を中心に》,《経済学研究》第 57 卷第 2 号,1991 年6 月。

堀内义隆:《日本殖民地时期台湾の米谷产业と工业化——籾摺・精米業の発展を中心に》,《社会経済史学》第 67 卷第 1 号,东京:社会经济史学会,2001 年 5 月。

黑木国泰:《福建会館総簿(丙申年—庚子年)について》,市川信爱编:《長崎華商泰益号関係文書の研究》第 2 辑,宫崎大学教育学部社会经济研究室,1986 年 3 月。

黑木国泰:《福建会館総簿(辛丑年—丙午年)について》,市川信爱编:《近代華僑社会の系譜と展開に関する研究(資料編)》,宫崎大学教育学部社会经济研究室,1987 年 3 月。

黑木国泰:《長崎福建帮とその活動について》,刊载于《宫崎女子短期大学紀要》第 20 号,1994 年 3 月。

蒲地典子:《明治初期の長崎華僑》,《お茶の水史学》第 20 号,1976 年。

福宿孝夫:《八闽会館総簿の役割と解説追究》,市川信爱编:《長崎華商泰益号関係文書の研究》第 2 辑,宫崎大学教育学部社会经济研究室,1986年 3 月。

增田史郎亮:《幕末以降長崎華僑戸数と人口の動向とその背景》,市川信爱编:《続長崎華僑史稿(史・資料編)》年报第 4 辑,长崎华侨研究会,1988 年 3 月。

六、网络资料

《中国历代职官辞典》:www. gg-art. com/dictionary/dcontent_b. php? bookid,2014 年 11 月 11 日浏览。

David 编撰:《产业策略评析》,http://cdnet. stpi. org. tw/techroom/pclass/2008/pclass_08_A072. htm,2013 年 8 月 10 日浏览。

David 编撰:《专利情报:竞争情报与竞争情报内涵》,http://cdnet. stpi. org. tw/techroom/analysis/pat_B005. htm,2013 年 8 月 10 日浏览。

索 引

（按首字音序排列）

一、人名

三、事项

后　记

　　1995 年我自日本国立九州大学取得博士学位,修订博士学位论文出版《长崎华商贸易史的研究》(东京:芙蓉书房,1997 年)一书后,鉴于二战以前"日军慰安妇"为东亚国际社会高度关注的战争遗留问题,为厘清历史真相,搁下泰益号研究,约以十年时光深入钻研"台湾慰安妇"议题。2005 年、2009 年东京、台北分别出版拙著《台湾慰安妇》两本书后,慰安妇研究告一段落,本书是我重新阅读史料,调查、分析相关文献,为从事长崎华商研究以来的第二本著作。

　　本书主要利用泰益号商业书信、账簿,并参考专家学者丰硕的研究成果,根据"突出特色、点面结合"原则,以泰昌号、泰益号为焦点,试图通过两大商号各自辛苦经营 40 年史,重建长崎福建商帮浮沉商海之图像。

　　本书得以顺利完成,应该感谢帮助我克服种种困难的前辈和朋友。首先要向博士学位论文指导教授中村质先生(1998 年病故)致敬。中村教授知识渊博、治学严谨、书法精湛,他教学生做学问要下死功夫,做研究要有新史料、新观点。1995 年 3 月在我学成归国前,中村老师于送别宴上亲笔写了"望洋静思"四个字赠我,期许我养成海洋般的广阔思路,对自己的提问与论证多加省思。中村老师的人品、学术风范令人敬仰、缅怀。

　　其次,应向市川信爱教授表示感谢。1989 年我和泰益号文书邂逅和结缘,起于他的媒介和引领。市川教授和家母年龄相仿,身高 184 公分,他常对人自称"山东人",和我有同乡关系。1984 年市川教授开始执行泰益号国际合作研究计划,到 2002 年罹癌去世为止,几乎每年都来台湾一两次,台北、台南、金门等地商家访谈和文献收集多由我随行担任口译。客观的说,市川教授头脑灵活、心胸开阔、态度积极,泰益号研究计划得到日本政府补助,和有诸多学者共襄盛举,他的组织能力和学术贡献值得肯定。不过,市川教授处理事情既即兴也急性。本书对他"急就章"所出版的作品做了一些检讨,从辈分上来说,批评昔日领导很不礼貌,但就事论事,基于学术公益的立场，想他度量宏大，不会责怪于我。

再次，感谢泰益号后代陈东华先生（现任泰益兴产社长、长崎 JAL city Hotel 社长）、陈东海先生、陈文通先生、陈团治女士（2013 年病故）、陈苏治女士、梁长明先生（长崎和昌号后代）提供他们收藏的珍贵史料。图书调查、收集方面，"中央研究院"图书馆、九州大学图书馆、长崎历史文化博物馆给予极大的协助，黑木国泰教授、刘序枫教授、江柏炜教授提供若干极具参考价值的文献，在此深表谢忱。

我到金门从事人物访谈及祠堂、华侨遗址踏查之际，金门农工职业学校李光明校长（已故）、梁长明先生、梁云卿女士（梁长明长女）、陈明德先生（陈永义长男，2011 年病故）、李凤銮女士（陈明德妻）、吴鼎仁先生（陈东华表弟）、黄美山先生（长崎福兴号后代）、董群廉先生、盛嵩俊先生、陈国兴先生、林一琳小姐（笔者学生）拨冗充当向导，令我铭感于心。

2012 年 6 月到厦门收集历史研究文献，林仁川教授、洪卜仁教授、王日根教授、聂德宁教授、涂丹博士指引迷津，十分感谢他们给予诸多关照。

1990 年代初识杨国桢教授时，已知他专攻历史人物、土地契约文书，是台湾学界的常客，近 20 年来成为大陆开拓中国海洋社会经济史研究的顶尖学者。杨教授视野宽广，除治学功夫札实，研究成果杰出外，还特别健谈，妙语如珠。感谢杨教授拨冗写序。

本书在出版之际，尤应感谢王日根教授推荐，责任编辑薛鹏志先生、查品才先生为审阅书稿付出大量的辛劳。个人学识有限，书中可能仍有疏误，敬祈专家学者批评指正。若干论述不足之处，拟待未来再出版一两本专著予以增补。

文末，谢谢家母辛子萍女士、姐姐朱芝仪、妹妹朱芝慧、哥哥朱德高、嫂嫂李春子、侄儿朱益宏、侄女朱家庆、外甥梁乔、外甥女梁玉、壮敏慈，分担琐碎家庭事务，全力支持我的学术志业。

朱德兰

2016 年 2 月 15 日于台北南港